JN197549

信託崩壊
裏切られた信頼

サミュエル・P・キング
ランダル・W・ロス

新井　誠＝監訳／紺野包子＝訳

BROKEN TRUST
Greed, Mismanagement & Political Manipulation
at America's Largest Charitable Trust

Samuel P. King, Randall W. Roth

日本評論社

本書を、グラディス・カマカクオカラニ・ブラント女史と、チャールズ・A・ケクマノ氏に捧げます。お二人の知性、枯れることのないユーモアに彩られた指導力によって、ビショップ遺産信託は回復されました。

為すべき仕事は終わった。汝の内に燃え盛る炎は消えた。悩める魂は、今や、鳥の羽に乗って飛び去った。
　　　　　　　　　　　　　　　　（ハワイ語による詩）

日本語版への序文

　信託とは、受託者が特定の財産の所有者となるが、その財産を信託証書で指定された他者の利益のためのみに使用すべしという義務を負う法的関係である。

　日本では信託は大規模な商業取引の促進策および銀行預金や証券投資の代用物として長らく利用されてきた。一方、アメリカ合衆国では信託はより広範囲の目的を達成する手段として利用され、その中には個人の公益目的を永久に追求しようとするものも含まれる。

　本書『信託崩壊』はハワイの最高戦士たるカメハメハ大王の末裔の最後の1人となった王女パウアヒによって創設された公益信託の物語である。王女は自身が受けることのできた素晴らしい教育に感謝し、自身の臣下たるハワイの人びとにも同様な教育を与えたいと望んだ。その当時ハワイの人びとは、急速に変化していく社会、すなわちハワイの言語、文化、および歴史が無価値とされてしまった社会に必死に適応しようとしていたからである。1884年の自身の死に際し、王女はハワイの子どもたちに永久に教育を与えるために使用すべしという指示の下に、自身がカメハメハ王朝から受け継いだ領地のすべてを、5名の個人を受託者として信託譲渡したのである。加えて、受託者はつねに5名とすること、後任の受託者はハワイ最高裁判事たちが選任することも指示した。

　その後100年間は、王女の受託者たちは法律を守り高潔に行動してきた。信託財産からの収益を用いてカメハメハ学園を創立し、ハワイ先住民の子ど

もたちに素晴らしい教育を与えてきた。そんな中、ハワイの土地の価値の急速な上昇によって、この信託は全米で最も裕福な公益信託となるに至る。ハーバードとイェールというアメリカの最も裕福な一流大学が集めた寄付の合計額よりも資産価値が高くなったのである。

不幸なことに、この富の増大がよからぬ関心を引きつけることになる。ハワイの政治を牛耳る人間たちが、20世紀末までに判事選考手続と受託者選考手続を歪んだかたちに操作することによって王女の信託の支配を手に入れてしまう。ハワイ先住民の子どもたちの利益のために使われるはずの信託資産は、受託者たちとハワイの支配政党関係者たちを肥え太らせることに使われていたのである。

そんな時、カメハメハ学園の卒業生や、王女の望みを尊重したいと考えている人びと、IRS（米国国税庁）幹部たちが何処からともなく登場し、信託法と連邦租税法を用いて信託を回復する道を探り、ついに好ましくない受託者たちを排除し、かつ受託者選考手続を非政治化することに成功した。

しかしその結果は一概にめでたしめでたしとはいえないものである。新受託者は他の島々にもカメハメハの学校を増やし、かつハワイ先住民の多く住む地域に公立学校を建設する資金援助も行った。これは良かった点であり、ずっと望まれていたことでもある。しかし新受託者は旧受託者および共犯の最高裁判事たちに対して、彼らが王女の信託に与えた損害についてその責任を追及することを拒否した。検察や裁判所も、市民には「終了と癒し」が必要だと言ってやはり責任追及を求めなかった。

『信託崩壊』は上述の概略を骨格として、開いた口が塞がらないような人間模様を、読む者を引きつけてやまないまでに詳しく描いているが、事実以上に何らかの教訓を示唆するものではない。しかしながら、今回の日本語版に際し特別に、執筆陣の唯一の生き残りとして、私は以下の私見を付け加えたいと思う。

キング判事と私は本書に示された時期のハワイ社会の堕落の酷さに衝撃を受けかつ絶望していた。具体的には、信託受益者の犠牲の下に私利私欲に走る恥ずべき受託者と最高裁判事たちの犯罪的ともいえる行動の数々、自分た

ちも信託濫用の片棒を担ぐか、あるいは濫用を全く止めようともしないハワイの三権、すなわち立法、司法、および行政に携わる人間たち、顧客である受託者が信託法に違反しているのを知りながら莫大な報酬を得ていた大勢の弁護士たち、そして自らに危険が及ばないとわかってからようやく積年の信託濫用に初めて光を当てたメディア各社、こういったものに対しての絶望である。

　不誠実な人間たちに対して無敵な法的仕組みは存在しないが、信託はとりわけ濫用に弱い。受託者が信託財産上にもつ権限は本来の所有権者のそれと全く同一であり、財産に関する情報を独占しかつその所有者として行動できる。信託受益者に権利があり受託者に義務があるといっても、その権利と義務が意味をもつためには、法の支配が政治より上位に来なければならないのである。

　ハワイのような、単独政党が長く支配する地域では、法の支配は不確実かつ不安定になりやすい。どの政党であるかとかその政策的方向性はどのようなものかが問題なのではない。問題は人間性の本質にある。つまり一言で言えば、権力は腐敗しやすいということである。絶対的権力はどこまでも腐敗して際限がないということであり、悪が勝利するのに必要な唯一のことは、善良な人びとが何も行動に出ないことである。この昔からいわれている金言を心に留めて初めて『信託崩壊』で暴かれた組織的悪の起源と性質が真に理解できるのである。

　王女パウアヒはハワイの子どもたちが急速に変化する社会でただ生き延びるだけではなく、この社会で成功してくれることを望んだ。王女はこの先何代にもわたって将来世代の子どもたちにこのことを望んだが、この望みは、信託を使ってのみ叶えることのできるものであった。王女が自身の遺言で創設したこの信託は1世紀以上もうまく機能してきており、1980年代から1990年代までの信託濫用は歴史的にみれば一時的なものに留まった。法の支配が勝ったのである。これはひとえに毎日、誰かが前に進み出て、その身に及ぶかもしれない大きな危険にもひるまず、権力に対して真実の声を上げ続けたからである。その声が合わさって勇気となり抗い難い力となったのである。

私がこの序文を書いている今、王女パウアヒの信託は健全な姿を保っている。これは主として過去の濫用の記憶がまだ比較的新しいためである。この信託と信託受益者を守りたいカメハメハ卒業生やその他の人びとが、今のところはたえず警戒を怠らないでいる。

　残念なことに、この態度がハワイ全体として一般的となったとまではいえない。『信託崩壊』で述べられた腐敗と信託濫用を生み出した状況はあまり変わってはいないのである。近年、連邦捜査官は州の汚職事例を調査し、そのうちの数件で、州の大きな契約で賄賂を受け取った役人、すなわち警察署長や5名の公安部幹部からハワイ最大郡の主任検察官、副検察官、企業顧問に至るまで起訴した。また、ハワイでの大規模鉄道敷設事業における不適切な財務状況についても調査を始めている。『信託崩壊』の場合と同様、これらの大掃除はハワイの外からもたらされたものである。

ランダル・W・ロス

2019年4月11日

感謝の言葉

　本書は 1997 年から 1999 年にかけて、ハワイの「カメハメハスクールズ／ビショップ遺産信託」をめぐって巻き起こった政界、経済界、および教育界の混乱とその回復の道のりの記録である。そもそもの発端は 1997 年 5 月 15 日に起きた。この日、カメハメハ学園の大勢の〈オハナ〉（強い絆で結ばれた支援者たち）が、ビショップ遺産信託受託者たちによる学校運営に抗議するために、その事務所ビルまで行進したのである。行進参加者はその後、〈ナプア・アケ・アリ・パウアヒ〉（王女パウアヒの子どもたち）を結成したが、その数はたちまちのうちに 4,000 人ほどにまで膨れあがった。

　〈ナプア〉は受託者たちに対しては有意な情報を、州の裁判所および検事総長に対しては適切な行動をそれぞれ要求し、それを常に一般市民に公開し続けた。〈ナプア〉の指導者たちは、レロイ・アカマイン、チャールズおよびボビー・アーノルド、ロイ・ベンハム、フレッド・カコラ、トミ・チョン、ビーディ・ドーソン、ドン・ドーソン、ジャン・ディル、イレーヌ・デュポン、カレン・ファリアス、ロッド・フェレイラ、クリス・ホーン、パトリック・イオナ、アルバート・ジョイ、マリオン・ジョイ、ピーター・カマ、キャロル・カプ、ダッチー・カプ＝サファリ、ガイ・カウルククイ、トニー・リー、ダッドリー・マカハナロア、ロビン・マカパガル、ロパカ・マンスフィールド、ボブおよびポーレット・ムーア、ダッチー・モスマン、ノーマンおよびボニー・ナム、ジュリー・ヌレ、ビクター・プヌア、レオナ・セト＝ムック、ロッキー・トクハラ、メルビン・トンプソン、そしてノエノエ・ウォン＝ウィルソンの面々である。

カメハメハ学園の教師たちもまた、団結して〈ナクム・オ・カメハメハ〉（カメハメハの教師たち）という有志団体を結成する。その音頭をとったのは、ケハウ・アバド、デビッド・アイル、シャーレーン・ホー、およびゲイリー・オブレヒトである。彼らは皆、自分たちへ降りかかりうる相当な危険を覚悟のうえで、教師たちをまとめた。

コルバート・マツモト、ロバート・リチャーズ、パトリック・イム、およびマージョリー・ブロンスター、前二者は裁判所任命の監督官として、後の二者はそれぞれ事実究明責任者と検事総長として、信託濫用を記録し、受託者たちの責任を追及しようとした。検事総長の調査チームは副検事総長、司法事務官および調査官から成り、その内訳は、フォーン・チン、リチャード・ガバティノ、ローレンス・ゴヤ、パトリシア・グリーン、ヒュー・ジョーンズ、ダニエル・モリス、ジェームス・ペイジ、テリー・ペニントン、ドロシー・セラーズ、ビル・シャー、ドーン・シゲザワ、ロッド・タム、ジョン・ツカヤマ、ケビン・ワカヤマ、ランディ・ヤング、およびパム・ゼネフスキーである。また、スティーブン・サカマキとアーサー・アンダーセン会計事務所は、マツモト監督官の調査結果を支持した。

グラディス・ブラント、リック・デイソク、ジャン・ディル、ウォルター・ヒーン、パール・イボシ、ジョン・カワモト、ポーリーン・キング、デビッド・シャピロ、ロバート・ワタダ、およびバーバラ・ウォンの諸氏からは、本書執筆中のさまざまな段階で貴重な助言をいただいた。ハーディ・スポーアからは価値ある組織的助言の提供を、またジェームス・ビッカートンからは独立中立の立場から法律的見解の提供を受けた。それ以外にも貴重な貢献を賜った個人は数人おられ、彼らは匿名を希望されているため、その意思を尊重してここには載せないが、それによって彼らの大きな働きが寸分も減ずるものではない。

ラボンヌ・レオンは素晴らしい編集者である。ハワイ大学出版部のすべてのスタッフ、とりわけビル・ハミルトン、アン・ルードマン、ジョアン・テノリオ、ブラッド・バレット、およびキャロル・アベは、一貫してわれわれの高い期待に応えてくれた。バーバラ・ノートンには原稿の整理、ジーン・カプランには校正、ジャン・ウィリアムスには索引［日本語版では割愛］に

ついて、それぞれお礼を言いたい。

　著者２名の妻、アン・キングとスージー・ロスから得た心からの支援と公正な批評は有難かった。

　数箇所の私的公益財団からは調査、執筆、編集および出版について資金援助をいただいた。アサトン家族財団、ハロルド・K・L・キャッスル財団、サミュエル・N.＆メアリー・キャッスル財団、クック財団、メアリー・D.＆ウォルター・F・フレア・エレモシナリー信託、ウォレス・アレキサンダー・ゲルボード財団、マキナニー財団、ストロング財団、およびG・N・ウィルコックス信託である。本書の印税はすべて、ハワイの子どもたちの早期教育のために使用される予定である。

　ホノルル・スター・ブレティン紙からは無償での写真使用に応じていただいた。同紙の写真部編集者ジョージ・リーがその場その場に応じた最もふさわしい一枚を選び出すために何時間もかけることを厭わなかったことには頭が下がる。KHON TV－２ニュースとメルビン・オー・チン・プロダクションからも無償で写真の提供を受けた。ディック・アデール、ダリル・ケイグル、クレイ・ジョーンズ、およびコーキー・トリニダッドからは、彼らが1997年から1999年にかけて描いた300枚近い風刺漫画からの利用について寛大な許可をいただいた。

　インタビューに応じた人は250人以上にのぼり、何人もが鍵となる文書の所在情報を寄せてくれた。それでも足りない部分はマスコミの報道に助けられた。その記事によって問題点を社会に知らしめた記者たちは、サリー・アップガー、グレッグ・バレット、リック・デイソク、およびジム・ドゥーリーの各氏である。

　当時の新聞記事、根拠となった文書、その他の資料はBrokenTrustBook.comにて閲覧が可能である。

　最後に、本書の内容についての全責任は著作者のみにあるものとする。

本書に寄せて

グラディス・カマカクオカラニ・ブラント

　私は、時をはるかにさかのぼる 20 世紀初頭から今日に至るまでの間、カメハメハ学園の〈オハナ〉（支援者）であり続けてこられたことを誇りに思います。その当時、私の父はカメハメハ学園男子校教職員の中で初めての、そしてその後長年にわたってただひとりのハワイ人でした。まだ幼かった私は、カメハメハ女子校の校長であったアイダ・メイ・ポープ女史とカメハメハ学園の敷地内で暮らしていました。女史が私の〈ハナイ〉（養母）でもあったためです。初め私は、カメハメハ学園男子小学部で教育を受けました。というのもその当時はまだ女子校に小学部はありませんでしたから。その後長い年月を経た後、私は光栄にも女子校の校長として働くこととなり、さらに共学になってからは中等部教育の責任者を務めさせていただきました。

　カメハメハ学園に対する私の関心と責任感は、1970 年の自分の退職後も消えることはありませんでした。自分のできる限りの力で学園を支え続けました。その中には、受託者選考委員会（ブルーリボン委員会）議長を引き受けたことと本書の共同執筆に携わったことも含まれます。他者を批判するという役割は好きではなかったのですが、逃げることは許されないと感じたからです。その結果としての大混乱は痛ましいものではありましたが、畢竟、避けることはできない運命でした。

　新聞やテレビはこの騒動の期間を通じて、連日、問題点を好意的に報道してくれましたが、ひとつひとつの問題を歴史的かつ文化的に意味ある文脈で伝えることはできていませんでした。私の生きた時代、このハワイでは大きな変化が次々と生じ、それにより私を含めすべてのハワイの人びとにハワイ

人とは結局のところ何なのか、という問題が突きつけられることになったのです。本書でそのあたりのことが明らかにできればよいと考えています。

　新生ビショップ遺産信託は、善良で真面目な人びとが共通の目的を鮮明にし、その目的を達成するために、高潔にかつ倦むことなく動いてくれたことで初めて可能となったのです。彼らはうぬぼれや利己心から他の人たちを率いたのではなかったため、敵を前にしても、自身や家族への脅迫に対しても、ひるむことはありませんでした。強い倫理感、勇気、市民としての責任感があって初めて生まれるこのような態度こそ、〈ケイキ・オ・カ・アーイナ〉（ハワイの子どもたち）の誇りとなり、かつ良きお手本となるでしょう。

　本書の印税が早期児童教育に使われると聞き、大変喜ばしく思います。本書の出版は特にその点で、私にとっては大いに価値のあるものになりました。

序　章

デビッド・シャピロ

　1997 年 8 月 7 日の夕刻、ランダル・ロス氏がわがホノルル・スター・ブレティン紙の本社に現れ、編集部のダイアン・チャンと私を前にして、後に《信託崩壊（Broken Trust）》という表題で知られることになる原稿を紙面に掲載して欲しい、と言ってきた時、私は何か非常に重要な記念すべきものを目にしているのではないかと感じた。この原稿は「カメハメハスクールズ／ビショップ遺産信託」の受託者たちに素手で立ち向かうものだったからである。ビショップ遺産信託とは、遠い昔のハワイ王朝にまで遡り、ハワイの子どもたちの生活向上を願ったひとりの王女による 1 世紀前の遺贈に基づいて創設された、前例のないほど巨大な力をもつ公益信託のことである。

　1995 年のウォールストリート・ジャーナル紙のある記事は、ビショップ遺産信託について、ハーバード大学とイェール大学が集めた寄付の合算額をも上回る約 100 億ドルの資産を有する「アメリカで最も裕福な公益団体」と解説している。小さな島であるハワイ州の中に広大な土地を所有するビショップ遺産信託は、今では、慎重さのカケラもない傲慢な行動に終始し、その影響力はハワイの政治、経済、および司法に深く浸透し、排他的な人間関係を形成して、腐敗臭をプンプン漂わせるに至っていた。

　原稿の出だしは率直である。「ハワイ社会はもう、ビショップ遺産信託の受託者たちを信用しない。彼らの選考方法を信用しない。彼らの高額報酬を

当然とは思わない。彼らの仕事を信用しない。『もう、たくさんだ』と声に出す時が来た」。強い表現である。しかし原稿は人目を引くための表現に留まるものではなかった。さらに、ビショップ遺産信託を取り巻く不正の数々と、それが信託受益者たちに及ぼす、例を見ないほどの破滅的効果の記録へと続いていたのである。各自が年に100万ドルほども受け取る受託者たちの選考方法が、いかに政治家や判事たちによって操作されているか、受託者たちがいかに信託財産を流用して私腹を肥やしているか、本来は信託の保護者であるはずの検事総長や裁判所がいかに見て見ぬ振りをしているか、受託者たちがいかに投資実績をごまかしてきており、それに対し何の責任も取らずにいるのか、そしてそれにより、信託の本来の目的であるカメハメハ学園(スクールズ)が、いかにあきれるほど不当に軽んじられてきたかを詳細に述べている。原稿は次の文章で終わっている。「王女は神聖な信託を意図したにもかかわらず、できあがってきたものは政治的打算の妥協物であった」。信託違反の多くについて、人びとはかなり以前からうすうす気づいてはいたが、ハワイ社会では公に声になることはなかった。心ある人びとも、巨大な権力をもつ受託者たちおよびハワイ先住民の中にもいる忠実なその支援者たちを敵にまわして争うことを嫌ったためである。

ここで、原稿の内容に劣らず重要なことは、その執筆者は誰かということである。ロス氏は尊敬に値するハワイ大学の信託法教授であるが、原稿にとりわけ重みを与えているのは彼の4人の共同執筆者たちである。サミュエル・キング氏は米国地区裁判所上席判事である。チャールズ・ケクマノ氏はカトリック司祭であり、リリウオカラニ女王信託議長かつホノルル警察委員会前議長でもある。ウォルター・ヒーン氏は引退した州控訴裁判所判事であり、州民主党前議員で現役のホノルル市議である。グラディス・ブラント女史はカメハメハ学園女子校の前校長であり、かつハワイ大学前理事長でもある。彼らは皆ハワイ先住民の末裔である。この4名は決して騒ぎを起すのが好きなタイプではなく、ハワイ社会のリーダーとして、ハワイ人、非ハワイ人を問わず広く尊敬を集めている、権力とは無縁の良識ある一市民である。

ロス氏は当初、わがホノルル・スター・ブレティン紙を訪ねて来る前に、より大手の競合紙ホノルル・アドバタイザー紙に原稿を持ち込んだのだが、

掲載の形式についても時期についても、編集部と折り合いがつかなかったのだそうである。その当時、ハワイ社会では、あるひとりの受託者によるカメハメハ学園に対するマイクロマネジメント（細部に至るまでの徹底した管理・統制）をめぐって大騒動が起きており、執筆者はみな、受託者たちが人気のあるマイケル・チュン学長と、勇気をもって声を上げた4人の教師の排除に動く前に原稿が掲載されることを望んだのだ。

　アドバイザー紙側が掲載を躊躇したわけは私にも理解できないわけではない。6,400語以上の長さがあり、中規模の日刊紙の掲載能力をはるかに超えているうえに、事実と意見が交ざり合った構成があまりなじみのない形式であるからである。しかし私にはアドバイザー紙は、執筆陣がどれほどの人々であるかを見誤ったように思えてならない。原稿が事実の報道であろうが意見であろうが、問題はそこではないのだ。重鎮として社会を支えているこのような人たちの深い憂慮に基づく訴えをこそ、われわれ新聞社は読者をして注目せしめる重大ニュースとして記事にしなければならない。原稿には事実の誤りはひとつとしてないことはわかっているので、それだけははっきりさせておきたい。

　私はスター・ブレティン紙の編集責任者としてどう行動することが正しいかは明確にわかってはいたが、それでも原稿全文の速やかな掲載を承認するに当たっては覚悟が必要だった。以前、強権をもつ受託者たちと関わりをもったことがあり、彼らが執念深くかつ情け容赦ないことを知っていたからである。掲載を決心したその晩、妻に話した。これが炎上するようなことになればおそらくハワイには居られず、米国本土で職を探すことになるだろうと。ロス氏の次の発言も気休めにしかならなかった。

　「最低でも受託者の誰か1人は解任される方に農園を賭けるよ」。

　私は、「それは山を動かすようなものだ。私だったら老後のために数エーカーの農園は取っておくけどな」と答えている。

　何よりも強くロス氏を突き動かしたものは、受託者たちの信託濫用、ロス氏自身の言葉を借りれば、「信託違反の世界記録」が、それに対して行動を起こすべき法的義務も権利もある人びとの眼前で平然と生まれていたという事実であった。私自身、濫用行為の多くに気づいていながら、新聞社として

3

それを追及することはほとんどなかったと認めざるをえない。しかしそれは、われわれだけではないのだ。歴史的にハワイ全体が、ことビショップ遺産信託に関しては不干渉の立場を取ってきたからである。受託者たちと、彼らに忠実なハワイ先住民から成る信奉者たちの怒りを買うことを恐れたということもある。しかし関わりたくない一番の理由は、ビショップ遺産信託は、触れてはならないハワイの神聖な存在だと皆が思っているからなのである。したがって、心ある市民も当局も、ハワイの人びとの間に特に不満がないのであれば、わざわざ首を突っ込む必要はないと考えるわけなのだ。

実際、ハワイの人びとが不平不満を言ったことはほとんどない。それどころか、受託者たちへの攻撃は信託創設者である王女パウアヒへの攻撃と同じであり、つまるところハワイの人びとへの攻撃となる、と言いくるめられてきたために、ビショップ遺産信託と受託者たちを一体視して必死で守ろうとしてきた。議会が受託者報酬額を抑制しようとしたり、投資内容や教育効果を精査しようとするたびに、受託者たちはハワイの人びとを動員し、バスに乗せて議会に抗議に向かわせることができた。そのため、ビショップ遺産信託あるいはカメハメハ学園について批判的な記事を書いた新聞は、ハワイの人びとから怒りの電話や投書が殺到することが十分に予想できたのである。

しかしながら、1997年には変化が始まる。ハワイ州最高裁は、受託者に空席が出るたびに傲慢な政治家をそこへ充てるようになり、広くハワイ社会の怒りを買い始めていた。ビショップ遺産信託受託者の選考は常に不透明な政治がらみであり、人びとの我慢も限界にきていたところに、彼らの高額報酬や、でたらめな資産運用、自己利益のための信託濫用とごまかしが白日の下に晒され、ついには受託者たちのうちの何人かが責任を問われることになる。

初期の受託者たちは、政治色はあっても全く別人種であった。政府高官、顔の広い実業家、地元の裕福な名家出身者といった人たちである。彼らは受託者とは何であるかを心得ており、王女の使用人としての立場を崩さず、カメハメハ〈オハナ〉の信頼を得ようと努力してきた。

しかし1978年の憲法会議で受託者選考方法が変わる。司法選任委員会が創設され、これにハワイ州判事任命権を与えた。司法選任委員会の委員は、

弁護士会から2名、残り7名は下院議長、上院議長、州最高裁長官、および州知事によって選ばれることになった。これ以降、ビショップ遺産信託の受託者たちの中に、下院議長、上院議長、州最高裁長官、および司法選任委員会委員長が含まれるようになったことは偶然とは思えない。ジョン・ワイヘ州知事を受託者に選出しようとの試みまであった。この新種の受託者たちはそもそもが政治家出身であるから、受託者全員による合議での意思決定とか受託者義務の何たるかをほとんど理解してはいなかった。彼らの頭にあったのは、受託者内での多数派となって権力を掌握し、個人的利益を増大することだけであった。彼らは各自が主任受託者と呼ばれ、投資、教育および信託運営についてそれぞれ、前例のないほどの権限を与えられることになる。その権力は無限であった。最も重要な点は、彼らが自分たちをどうみていたのかである。彼らは自らを王女の使用人ではなく、誰に対しても責任のない、封建領主か王様のようにみていた。そのため、その行動は常に正しく、その言葉に反論は許されない。信託受益者のことを自分たちに奉仕する存在とまで思っていたのである。

　ビショップ遺産の土地上の水利権争いをめぐる1995年の裁判の答弁書において、受託者側の弁護士は、受託者たちはカメハメハ大王に始まるハワイ王朝の絶対的王権〈アリ〉を受け継いでいると主張している。曰く、「カメハメハ1世は、征服によってハワイ全諸島の上に立つ最高位の王となった。彼は絶対君主であった。彼の意思が法であった。彼こそが生と死を決める存在であった。……そうであれば論理の当然の帰結として、王女パウアヒの信託、すなわちカメハメハのビショップ遺産信託には、カメハメハ王家の有する伝統的かつ慣習的特権が同様に与えられなければならない」。このような傲慢な自己認識を有していたため、絶対的権力はどこまでも底なしに腐敗するというアクトン卿の観察は正鵠を射たものであった。

　転換点は1993年にやってくる。この時点での受託者は、2名の政治的重鎮すなわち前下院議長ヘンリー・ピータースと前上院議長リチャード・“ディッキー”・ウォン、2名の良識ある保守派のマイロン・“ピンキー”・トンプソンとオズワルド・“オズ”・ステンダーに加えて、5人目はロケラニ・リンゼイである。彼女は教育省のキャリア官僚出身で、最近マウイ島市長選挙

に民主党から出馬して落選している。ウォンの任命直後のリンゼイの任命については、明らかに州最高裁が、彼女は教育の専門家でありかつ初の女性受託者ということで、受託者選考についての批判、すなわち政治家の間でその地位を回しあっているとの批判をかわせると期待してのことであろう。ピータースとウォンは、トンプソンとステンダーに邪魔されずに何十億ドルという遺産を自由にしたかった。それゆえ、リンゼイを味方につけ自分たちの勢力を確実とするために、彼女を教育に関する主任受託者の地位に就ける。これにより彼女はカメハメハ学園について絶対的権限を有することになるのだ。

生憎なことには、州最高裁もピータースもウォンもリンゼイという人物についての事前調査が足りなかった。じきに彼女は崩壊した信託の象徴そのものとなっていく。彼女は傲慢かつ無作法であり、教育について偏った考え方をもっていた。もともとの専門は体育であり、長く官僚社会を生き抜いてきたために教育の理論家というよりは政治的日和見主義者といえた。彼女はカメハメハ学園の現場の経営陣を低くみており、かつ卒業生たちの声は無視した。その気まぐれな指示に対して一切反論を許さず、脅しで現場を支配した。

最初は、カメハメハ学園の〈オハナ〉すなわち教師、生徒、卒業生およびその両親たちは、ハワイ流に、受託者たちに対して紳士的に話し合いを求めたが、受託者たちは全くこれに応じなかったために、ついに〈オハナ〉は結束し、自分たちを〈ナプア・アケ・アリ・パウアヒ〉（王女パウアヒの子どもたち）と名乗って、1997年5月、カワイアハオ・プラザにあるビショップ遺産信託本部に向けて、前例のない、かつ感動的な行進に打って出る。闘いの幕は切って落とされた。

同じ頃、ロス氏は〈ナプア〉の力になるはずの爆弾原稿の共同執筆者を集めていた。彼らはそれぞれ、ビショップ遺産信託のでたらめな運営と腐敗した司法介入について一家言もっていた。キング氏は司法選任委員会を批判する急先鋒である。この制度本来の目的である、裁判官任命手続から政治色をなくすということになっておらず、むしろ単に説明責任をなくして人びとの目から政治を見えなくしているだけだと主張していた。ブラント女史とケクマノ氏は、リンゼイが学校生活に与える悪影響を深く憂慮しており、自分たちが関与してきた受託者選任「ブルーリボン委員会」が最高裁判事たちによ

って歪められたと知り、裏切られた思いでいた。また、かつて最高裁判事候補であったヒーン氏は、選挙中に、誰をビショップ遺産信託の受託者に選ぶのかと聞かれ驚いたことがあった。彼からみると実に不適切な質問であったからである。

記事が新聞に出るまでは受託者たちの戦場は狭いものであった。カメハメハ学園に対するリンゼイの徹底管理支配に対する抗議だけだったからである。受託者たちは、リンゼイを制御して〈オハナ〉との誠意ある会話を回復させればいつでも騒ぎを終わらせることができたかもしれない。あの当時は受託者の解任など考えられないことであり、〈ナプア〉の代理人もそれがゴールではないと言っていたのだ。記事がすべてを変える。事態はリンゼイとカメハメハ学園との争いを超えて、〈オハナ〉はビショップ遺産信託全体に対する信託違反について、受託者たちの責任追及を要求し始める。記事の告発は衝撃的であった。受託者たちのみならず、ハワイの政治・司法に広く影響が及んだ。執筆者たちは検事総長に対し、受託者たちの明白な違法行為の調査と、違法性が認められた場合の彼らの解任を強く求めた。さらに、判事たちに対し、受託者選考手続から手を引き、将来に向けて、より客観的な選考手続を模索するように呼びかけた。

記事によって批判の嵐が巻き起こる。短期間のうちにさまざまなことが進行した。まず知事が検事総長に調査を依頼する。最高裁判事たちは不本意ながらも受託者選考をやめることに同意する。裁判所任命監督官は信託違反を確認する。そして最後に、カメハメハ学園の問題を糊塗する目的で受託者たちに雇われたひとりの引退した裁判官が、逆にすべての疑惑についてリンゼイを告発するに至る。

その後約2年にわたり混沌とした法廷闘争が続いたが、ついに1999年5月、IRS（米国国税庁）が、受託者たちがこのまま居座るのであれば財団としての免税の地位をビショップ遺産信託から取り上げる、と宣言する。危険を顧みず正義を追求してきたブラント女史、ケクマノ氏、ヒーン氏、キング氏、ロス氏、そしてカメハメハの〈オハナ〉全員が報われた瞬間であった。山は動いたのである。

変化はビショップ遺産信託にすぐに現れた。検認裁判所は受託者の任期を

定め、かつその報酬を大きく減額した。新しい受託者たちには、学園の現場経営責任者を選定して日々の学校運営を任せ、自分たちは公益信託受託者に本来要求される、全体を俯瞰する役割をしっかり果たすように、との裁判所命令が出される。投資政策は見直され、ハワイの子どもたちの教育という本来の使命への出費が劇的に増大した。マウイ島とハワイ島に新しいキャンパスができあがり、地域社会への革新的な出張授業や他の公立学校との共同作業も復活させた。これらは前受託者たちが廃止していたものである。

　それでもなお、未来に向けて明るい解決が図られたとは到底いえない。前受託者の解任を受けて新しく任命された受託者は口々に「終了と癒し」を主張し、責任追及には関心がないようである。汚れ物は全部片づけたとして早く事態に終止符を打ちたい判事たちや政府高官たちは、この「癒し」への呼びかけに、願ってもないことと飛びついた。関連する裁判はいずれも早々に終結し、信託違反によって生じた何百万ドルもの損害の正確な算定も、前受託者たちとその弁護士の面々およびその相手側に対して損害賠償を請求しようとする動きも全くなかった。さらに、そもそも何が悪かったのか、このようなことが二度と起きないようにするためにはどうすればよいのかについて、新受託者と裁判所によるきちんとした検討はなされないままであった。

　新受託者の報酬は減額されたとはいえ、依然、別に本業をもつ公益信託の受託者としては高額である。5億ドル以上の資産を有する公益信託の受託者の報酬の全国平均は6,500ドルであるのに対し、ここでは議長に12万ドル、議長以外には9万7,500ドルもの額が支払われている。それにもかかわらず、裁判所任命報酬査定委員会は、後に、ビショップ遺産信託受託者の報酬を約2倍にするよう提言している。これには世間が反対の声を上げたため、受託者側は増額を辞退したが、それでも報酬を上げる動きは依然ある。

　受託者選任権限は最高裁から検認裁判所に移ったが、それでも裁判所が任命するという形は変わらないうえ、報酬は依然として魅力的なほど高額で、かつ選考の透明な基準がないままであるため、いまだ政治介入の余地は残っていると批判されている。新受託者たちの行動は見えないままであり、検事総長と検認裁判所は、以前の不干渉の姿勢に戻っている。

　ビショップ遺産信託スキャンダルは社会の隅々にまで深く衝撃を与えた。

ハワイの政治の腐敗が暴露されたために40年ぶりに別の党からの知事も誕生している。共同して闘えば何事かを成し遂げられるとハワイの人びとに教訓を与えた結果、これ以外の重要事項の進展にも希望を与えることになる。前受託者たちがあれほど強硬に反対した連邦介入制裁法の価値も明らかとなった。この法律に基づいて IRS（米国国税庁）が受託者たちの責任追及に動くことになったのだから。

　記事はまた、市内に2つの競い合う新聞が並存する意味と価値を証明することにもなった。1999年にはスター・ブレティン紙を廃刊するつもりでいた同社のオーナーが、廃刊せずに新オーナーに権利を売却したのはそのためである。前受託者のひとり、ヘンリー・ピータースは CBS の「60 Minutes」という番組の中で、自分の最大の後悔は、1992年にスター・ブレティン社の購入を最初にもちかけられた時に買わなかったことだと述べている。買っておけば、原稿が表に出ることも止められたし、その後のスキャンダルも制御できたから、というわけだ。

　ビショップ遺産信託スキャンダルによって、ハワイの法曹界にも厳しい目が向けられることになった。見て見ぬ振りの裁判所、受託者の信託違反を糊塗するために法を悪用した彼らの大勢の弁護士、受託者の私的利益を守るために信託財産から何百万ドルもの金を引き出させた外部の法律事務所。彼らは皆、ハワイ州法の下で、深刻な信託違反を報告する職業上の義務があったにもかかわらず、逆にそれに手を貸したのだ。しかし彼らに対する制裁も全く試みられなかった。ただ、法曹界にもヒーローがいたのは救いである。本書執筆者の中のヒーン氏、キング氏およびロス氏、検事総長マージョリー・ブロンスター、裁判所任命監督官コルバート・マツモト、裁判所任命事実究明官パトリック・イム、および〈ナプア〉の代理人ビーディ・ドーソンの諸氏である。

　何よりもこのスキャンダルの最重要の効果は、政府のお偉いさんたちの腐敗は、ハワイという楽園に住む代償として避けられない現実である、という広く浸透した一般認識に終止符が打たれ、人びとを勇気づけ、より良い社会を希求する力が生まれたことである。マツモトが次のように言っている。「実際、これは民主主義の話なんだ。人びとが脅しや危険に負けることなく、

正しいことをしようと立ち上がった話なんだ」。

　ビショップ遺産信託スキャンダルが引き金となり、ハワイの他の権力分野全体に「もう、たくさんだ」の合唱が響くことになる。州と連邦の検察が公務員の汚職摘発に、にわかに熱心になり始めたことで、ホノルル市議2人と4人の州議会議員が汚職の罪で有罪判決を受けることになった。このうちの2人はビショップ遺産信託に直接関わる罪である。さらに、空港職員と市の酒販売免許検査官はリベートを受け取っていた罪で起訴された。ゲイリー・ロドリゲス、彼は州内で最も政治的影響力のある労働関係の指導者のひとりであり、かつ司法選任委員会と最高裁「ブルーリボン委員会」（ビショップ遺産信託受託者候補審査選考機関）の双方のメンバーであったが、複数の不正について有罪となり、連邦刑務所への収監が宣告されている。州選挙活動費委員会とホノルル市検察の5年にわたる調査により、政治資金のマネーロンダリングの仕組みが明らかとなった。これは地元企業が利益の上がる政府との契約を得られることを期待して、選挙で選ばれる上席公務員へ多額の寄付をしていたというものである。何十人もの大手土建業者が不正献金で有罪となっている。ひとりの弁護士は政治献金の相手を秘匿した罪で有罪となった。これは、ある証言によれば、ハワイでは「ビジネス上の慣習」とされていた行為であったという。

　ビショップ遺産信託受託者たちの解任が現実となるまでは、公務員たちは決して汚職で刑事責任を追及されることはないと楽観していた。今では逮捕されて処罰されることを本気で恐れなければならなくなっている。

　ビショップ遺産信託スキャンダルの吹き荒れた期間は、州としては短い歴史しかないハワイにおいて、最も刺激的な転換点となった時代として記憶されよう。そして転機となった一連の出来事およびそれと並行して起きたさまざまな人間ドラマを鋭く観察してきた本書の2人の著者こそ、誰よりも長く人びとの記憶に残るであろう。本書は、善良かつ一生懸命な人びとが正しいことをなそうと立ち上がった時に道は開けることを、繰り返し思い出させてくれるものとなろう。本書はハワイの人びとに素晴らしい贈り物を残したひとりの王女の思い出から始まる。人びとに愛され、人びとの心に強い勇気を与えた女性の物語として、まさにここにふさわしいものである。

　ロンドン、パリ、ニューヨークから取り寄せた
衣装を身につけていても、風貌にはどこか異国
情緒が漂う。欧州でも米国でもなく、アジアと
もアフリカとも異なる。出自や素性を語ろうと
もしない。この女性の名はパウアヒ。ハワイの
王女である。

第1章
新生ハワイの王女

　ハワイ諸島は地球上の最大の海洋に点在して浮かぶ小さな島々の集まりである。ヨーロッパ人は太平洋を2世紀半にわたって探検して、1778年にジェームス・クック船長がハワイ諸島を偶然に発見する。ハワイの人びとはヨーロッパ人よりも1,000年以上も前から島々の間を行き来し、何百年もの間航海を続けていたが、クック船長が出会った頃の彼らは、他の文化との接触を失ってからすでに長い時を過ごしていた。彼らのもともとの故郷はポリネシアであるが、その頃の彼らは独自の天地創造と宇宙の営み、生命誕生の物語を有し、かつ独自の神々を信奉していた。

　ハワイの神々は生命を授ける存在である。その力はハワイのどこにでもある。たとえば、一塵の風の中に、あるいは砕け散る波の中に、そして何よりも土地〈アイナ〉それ自体に。神々は人びとの生活を隅々にまで導く。ハワイの人びとは神々の厳格な諫め〈カプ〉を守り、族長たちを地上の神として敬い、神々に適切な捧げ物をしていれば栄えるのだとの信念をもって平和に暮らしていた。

　彼らの言葉は微妙かつ重層的な意味合いに満ちている。歌の1行でさえ、その意味するところは、自然かもしれず、人かもしれず、神々についてかもしれず、あるいは同時にその3つすべてについてであるかもしれないのだ。ハワイ語の語彙は、こと自然界に関しては、すべての現象を正確に表現でき

13

るほどに豊富である。雲には30以上、土地には40、雨と霧には80以上、風には200、そしてハワイの生命の植物であるタロイモには200以上の名前がある。

　しかしハワイの人びとは自分たちの世界を大局的に変えるすべもたなかった。彼らにとってそれは自然の領域なのである。火山の噴火は女神の意思、ハリケーンは神の命令で起きるものなのだ。そのため、彼らは車のエンジンを作るための金属の存在を知らず、それを運転するための化石燃料の存在を知らなかった。車輪、巻き上げ機、滑車、または歯車を知らなかった。さらには、荷役に使う牛や馬も見たことはなかった。神々の神殿の建設のためには自分たち自身で石を引き上げた。陸上の移動は足で、水上は風と波の速さでカヌーを漕いで進んだ。生活に必要な物は自分たちの身の回りにある素材、すなわち、木と石、サンゴと貝殻、小動物の骨と毛皮、樹皮、植物の葉、繊維、および鳥の羽毛を用いて手作りした。

　そんな時、最初の西洋の船が水平線上に現れる。畏敬の念を掻き立てんばかりの数々の物品や技術、そしてはるかな世界の物語を携えてやってきたのだ。孤高のハワイの終焉であった。その後40年で100隻弱の西洋の船が島にやってくる。その上陸地点はさまざまである。白人〈ハオリ〉の総数は多くはなく、せいぜい年に数百人であった。ある程度長く逗留した者はほとんどおらず、永住した者に至ってはほんの数人である。にもかかわらず、このわずかばかりの上陸組がハワイに病気と侮蔑を持ち込む。彼らは食事の際に女性を同席させ、厳格な〈カプ〉の諫めに反する行動を取り続けた。新参者たちのそのような振舞いに対して、ハワイの神々は罰を与えることはなかった。その一方で、〈カプ〉の規律を守り続けた先住民たちの間で、新種の病気による死者が増え始める。

　1819年、ついに族長たちのおさは神々を見限る。彼はすべての神殿の破壊と偶像の焼却を命じた。ここに至って、ハワイの人びとの生活を支えた信仰は断ち切られたのである。その1年後、やがて続々とやってくることになるキリスト教使節団の船から宣教師の第一陣が上陸し、唯一全能神の言葉を広めることになる。これには4宗派あった。すなわちニューイングランド新教、フランス系カトリック、モルモン教、イギリス正教であり、それぞれ微

妙に異なっていた。前二者は王女パウアヒの生まれる前に、後二者は王女の生きた時代に渡来したものであった。

　王女パウアヒは、ハワイの人びとがかつての神々を否定してから 12 年後の 1831 年に誕生する。王女の生まれた頃、すでにオアフ島のホノルルは賑やかな港町になっていた。彼女の生きた時代には、港は潮汐表や税関を設け、捕鯨船や大型快速帆船<ruby>を所有していた。90 門の大砲を備えた軍艦や蒸気船が錨を下ろし、世界の反対側から来た商人たちが商品の詰まった積荷を陸揚げした。積荷の内容は長革靴に短靴、ワイシャツにスーツ、ハンマーに釘、組み立てればよい状態にした家のパーツ、ナイフにフォーク、陶器、錫のカップ、眼鏡、釣り竿、懐中時計、おまる、コンパス、そしてもちろん、銃と火薬、トランプカード、タバコにアルコールである。

　ホノルルは町から都市へと成長していた。煉瓦やモルタルやコンクリートでできたビルが建ち、歩道は舗装され、公園、公共の掛け時計、郵便局と軍の常設駐屯地があった。何軒もの雑貨店、ボーリング場、酒屋、ダンスホール、売春宿があり、公共消火栓、水飲み場、ガス灯、警察、ブラスバンドにオペラハウスも備わっていた。商業が花開いていた。商人たちは金、銀、銅の硬貨で売買をし、それと同時に、銀行為替手形、約束手形も利用された。医師が常住し、ワクチンや麻酔も知られていた。もちろん、弁護士もいて、訴訟もあった。新聞社も登場し、初めは週刊だったが後に日刊紙となった。雑誌も発行され、書店ができ、図書館も整備された。

　王国の首都として、ホノルルはハワイ諸島全域に適用される数々の新法の生まれる場所でもあった。時を置かずして国勢調査、課税、公教育の仕組みができあがる。同時に、離婚訴訟、遺言検認手続が生まれ、酩酊に対する罰金刑、姦通に対する収監が決められ、また、しばしば殺人に対する絞首刑宣告もなされていた。無記名投票による選挙が実施され、上院・下院で構成される議会、枢密院ができ、外国との条約調印も行われるようになる。土地調査が始まり、私有財産制が認められ、そして契約労働とプランテーション農業が始まる。

　都会の現代的な女性を思わせる姿で写真に写る王女パウアヒの 3 代前、王

女の曾祖父は、最初にやってきた西洋の船を目にし、初めて銃声を聞き、初めて白人の船乗りを目のあたりにして、彼我の力の差を見抜いた人物であった。彼は大男であり、背は高く筋骨隆々として逞しくかつ敏捷であった。神々の聖なる力〈マナ〉が具わる神々の直系子孫として高位の族長〈アリイヌイ〉に生まれた彼は、人身御供の儀式を司る立場にあった。庶民が〈アリイヌイ〉の影を踏むことは死を意味した。

　彼はまた、偉大な戦士でもあった。島の支配者〈アリイアイモク〉となるべく戦い、続いて諸島全域を統一して、単一王国の建国へと突き進んだ。島々を征服して支配し、自身の名を冠した王朝を創設する。カメハメハ王朝の誕生である。カメハメハの覇権を嫌った不満分子は容赦なく排斥された。しかしながら、外部の人間に対する扱いは異なっていた。ハワイの人びとは他のポリネシア人たちのように、外国からの侵略に対して武力で対抗することは一度もなかった。条約や交渉といった外交手段によって独立を維持しようとしたのである。

　1893年のハワイ王朝終焉時に、白人市民4、5人と米国政府からの形ばかりの軍事支援を受けた軍人たちに対して、族長たちからも市民からも武装抵抗は全くなかった。そのため、王朝はものの数時間で消滅してしまう。唯一の発砲は相手方拳銃からの1発だけである。これがハワイの警察官の肩に命中した。彼がハワイのために血を流したただ1人のハワイ人である。組織的抵抗はありえたのだが、当時の女王リリウオカラニがそれを禁じたのである。

　19世紀のハワイの王たちは、西洋世界から持ち込まれた病気によって次々に死亡していった。カメハメハ2世ははしかで亡くなる。はしかは西洋との接触以前にはハワイにはなかった病である。王は酒も好きだった。アルコールもまた、西洋からもたらされたものである。過度の飲酒により、ほかにも3人の王が亡くなっている。カメハメハ3世、カメハメハ4世およびカメハメハ一族のルナリオである。ルナリオの後継者のデビッド・カラカウアの命を奪ったのはアジソン病であった。

　庶民も同様に、上陸した白人水夫たちの持ち込んだ病で死んでいく。梅毒と淋病が定着し、それに結核が続いた。1804年には伝染病が蔓延した。お

そらくはコレラである。ハワイの人びとはこの手の侵略には全く無力であった。何世紀もの間、外の世界から隔絶していたため、大陸文明のありふれた病気に晒されたことがなかったからである。1848 年と 1849 年には、はしかと百日咳、続いて赤痢とインフルエンザが 1 万人のハワイ先住民を殺した。その数年後、1853 年には天然痘により、さらに 1 万から 1 万 5,000 人が死亡している。

　ジェームズ・クック船長がハワイと出会った 1778 年の段階でハワイの総人口がどのくらいであったか、知る者はいない。族長たちも正確な人数を把握してはいなかった。初期にこの地を訪れた白人の推計では約 30 万人とされている。しかし西洋との接触時にどのくらいの人口であったにせよ、次の 1 世紀でそれが急速に減少したことは間違いない。王女の生まれた年、1831 年の国勢調査によれば、ハワイ先住民の数は 12 万 4,000 人であった。その 5 年後には 10 万 8,000 人、1849 年には 8 万 7,000 人に減少する。1855 年にはさらに、7 万 1,000 人にまで下がった。王女の存命中は、遺体を満載した馬車が引きも切らずに市内を通り過ぎていった。ハワイ先住民は絶滅の危機にあった。王女が洋装姿で写真を残した 1870 年代には、ハワイの人口はわずか 5 万人ほどにまで縮小していたのである。

　パウアヒはこの大いなる変革期のただなかに、1831 年 12 月 19 日、カメハメハ大王の曾孫として誕生する。生まれながらの高位の族長として、100 年前、あるいは 200 年前と同じように、誕生の歌〈メレ・ハナウ〉で賛美され祝福されて、この世に生を受けた。「王家に姫が誕生した。太鼓が鳴り、雷が共鳴し、稲妻が光り、血の色の雨が降り注ぐ。雨は雲とともに動き、摩訶不思議な虹の柱がただ 1 本、海の上に立ち上がる」。聖なる慣習によって、王女の胎盤と羊膜は木の下に埋められた。1 本の苗木が王女のために植えられたが、これは地元の種ではなく、インドから取り寄せたタマリンドであった。

　第一子〈ヒアポ〉の命名は王家では重大事項である。王家の子どもが年配の親族の名前を貰うことはしばしばあるが、パウアヒもまた、伯母たちのひとり、すなわちカメハメハ 2 世の妻のひとりから名前を貰う。王女の両親であるローラ・コニアとアブナー・パーキーはプロテスタントに改宗していた

ため、王女にはキリスト教の洗礼名も与えられた。バーニスという。ハワイの法律で、当時はハワイ名も必要とされていたため、彼女はバーニス・パウアヒと呼ばれることになる。

　ハワイの習慣では、子どもはその身分にかかわらず、親族または両親の親しい友人に預けられて育つことが通常であった。この習慣を〈ハナイ〉（ハワイ流養子縁組）と呼ぶ。王女は、族長でもある叔父と叔母を〈ハナイ親〉として、その下で育てられた。王女は王家の人間として、昔から王家の子どもたちの世話をしてきた召使に囲まれて成長する。彼らは王女のあらゆる望みに応えながら、王女とはどうあるべきかを教えた。

　1839年4月、王女パウアヒの〈ハナイ〉の養母キナウが35歳で、おたふく風で亡くなる。その2ヶ月後、7歳の王女はこれまでとは異なる教育を受けることになった。新しくできた、プロテスタント布教使節団の運営する学校に行くことになったのである。初めは、「族長の子弟のための学校」と呼ばれたが、後に「王家の学校」と改名された。

　族長たちは、近代的王室の未来の指導者たちに、西洋風の教育を受けさせることに価値を見出していたからだ。族長たちの多くはプロテスタントに改宗していたため、その使節団から教師を集めた。王女の教師は米国本土ニューイングランドから来た20代のアモス・スター・クックとその妻ジュリエットである。夫妻はハワイに来てまだ2年であった。

　クック夫妻にとって、文明と適切な教育とはキリスト教に則った生活を意味した。そしてキリスト教的生活とは、ハワイの若い王族たちをハワイ的生活から隔離することを意味していた。学校が存続していた11年間に、16人の王家の生徒が在学していた。男女それぞれ8名、ほとんどに養親があり、かつほぼ全員が親戚同士である。全員が学校の敷地内に住み、その出入りは厳格に管理されていた。生徒たちに時間の意味を教えるために、一日の行動は朝5時の起床から夜8時の就寝まで、すべて規則で決められていた。生徒たちはベルの音で教室に入る。遅刻や居眠りに対しては、勤勉の意味を知らしめるため、落第点がつけられた。過食も間食も禁止されていた。授業では電気から天文学まで西洋のものの考え方が教えられた。たとえば、日食はひとりの族長の不可避的な死の予兆ではなく科学的現象である、と天空の表を

用いて説明された。

　学校は週5日半、月曜から土曜まであり、クック夫妻は歴史、地理、数学、三角関数、化学と植物学を教えた。日曜日には生徒たちを2列に並ばせて教会まで行進させた。生徒たちは毎朝、毎夕、神に祈りを捧げ、聖書を読んだ。毎日、聖書の一節を、朝はハワイ語で、夕べには英語で暗記させられた。日曜日の教会の礼拝を除き、彼らにハワイ語を話すことが許されたのはこの時のみであった。

　授業は英語で行われ、授業時間以外でも常に英語で考えかつそれを英語で声に出すように、と指導を受けていた。英語のほうがハワイ語より上手くなることは良いこととされ、英語が子どもの初めて話す言葉となるようにするため、ごく幼年で入学することはさらに良いこととされた。

　生徒たちは英語で日記をつけ、クック夫妻がそれを添削した。王子であるロットとアレキサンダーの2人は、クック夫妻から指示された事柄を日記に書き取った。2人が身につけて守るべき習慣と規則の数々である。すなわち、「第一に神を求めよ。次に神の喜ぶことをせよ」、「嘘をついてはいけない」、「常にほがらかで感じの良い人間であれ」、「すべての物に決められた収納場所を用意して必ずそこにしまうこと」、「英語の向上のために、毎日、新しい言葉を4つ覚え、間違いを4つ直すこと」、「相手にふさわしい敬称をつけずに話しかけてはいけない」、「人であれ物であれ、見慣れないものをじろじろ見てはいけない」、「人と争ってはいけない」、「歌を歌いながら、口笛を吹きながら、または大声で話しながら歩いてはいけない」。

　生徒たちは無作法な態度を取ったり話を聞いていなかったり生意気な口をきいたり、あるいは無神経な振舞いをすると罰を受けた。特に少年たちはしばしば期待に反する行動に出た。彼らは王家の息子たちであり、幼い時分から甘やかされて育っているためである。「手の焼ける子どもたち」とジュリエット・クックは故郷ニューイングランドへの手紙の中で、2人をそう呼んでいる。2人組の小さな暴君である。ロットは汚い言葉を使って1週間屋外での遊びを禁じられた。未来の王であるデビッド・カラカウアが教会内で騒いだ時は、クック氏は彼を皆の前で平手打ちした。カメハメハ大王の時代であれば、クック氏はその場で殴り殺されていたはずである。

少年たちは成長して体も大きくなってくると、ますます、キリスト教で罪となる行動を取るようになる。学校の柵越しにワインを受け取って飲んでいたし、ロットとその弟モーゼスは、ベッドで女の子と一緒のところを見つかったこともある。これにはクック夫妻も参っていた。少年たちのこのような行為は自分たち夫婦の子どもを危険に晒すと思われたからである。そのため、学校の敷地内にある自分たちの住居の廻りを柵で囲って、「王家の学校」の生徒たちが家族に近づけないようにした。

王女バーニス・パウアヒは1839年の開校の日から1850年の閉校の日まで在学する。王女は他の生徒たちとは違っていた。クック夫妻の日記や手紙の中に最も頻繁に、かつ常に好意的に登場したのが彼女であった。夫妻が王女をパウアヒと呼ぶことはめったになく、2人にとって王女は常にバーニスであった。彼らの日記や手紙には、ミス・バーニス、ミスBあるいは単にBと書かれていた。王女は聡明で礼儀正しく、何でも自ら進んでやり、「非常に慎ましやかであり、めったに不満を口にしない人です」と評価している。実際、王女は在学中の11年間で、他の生徒が1週間に起こすほどの面倒も起こしたことはなく、罰とは無縁であった。

英語の読み書きの習得は早く、英語の筆跡は流麗で、その文章はクック夫人が書いたかと思われるほどの進歩を見せていた。王女は本が大好きだったので、学校では図書係りを務めていた。学校では、自由時間も無為に過ごすことなく文化的な良い趣味を育むようにと、西洋音楽の演奏や鑑賞が推奨されていた。美しいアルトの声をもつ王女に対し、訪問客たちはしばしば歌を歌って欲しいと頼んだものである。王女は生徒たちを指導して四部合唱を指揮することもあった。ピアノのレッスンも受けており、練習熱心なため上達も早く、楽譜を初見で弾けた。客人の前でもよく演奏したが、皆感銘を受けるほどであった。

彼女はまた、忙しいクック夫妻の役に立てることに喜びを感じていた。クック氏は授業で忙しく、夫人は生徒16人の教育と世話に加え、自分たちの5人の子どもの世話もあったので、育児、洗濯、床磨きといった家事を手伝った。王女は家事手伝いの機会を与えられたことに常に感謝の気持ちを絶やさず、「私が今日あるのはすべてクック夫人のお陰です」と言っている。

　宣教師の家族のひとりの白人女性が王女について次のように書いている。「すらりとした優美な姿の少女でした。両手は小さくて形が良く、指は華奢で先は少し尖っています。ハワイの上層階級の習慣で、赤ん坊時代に子守たちによってわざと変形させられたためです。絹のようにつやつやとした巻き毛の黒髪は長く腰の辺りまであり、肌の色は幼い時からずっと白いままでした」。

　王女と「手の焼ける」ロット王子の幼なじみの関係は終生続いた。ともに同じ家で育ち、同じ時に「王家の学校」に入学している。毎日曜日に2列になって教会まで行く時は、ロットは王女と並んで歩いた。王女が17歳になると、〈ハナイ〉の養父ケクアナオアとロットの実父が、王女とロットとの結婚話をまとめてしまう。王女は予想もしない展開に恐れおののき、その話を王女から打ち明けられたアモス・クックは、「彼女は一日中悲しそうで、頭痛がすると言って早々に就寝してしまった」と記している。

　王女は養親と実の親の双方から、重ねてロットとの結婚を迫られた。ロットはその気性はともかくも、地位は結婚相手としてふさわしいというのである。王女は抵抗を続けた。1849年の秋になると圧力はさらに強まる。ロットとその兄アレキサンダーが見聞を広めるために、米国経由でヨーロッパに出張する白人の外務大臣に同行することになったので、両親はロットが出発する前に、すなわち今すぐにでも、彼と結婚するようにと迫ったのである。

　王女はロットに伝えた。両親の命令には逆らえない。でもそれで私は一生不幸になることがわかっている。あなたは私を愛していないし、私もあなたを愛していないのだから。実母コニアはクック家にやってきた。クック夫人は次のように記している。「私たちはコニアとお茶をいただきました。娘はロットにあからさまに本音を話してしまう、と言ってコニアはずっとバーニスを非難していました」。

　王女は養父ケクアナオアにも少々強い表現の手紙を書いている。アモス・クックは、王女の言葉を次のように記す。「皆様が私を棺おけに入れて埋めてしまいたいのであればどうぞ。私は甘んじて受けます。そして皆様はまもなく本当にそうせざるをえなくなります。ロットとの結婚を承諾するという

ことは私にとってそういうことです」。ロットはこの手紙を読み、自分も王女に手紙を書く。自分は「あなたを葬り去る道具にも、あなたの不幸の原因にも」なりたくない。自分はあなたにはふさわしくない存在であると。こうして彼は、あらゆる約束事から彼女を解放し、王女の心を軽くして、サンフランシスコへと発っていった。手紙の中でロットは次のようにも言っていた。誰か別の人があなたにはふさわしいかもしれない、その人は、もしかしたらあなたの愛する人かもしれない。ロットがその人を名指しするまでもなかった。チャールズ・リード・ビショップこそその人である。

ビショップ氏は夕刻、学校に教えに来ていた。ホノルルに滞在する白人独身男性の中で、ほんのわずかの人だけが敷地内への立ち入りを許されていた。ホノルルにいる 1,500 人ほどの中でせいぜい一握りにすぎない。彼はその栄えある数人のうちのひとりであった。

彼は関税徴収官という責任ある仕事に就いていた。彼はハワイにすでに数年住んでおり、ハワイ王朝の市民となっていた。この事実だけでも、彼が、オアフ島の浜に打ち上げられては次の潮でまた流れていく、浮き草のような白人たちのひとりではないことがわかる。

ビショップ氏は気の良い北部米国人であった。自分のことを、「自由主義的プロテスタント」と呼んでいた。その意味するところは、宣教師ほど厳格な生活は送っていないが、酒は飲まず、分別があり正直な人間であるということである。彼は王女よりほぼ 10 歳年上であったが、クック夫妻は気にはならなかった。「王女が 2 人の王子のどちらかよりも彼のような男性を選ぶことを私たちは望みました」。

クック夫妻は、王女が人格高潔な白人の妻としてふさわしいと考えていた。王女の肌の白さは、白人たちの口の端にもよく上った。淡い肌色とか、ぱっと明るい顔色で、ギリシア人のようだと言う人もいた。王女の肌の白さは、実父パーキー譲りかもしれない。彼は目だって色白であった。ハワイ先住民の一部にはそういう人がいるのだ。学校の外では、王女の肌の白さは、学校で白パンを食べ過ぎたせいだ、と噂する者もいた。いずれにせよ、学校では、王女ほど西洋世界に馴染んだ者はいなかったことだけは確かである。

クック夫妻が王女とビショップ氏との結婚を望んだ理由はほかにもあった。

王女が卒業すれば、自分たちもハワイを去ることができたからである。そもそも学校を必要とした若い王族たちのほとんどはすでに学校を去っており、新しく入学してくる者はもういなかったのだ。幼い姫が2人入学する予定であったが、1848年の伝染病で2人とも亡くなっていた。校内はひっそりとしていた。空き部屋も増えていた。クック夫妻がハワイに留まっているのはひとえに王女のためであった。「王女は自身の家が見つかるまでは、私たちにここに留まって欲しがりました。私たちも王女をここまでこちら側の世界に連れてきてしまった責任上、両親以外のもっと安心な人の手に委ねるまでは、彼女をこのまま置いていくことはできませんでした。あの人たちは親切なよい人たちですが、文明というものに無知で、西洋流ではなく、ハワイ流の偉大さを娘に求めていたからです」とアモスは記している。

　1850年6月4日午後8時、学校の応接間において、リチャード・アームストロング神父により結婚式が執り行われた。花嫁は白いモスリンドレスを身に着け、ジャスミンの花輪をつけて美しかったが、寂しい式であった。王女の両親は娘が王族と結婚しなかったことに失望し、式への参列を拒否した。花嫁側の介添人も花婿側の介添人もなく、族長たちも市の名士たちも誰もいなかった。ハワイ式の祝宴もケーキやレモネードもなかった。アモス曰く、「式の後、私たちは皆でお茶をいただき、9時に2人は馬車でアンドリュー判事の家へ向かいました。そこに住むことになっていたからです」。王女とビショップ氏との結婚は両親に背くことを意味した。両親は2人とも高位の族長として、王国挙げての結婚式を考えていたからである。しばらくは、家族関係は壊れ、双方の行き来も途絶えたが、1年も経たないうちに元の良好な関係に戻った。この結婚が良いものであったことがわかってきたからである。

　ビショップ氏は関税徴収官を辞し、自ら事業に乗り出す。以後、長きにわたり実業家として成功することになる。王女の実父パーキーは1855年に亡くなる。何年も前に娘とは仲直りできていたので、その遺言は王女を優遇するものであった。オアフ島にある5,780エーカーの土地と大きな屋敷ハレアカラーを娘に遺贈していた。ビショップ夫妻は未亡人となった実母コニアとハレアカラーで同居を始める。コニアが1857年に亡くなると、さらに母か

ら娘に 1,023 エーカーの土地が残された。

　今やバーニス・パウアヒ・ビショップは 20 代半ばの若さにして、広大な領地をもつ族長となった。同時に、相続によって何百という小作人に対する大きな責任が発生した。彼らは主人である王女に対し、昔ながらの意識でさまざまな要望を出してきた。このような伝統的ハワイの人間関係は、長老がかつての神々を否定した後も存続していたからである。この責任は、主人パウアヒとしての王女が負わねばならないものであった。

　王女パウアヒは地方から出てきた人びととは、自ら手入れをしていた庭のタマリンドの木の下に一緒に座って、ハワイ語で話をした。常にじっくりと彼らの話に耳を傾けた。内容が込み入っている用件の時は何時間でも付き合った。また、使用人は何十人もいたので、オアフ島の領地で取れる食物で彼らを養っていた。養魚池で獲ったボラや灌漑した畑で収穫したタロイモである。タロイモから作る〈ポイ〉は毎月 1 トンにも上った。

　一方、自宅ではリディア・カマカエハ・リリウオカラニの面倒をみていた。彼女はコニアとパーキーの養子である。王女より 7 歳年下で、同じく「王家の学校」に通っていたが、学校が閉鎖された後はハレアカラーで養親と暮らしており、ビショップ夫妻が移ってきてからも屋敷に留まっていたからである。リリウオカラニの結婚の際は、結婚式はこの屋敷で執り行われた。

　ビショップ夫妻には子どもができなかった。〈ハナイ〉（ハワイ流養子縁組）の習慣は依然残っていたが、王女が育てるのにふさわしい身分の赤ん坊は生まれてこなかった。この頃には王家には子どもは全くいなかったのである。そんな時、1862 年の夏、パウアヒの従姉であるルース・ケエリコーラニが妊娠する。パウアヒと同様、ルースもカメハメハ大王の末裔であったので、2 人の間で養子縁組〈ハナイ〉の手続が取られた。1863 年 2 月に生まれた男の赤ちゃんはケオラオカラニ（天使の命）と名づけられる。彼は周囲に大きな喜びと期待をもたらしたが、他の多くのハワイの赤ん坊と同様に、1 歳の誕生日を迎えることなく亡くなってしまう。

　子ども好きな王女パウアヒは自分の身の周りによその子どもたちを集めるようになる。午前中屋敷で音楽を教え、そのまま一緒に昼食を摂ることもよくあった。馬車で外出中、途中で子どもを見つけると馬車に乗せて楽しくお

しゃべりしながら目的地まで送っていった。日曜日には自分が生徒だった頃通ったカワイアハオ教会で、日曜学校の授業を受け持った。自身の音楽レッスンも続け、アマチュア音楽協会の委員を務めながら、ハイドンやベルディのオラトリオやオペラ作品を歌っていた。

　あるプロテスタント宣教師の息子サンフォード・ドールによると、ビショップ夫妻は、ホノルル社会で指導的立場にある人たちと目されていた。彼は夫妻のことを好意的に次のように記している。「社交界の花ではあったが、華美な世界に遊ぶというよりは、音楽、読書、品の良い会話、ダンスといった、地に足のついた堅実な生活を楽しむタイプであった」。王女は女主人として、世界中からハワイにやってくる外国の将軍や大使、英国貴族といった賓客たちを、屋敷の庭の芝生でのテニスやクリケット、音楽とダンスの夕べ、銀食器を用いての正式ディナーパーティーなどを自ら計画してもてなした。ディナーの時は、従者に〈カーヒリ〉、すなわち儀式の際に用いられるハワイ王族の羽のついた旗を掲げさせた。英国エジンバラ公のためには、伝統的ハワイ式祝宴〈ルーアウ〉を用意した。彼女は、同時にバーニスでありビショップ夫人であり王女パウアヒであった。ハワイ人であり白人でもあるという複雑な三身一体を、誰よりも優雅にかつ賢く演じながら日々を送っていたのである。

　夫であるビショップ氏はというと、彼もまた、仕事の上でも公の場でもますます卓越した存在となっていった。1858 年には商人と砂糖プランテーション事業主向けの銀行を設立して成功する。1859 年にはカメハメハ 4 世が彼を枢密院のメンバーとし、1860 年には族長たちと並んで貴族院の終生議員に選出される。1864 年には、カメハメハ 5 世治世下、貴族院外交委員会メンバーとなり、1870 年にその議長となる。1872 年には教育院長官を務めた。

　彼は王族との結婚によって高位に就いたということももちろんあるが、それだけではなく、能力によって自らの有能さを証明し、王国にいるどの白人よりもハワイに役立つ人間として、社会での地位を確立していったのである。

　ロットは 40 代初めにしてすでに大層な肥満体であり、さまざまな病気に

苦しんでいた。1872年終わりの数ヶ月、彼は病の床に臥せており、12月10日、彼の43歳の誕生日の前日のこの日、彼の命は消えようとしていた。王女はこれまでにも何人もの王族の臨終に立ち会ってきたが、12月11日の朝も他の王族とともにロットの傍らにいた。族長の死の際は皆が集まるのが習慣だからである。しかしこの日はそれだけが目的ではなかった。ロットはカメハメハ5世、すなわち王である。それでいて遺言を書いていなかった。彼に跡継ぎはおらず、しかも後継者も指名してはいなかったのである。

王位継承資格をもつ者は全員そこにいた。デビッド・カラカウアとその妹リディア・カマカエハ・リリウオカラニ、彼らはカメハメハ大王の直系ではなかった。故カメハメハ4世であるアレキサンダー・リホリホとの結婚によって王妃となったエマも違う。ウィリアム・ルナリオはカメハメハ大王につながってはいたが直系ではない。そして残った2人がルース・ケエリコーラニとパウアヒである。この2人だけがカメハメハ直系であった。

王は後継者の名を告げようと、何とか身体を起し、初めハワイ語で言ったが、皆よく聴き取れなかったため、次に今度は英語でパウアヒの名を挙げる。「貴女に私の後を継いで欲しい」。

王女は拒否する。「嫌です。やめてください。私は王位など欲しくありません」。

王は族長その他の人たちに部屋の外に出てくれるよう頼むと、再び王女に話しかけた。「貴女が女王となることが、この国と国民にとって最良の選択だと思う」。

王女は再び固辞する。「いいえ、私ではありません。ほかにもいるではありませんか。貴方のお姉さまだっています。彼女が正当な後継者でしょう」。ルースはロットの血を分けた姉であり、かつ最も近い親族である。彼女はハワイ島知事を17年間務めていた。彼女はこのやりとりの間、ベッドから少し離れた床の上に座っていた。

ロットは言う。「ルースは王座につく器ではない」。

「でも私たち皆で彼女を補佐します。私も夫も大臣たちも」と王女。

「いや、駄目だ。ルースには荷が重過ぎる」とロット。

「それなら前女王はどうですか？　エマです。彼女なら、一度は女王だっ

たのですから王座にふさわしいでしょう」と王女。

「エマは単に王に嫁いだために儀礼上女王となっただけの人だ」とロット。

この 2 人のやりとりを、オアフ島の知事であったリリウオカラニの夫、ジョン・ドミニスがすべて英語で記録している。「王はこの時ベッドから出ようとし、われわれは皆、部屋から出た。その後王はこの話題を持ち出されることなく、さらなる要望もされなかった」。その 1 時間後、王は亡くなる。

王冠は結局、選挙によって、非常に人気のあったウィリアム・ルナリオに渡った。非公式の国民投票では彼は圧倒的な人気者であり、議会での公式投票では満場一致で彼に決まったのである。

王女パウアヒが女王になりたくなかった理由のひとつに夫のことがあった。ビショップ氏は間違いなくハワイ王国の市民であったが、多くの人は彼を米国人とみていた。そしてその頃、アメリカ合衆国はハワイの独立に対する深刻な脅威となり始めていたのである。

それまでも外国からの脅威がなかったわけではない。1839 年にはフランス軍艦が威嚇的にホノルル港に錨を下ろしたことがあったし、1849 年にもまた 1 艘やってきて、この時は水夫が上陸して砦を破壊している。その間の1843 年には、ひとりの傲慢な英国海軍指揮官による短期の占領もあった。この人物は爵位のある貴族であったが、何の権限もない全くの独断であったため、この占領はものの数ヶ月で英国外務省により否定されている。しかし、1850 年代以降は、主要な脅威は米国であった。

1860 年代、1870 年代に、ハワイの製糖業は急速に発展した。米国本土を主要な市場とする砂糖プランテーションの米国人オーナーたちが、産業を支配していた。経済的には、ハワイはますますアメリカ合衆国に依存するようになっており、ハワイに居る米国市民たちはますます独善的になっていった。早くも 1854 年にはハワイ併合の話が出ている。

米国人の多くが指摘するように、アメリカ合衆国との強い結びつきは、必ずしもハワイの独立の喪失を意味しなかった。相互通商条約があれば、ハワイの砂糖は良い条件で米国市場に入る一方、米国の商品も同様に好ましい条件でハワイの市場に入るからである。このような互恵的条約があったならば、

ハワイ経済に大いに貢献したことだろう。

　しかしながら、現実の進展は、ハワイ人の目には米国人が自分の国のことだけを考えているように映っていた。米国人プランテーション事業者はハワイの土地を買いまくっており、ハワイ王国全体がそのうち米国の手の中に取り込まれてしまうのではないかという空気が生まれ、これが悪感情を助長していた。

　ビショップ氏が王女パウアヒと結婚した1850年頃は、ハワイ人と白人との関係はまだ良好であった。その10年後、ロットの治世にはその関係は綻び始めていた。議会では英語とハワイ語が公用語であったが、英語を話す白人メンバーはハワイ語を話すことを拒否し、ハワイ人議員たちは英語を話すことを拒んだ。ある会期では殴り合いが勃発して、ハワイ人議員たちがカメハメハ大王時代の戦士の歌を大声で歌う騒ぎとなったこともあった。

　ルナリオの治世でも事態が好転することはなかった。互恵条約に向けた交渉はだらだらと長引き、ハワイにとって有利な展望は見えなかった。そこで米国側の気を引こうと、ハワイ政府は、米海軍基地として使用できるように、オアフ島にある巨大な湾を米国側に賃貸あるいは割譲する、ともちかける。この湾の昔の名前はプウロア、今ではパール・ハーバーとして知られている。この申し出に怒った何百人ものハワイ人たちがホノルルの街中に溢れた。すべてのハワイ人たちが互恵条約に反対したというわけではない。そうではなく、ハワイの土地と海を、金のために手放すことに堪えられなかったのである。

　政府によるパール・ハーバー割譲の交渉責任者が、ルナリオの外務大臣であったビショップ氏である。彼は、ハワイの将来はアメリカ合衆国との経済的結びつきにかかっているとみていた。パール・ハーバーが互恵条約を勝ち取るために必要な取引材料であるなら、くれてやろうじゃないか。彼は併合が経済的には論理的帰結だとみており、そのため何としても長生きして併合を見届けるつもりだった。しかしながら、今現在、彼の部屋の窓の外で、ハワイの庶民たちが大声で反対を叫んでいる。パール・ハーバーに、またはハワイのどの土地であれ、米国の旗が翻るのは許せないと。ビショップ氏は政府提案を取り下げるほかなかった。

　1875 年、夫妻は結婚 25 周年を記念して長旅に出る。彼らは以前にも二度、1866 年と 1871 年に米国本土に渡っているが、今回の旅はもっとはるかに大掛かりなものであった。事前の計画に何ヶ月もかけ、期間は 1 年半を予定していた。

　まずサンフランシスコに船で渡り、そこから大陸を横断してニューヨークまで行く。そこでドレスを作り、「お大尽のような」買い物をしてから、次に大西洋を渡ってヨーロッパへ行く。そこでは 30 以上の都市を廻り、巨匠たちの作品に溢れた何十もの美術館を訪れ、8 ヶ月で 8 点のオペラを鑑賞した。アイルランドでは 108 段の石段を登ってブラーニー・ストーンに口づけをし［ブラーニー城の屋上にある石に口づけすると雄弁になれるとの言い伝えがあり、同所は観光地になっている］、スコットランドでは雷鳥狩りを試みた。ライン川をクルーズし、ベニスのグランドカナルをゴンドラで進み、ポンペイの遺跡やベルサイユ宮殿への一日遠足を楽しんだ。モンテカルロのカジノで 2 晩過ごし、ウィーンでは記念撮影をした。ブレーメンのしゃれたクラブで年代物のワインを飲み、油絵数点とピアノを購入してホノルルに送らせた。ローマには 4 週間、パリには 6 週間滞在した。すべて上流社会と交流しながらであった。名士の紹介による夕食会やさまざまなパーティー、貴族たちとの優雅な会話、ローマ法王との謁見。その後ロンドンに渡り、何世紀もの英国王室統治下の記念碑であるウェストミンスター寺院、ロンドン塔、ウィンザー城を訪れ、最後に、英国のビクトリア女王に拝謁している。

　この時は、エジンバラ公がかつてハレアカラー屋敷で国賓として遇されたことへの返礼をしている。ビショップ氏はハワイ王朝大臣時の礼装を身に着け、王女はパリで作らせた胸元の大きく開いた 2 色のバラ色の絹のドレスを纏った。ドレスには、ロンドンで作らせた羽でできた花で飾られた 1 メートルもの長さの裳裾がついていた。

　夫妻が不在の間に、アメリカ合衆国との互恵条約交渉が再度行われた。今度はワシントンの上院を通過し、ホノルルで批准され、1876 年 9 月、2 人が帰宅する 3 週間前に発効した。誰がみてもこの条約によって製糖業者と土地所有者が儲かることは明白であったため、金融マンとしてのビショップ氏も一段の成功を見据えた。彼はもっと大きな銀行の建物が必要になると考え、

直ちにその準備に取りかかる。

　王女パウアヒとルース・ケエリコーラニは従姉妹同士であり、血のつながりも〈ハナイ〉のつながりも強く大変に仲がよかったため、お互いを妹・姉と呼び合っていた。しかしながら、この2人ほど全然似ていない姉妹もないだろう。王女は小柄で色白、世界中を旅して広い視野をもち、白人社会の中でも気後れせずきれいな英語を話し、カワイアハオ教会でオルガンを弾き、パリ製のドレスとコルセットが板についていた。一方、ルースはといえば、こちらも昔ながらの意味で、偉大なハワイの族長である。肌の色は黒く、背は180 cmと高く、体重は200 kgほどもあった。気性は激しく、雷のような声で話し、パイプタバコを愛飲した。彼女も英語は話せたが、あえて話さないようにしており、実際、できる限り白人とは関わらないようにしていた。
　子ども時分、ルースは「王家の学校」には通わなかった。彼女は生涯ハワイ諸島から外に出たことはなく、その最後の日々を、お気に入りの草の家があるハワイ島のカイルアで過ごす。ここはカメハメハ大王の亡くなった場所に近く、視界を遮るものは高い尖塔をもつプロテスタントの教会だけであった。彼女は自分の葬送の曲〈カニカウ〉を作曲していた。1883年5月24日、彼女が亡くなる日も王女は傍らにいた。
　「ルースがいなくなって悲しい。日々気にかけ、病気の時には介抱したわが子を亡くした母親のような気持ちです」と王女は述べている。実際は、王女はルースより5歳も年下なのであるが。「私はわが子が恋しくてたまらない。ルースは私にとってわが子同然だったのだから。本当にそそっかしくてわがままで。そのうえ彼女は私の最後の身内だったのです」。

　ルースの生きた時代は、それはまた王女パウアヒの生きた時代でもあるのだが、老若問わず、多くの王族が死んでいった時代である。ルースの実母は彼女を産んで亡くなる。ルースの最初の〈ハナイ〉の養母はルースが6歳の時に、2番目の養母は13歳の時に亡くなっている。ルースの最初の夫は彼女が22歳の時に亡くなる。ルースの実子たちも〈ハナイ〉の息子も皆、彼女より先に亡くなっている。王族が1人亡くなるたびに相続人の数は減って

パウアヒの従姉ルース・ケエリコーラニは、30 年近くの長きにわたってハワイ島の知事を務めた。

いき、より少数の手に領地が集中していく。ルースは領地を、最初の夫から、父の兄から、そしてさらに、腹違いの兄弟姉妹から受け継いでいた。ロットが遺言を残さずに亡くなった時は、その領地について請願し、認められてそれもルースの所有になった。最終的に、ルースの所有地は、すなわちカメハメハの領地であるが、35 万 3,000 エーカーに上っていた。

　いざルースが自分の遺言を書く時が来ると、まだ生き残っている近い親族

は王女パウアヒただひとりであった。土地からの6件の暫定利息と、別人への馬2頭と馬車1台の贈与を除き、ルースはすべての遺産を王女に遺す。「私の全財産、すなわち不動産と動産、ハワイ島からカウアイ島にあるすべての財産を、愛する妹、バーニス・パウアヒ・ビショップに贈る」。

ハワイ人の中にルースと王女との真の血縁関係について疑念を呈する向きもあったが、ルースの遺言が争われることはなかった。〈ブーク・マーヘレ〉[1848年にカメハメハ3世が王族たちと交した王家の土地に関する合意書、および王家の土地とハワイ政府の土地を明示した目録] に基づく王女の主張も認められた。1848年以降、すべての土地の権利はこれに拠っている。ここに51歳にして、王女は王国最大の領主、最大の資産家となるに至る。

これまでは、王女は遺言を作成する必要性を感じていなかった。しかし今では彼女は、谷から草原まで、森から平原まで、とにかく山から海まですべてについて、その所有者なのである。ほとんどが不動産であるから価値が高かった。互恵条約が発効し、砂糖栽培のための土地の要求が急速に増大する一方の今では、とりわけそうであった。それより何より、これらは神聖なカメハメハの遺産〈アーイナ〉である。1883年10月31日、王女は遺言に署名する。

1884年に入ってすぐ、王女は身体に異変を感じ始める。4月初め、医師の薦めで転地療養とより詳しい医学的所見を求めてサンフランシスコに渡る。そこでの診断は、進行した乳がんであった。夫の到着を待たずに手術を受けることになる。

6月には帰国できるほどに回復したが、帰国後、自宅で病状は悪化した。晩夏に、海辺の空気を求めてワイキキの別荘へ移る。友人たちが見舞いに訪れ、子どもたちも遊びに来たが、王女は激痛に苦しむようになっていた。医師は王女にオピウムを投与し、痛みが強くなるとモルヒネを注射した。10月初旬、王女は遺言に補足書を2点追加する。医師たちを証人にして2点目の遺言補足書に署名した10月9日、王女はケオウア・ハレに移される。ここはルースから相続した大きな屋敷であり、夫と2人で住む予定の場所であった。1884年10月16日、王女は亡くなる。52年の生涯であった。

15日間、王女の棺はケオウア・ハレに安置され、王国は喪に服す。王家

の象徴である黒い旗〈カーヒリ〉が 150 枚も掲げられ、王女を悼む歌が日夜歌われた。弔問客たちは雨の中を歩いてやってきた。王女の危篤の時分から降り出した雨は、11 月 2 日の葬送の日にもまだ降り続いていた。葬送の行列は、棺を担ぐ白馬 4 頭立ての葬送馬車を先頭に、黄色のケープと黒い高帽子の正装で〈カーヒリ〉を掲げた旗手が続く。行き先はカワイアハオ教会である。教会でのミサの後、行列は警察官が先導し、羽付きヘルメットを被った騎馬隊が列後を務めた。人びとは道端に列をなし、王室ハワイアンバンドが「パウアヒ行進曲」を演奏する中を、王女の家の使用人たち、日曜学校の子どもたち、王女の領地の管理人たち、領事館員たち、最高裁判事たち、および 75 台の馬車がヌウアヌ谷まで行進した。そこでようやく雨が上がる。

　キリスト教の十字架の形に建造されたハワイ王国の霊廟、マウナアラに王女は埋葬された。ここには 3 代にわたるカメハメハ王朝の死者たちも眠っている。彼らの棺は、カメハメハ王朝よりも何代も前、大昔の 2 人の族長たちを納めたシュロで編んだ棺〈カアイ〉の側に安置されていた。実際には、この族長たちの遺骨はハワイ島に埋葬されており、その正確な埋葬場所は今日に至るまでわかっていない。カメハメハ大王に続く王たちは全員この霊廟に眠っている。リホリホ、カウイケアオウリ、アレキサンダー・リホリホ、そしてロットの 4 人の王。それに加えて、アレキサンダーの息子のアルバート・エドワード・カウイケアオウリ、カアフマヌ、カマーマル、カラマ、レレイオホク、ケアウェアウェウラ、ウィリアム・ピット・キーナウ、デビッド・カメハメハ、モーゼス・ケクアイワ、およびビクトリア・カマーマル。さらに、パウアヒの実母コニア、実父パーキー、パウアヒの〈ハナイ〉の養親ケクーアナオアとキーナウ、パウアヒの〈ハナイ〉の養子ケオラオカラニ（ルース・ケエリコーラニの息子）、ルース本人、そして今、王女パウアヒの番であった。

第2章
禁圧された文化

　ルース・ケエリコーラニの遺言はハワイ語で書かれ、'R. Keelikolani' と署名されていた。パウアヒは自身の遺言には英語を選び、「王家の学校」仕込みの完璧な筆跡で 'Bernice P. Bishop' と署名した。自身のハワイ名（パウアヒ）はイニシャルに留まっている。

　遺言で王女は、王族、友人、使用人、公益団体および夫に対し、金銭または領地からの収益というかたちで40以上の贈与を個別に行っている。王女と同じ名前を貰っている人は7人おり、バーニスが5人、パウアヒが2人であるが、この7人にはそれぞれ200ドルが贈与されている。既婚女性への贈与については、「彼女たちそれぞれの夫からの干渉を許さず、純粋に本人が自由に使えるものとする」と明記された。

　遺産の大半は325筆の土地であり、全部で37万8,569エーカーあった。これが信託されて5人の受託者に委ねられることになる。チャールズ・R・ビショップ、サミュエル・M・デイモン、チャールズ・M・ハイド、チャールズ・M・クック、およびウィリアム・O・スミスの5人である。受託者として、彼らには信託財産を慎重に管理運用し、かつ、遺言第13項に書かれた公益目的を遂行するという厳格な受託者義務があった。その目的とは、「ハワイ諸島に2つの学校を建設し、維持していくことです。学校はカメハメハ学園［次頁の訳者注、参照］と呼ばれ、ひとつは男子校、もうひとつは

女子校とし、それぞれに寄宿生と通学生を受け入れます」というものである。遺言で王女は、受託者たちに「孤児、および経済的に恵まれない環境にある子どもたちへの支援と教育」に当たってはハワイ人を優先することと指示していたが、ハワイ人だけに入学を限定することはせず、むしろ入学資格の決定権は受託者たちに与えていた。信託財産の法的所有者として受託者たちは、多数決による合同行為での財産の売買、従業員の人事、および信託目的追求のための信託財産からの支出について、全権限が与えられていた。チャールズ・ビショップ氏は自身の手紙の中では妻である王女のことを常に「ビショップ夫人」と表していた。王女が亡くなった頃のハワイでは、遺言による信託を「遺産」と呼ぶ習わしであった。それが王女パウアヒの遺言による信託が、のちにビショップ遺産信託として知られるようになった所以である。

> ［訳者注］　**カメハメハ学園について**：王女パウアヒの遺言で設立された学校の現在の正式名称は「カメハメハスクールズ」であり、王女の信託名称と同一である。この学校は当初は男女別の小規模な職業訓練校としてスタートし、その後幼稚園から高校までの一貫教育となり、戦後はハワイ諸島のあちこちに複数の校舎を有する一大組織となった。このような事情を踏まえ、本書では、学校については「カメハメハ学園」で統一し、信託名称と区別した。

遺言から推測するに、王女は道徳と宗教教育に力を入れた2つの実務学校を想定していたようだ（遺言の信託に関する部分については本書巻末の資料を参照して欲しい）。しかしながら、誰が何を教えるかも含め、具体的な学校の中身や形式については受託者たちにその決定権を与えていた。王女の究極的な目標は「善良かつ勤勉な人間」を世に送り出すことであった。

1884年当初から信託財産は巨大であった。しかし厳密な金銭換算でどれほどのものに今後なっていくのかについては、まるで見当もつかなかった。とりあえず土地は47万ドルほどの価値と推定され、1年の収益は3万6,000ドルと予想された。土地以外の財産は4,127ドルの現金のみであった。

ビショップ遺産信託が動き出した当初は、ビショップ氏の個人資金が学校の「立ち上げ」には不可欠であったため、彼は妻から相続した土地の終生収益権を信託財産の中に戻し、さらに自分自身の土地も相当量を信託財産に加えた。その結果、この信託は一段と土地長者となる。最も多い時で44万

カメハメハ学園は当初、職業訓練のための実務学校として開校した。上が男子校、下が女子校の授業風景。

チャールズ・リード・ビショップは、王女の遺言で受託者に指
名された唯一の宗教色が薄い人物であった。

184 エーカーあった。

　ビショップ氏のニューヨークでの学歴は8年生で終わっていたが、彼はそ
の後も本を読み、終生学習を続けた。ハワイでは教育に強い関心を抱き、真
のビクトリア朝時代の人として熱心に教育に関与していた。カメハメハ学園
創立の何年も前に、キリスト教宣教師団が設立したプナホウスクールの受託
者となり、チャールズ・リード・ビショップ・ホール、ビショップ科学ホー
ル、およびパウアヒ・ホールの建設資金を拠出している。さらには、ハワイ
州全土の幼稚園へ財政支援し、公立図書館とハワイ歴史協会の創立者のひと
りでもある。しばしば彼は公に向けた発言もし、その考え方に共鳴する者も
多かった。彼は一部の人間にだけではなく、広く全員に良い教育を与えるこ

とが、良い社会にとって不可欠であると強調している。「大衆が、徐々にでも一緒に向上していかなくてはならない。選ばれた数人ではなく、大勢の大衆の性格とあり方が、全体として国家を特徴づけるからである。サトウキビ畑にしようとする土地には、大きな丘や高くそびえる木々があちこちにある。良い収穫を上げるには、土地を全面的に開墾して均一にならしてからでなければいけないのと同じことである」。

　ビショップ氏の監督下、1887 年 11 月 4 日、39 人の生徒を受け入れて男子校が晴れやかに開校する。続いて 1894 年には、35 人の生徒で女子校が開校した。年少の少年たちのための小学校も女子小学校に先がけてできる。小学校の建設費と女子校の建設費の一部およびバーニス・P・ビショップ博物館は、彼が私費で支出しており、加えて妻を記念した礼拝堂も造らせている。

　初代の受託者、すなわちビショップ、デイモン、クック、ハイドおよびスミスは全員が白人のプロテスタントである。彼らは皆、米国に併合されることがハワイにとって最良の道であると信じていた。デイモンは骨の髄まで銀行家であり、寛大な王女のお陰で大地主でもあった。遺言の補足書で彼にモアナルア地区を贈与していたからである。クックは「王家の学校」時代の王女に子守をして貰ったクック夫妻の息子である。彼は砂糖と運送業に投資して、実業家として成功していた。ハイドは信仰篤い牧師であったが、ハワイの文化には価値を認めていなかった。最後のスミスは信託専門の弁護士である。彼は反カラカウア武装勢力の一員で、1893 年には王政廃止を推進する国防委員会に参加していた。5 人の中ではビショップ氏のみが宗教色が薄かった。クックとスミスは宣教師の息子である。デイモンはホノルル最初の司祭の息子である。自身が宣教師であるハイドは、ハワイ人を宣教師にするためにやってきていた。王女が自身の宗教との関連で 4 人を選択したことは明らかである。遺言では、将来の受託者はすべて「プロテスタントであること」と書かれていたからである。

　この 5 人の受託者は、カメハメハ男子校の初代校長として自分たちとよく似た人物を選ぶ。ウィリアム・ブルースター・オールソンである。彼は米本国ニューイングランドの人であり、ヒロ寄宿学校運営のためにハワイに招聘

される以前は、組合教会（南太平洋へのプロテスタント布教団の名称）の牧師をしていた。彼は熱烈な米国民主党員であり、君主制には容赦なかった。とりわけ、ルナリオの後を継いだ当時の君主のカラカウアを軽蔑しており、カラカウアは好色で、黒魔術に頼った腐敗した暴政を敷き、その統治は汚職にまみれている、と常日頃主張していた。オールソンがカメハメハの校長となった1887年、彼を含む全員が白人から成る委員会は、憲法改正を強行してカラカウアの王権を大きく制限する。しかしながら、カメハメハ学園の生徒たちは天性の王党派であり、王を心から敬愛していた。カラカウア王が予告無しにクラス訪問をした時には、生徒たちはすぐさま起立し、王自身が作詞した歌、ハワイ王国を賛美する「ハワイ・ポノイー」を合唱したものだった。また、女王リリウオカラニが学園を訪問した際、出されたコーヒーを飲んだが、彼女の用いたカップは、のちに神聖なもの〈カプ〉とされた。

1893年に王政が廃止されるやいなや、生徒およびその親たちは併合主義者たちの学園運営に反対し、足を踏み鳴らして抗議する。多くの生徒が学園を去り、二度と戻らなかったため、生徒数は半減し、数年の間、生徒数は回復しなかった。

ハワイの人びとは1895年に、リリウオカラニを再び王座にと王政復古を試みる。1893年の際は誰も武器を手に取らなかったが、今回は違った。数人が武器を取る。リーダーのうちの2人はカメハメハの末裔であった。すなわち、最初の卒業生のひとりジョン・ワイズと学園男子校で洋服仕立てを教えるデビッド・カヌハである。カヌハは教員の中でただ1人のハワイ人であった。彼以外の教員は全員が白人である。白人教師のうち、3人が白人政府側について銃を取った。そのひとりがウルドリック・トンプソンである。彼はどちらにつくか苦しみ悩んだ末に、最後は肌の色で決断する。「この事態に自分も関わるのであれば、私は辞職して帰国しなければならない。ハワイの人に銃を向けながら、その後学校へ戻って生徒たちを教えることなどできないから。しかし、これが白人につくかハワイ人につくかの選択の問題であるなら、当然のこととして、私は自身の人種側につかねばならない」。

カメハメハ学園では授業は中止された。校長は教員と生徒たちに銃を持たせて校内を巡回させる。校長は生徒たちの気を逸らそうと野球の試合を計画

するが、銃声が聞こえてくるため、皆、試合に集中できなかった。学園への電話線が何者かによって切断される。また、寄宿舎D号棟に隠してあったライフルがいつの間にか消えていたが、幸いなことに使用されることはなかった。

　王政復古の試みは長くは続かなかった。白人が1人殺された。ウルドリック・トンプソンはハワイ人に発砲することにはならなかったため、辞職しないことにした。デビッド・カヌハは解雇され、共和国に対する反逆罪で逮捕されたが、ほんの数日刑務所で過ごしただけですぐに学校に戻り、生徒たちに自分たちの作業服と教師たちのスーツの仕立て方を教え続けることになる。

　カメハメハ男子校では、軍事訓練がその後速やかに正規科目となる。オールソンは校長というだけではなく、指揮官であり、軍事訓練指導官であった。毎朝生徒たちを制服姿で不動の姿勢で外に立たせ、授業中も椅子に寄りかからず背中をまっすぐにして座るよう指導していた。オールソンの後継者の校長も皆、軍隊的思考の持ち主であり、初めは木製の、後には本物のライフルを用いて、生徒たちに銃の手入れと使い方を教えている。規律違反には罰が待っていた。皮の鞭や定規や薪で打たれる、ビショップ・ホールの外を走らされる、そして最も重い罰は、パンと水のみで独房に入れられるというものであった。毎日、校内には星条旗が翻っていた。毎日曜日には生徒たちは正装して、馬上の教師たちに引率されながら教会まで行進した。生徒の制服は、米本国のウェストポイント陸軍士官学校仕官候補生のそれにそっくりであった。

　カメハメハ学園女子校初代校長はアイダ・メイ・ポープという。彼女は学園に強烈な印象を残した人物である。強靭な精神力の持ち主で精力的な中西部人であり、女子校の教師たちを自分で選んだ。初代の教員は全員、校長同様、米国本土出身の独身女性である。

　ポープはハワイの娘たちに規律を教え込もうとした。「ハワイ人の暢気でお気楽な性格を制御するには、絶えず一貫して束縛することが必要です」と書いている。生徒たちは、自尊心をもち、清く正しくかつ誘惑に負けない道徳心をもつこととされた。「王家の学校」と同様に、生徒たちの時間割りは

朝6時から夜9時までびっしりと決められていた。午前中は読み書き計算などの教科の授業を受け、午後は実技や実用的知識を習った。さらに週5日、毎回3時間の手仕事をし、それに加えて月曜日は洗濯、木曜日はアイロンがけ、土曜日は掃除の日であった。体育も健康に良いとされて義務であった。毎日、お祈りと聖書を学ぶ時間があり、安息日には教会参列、月の第1から第3までの日曜の夜はお祈りの会への自発的参加、最終日曜日はバーニス・パウアヒ・ビショップ宣教師協会集会への出席と決められていた。

　ポープ女史はハワイの地方の自然を愛したが、ハワイ式生活には美を感じていない。

　　カメハメハ女子校の優秀な生徒たちの何人かの自宅を覗くと、ハワイの海、丘、空がもたらす美しい自然への愛がしばしば台無しになります。彼女たちは社会生活上も精神的・道徳的にも、人生の喜びがもたらす真の魅力を知らずに終わるのでしょう。成長とは必ずしも上昇を意味しないのでしょうか？　この娘たちの生活に、どんな本や知的喜び、有益な友との交わりといったものが入る余地があるのでしょうか？

　学校では生徒は常に部屋に本を置いておくように指導され、部屋はいつ点検に入られてもよいように、きれいにしておくよう言われていた。点検は実際よくあるのだった。教師たちも同じ建物内に暮らしていたのだから。女史は社交ダンスを認める程度には現代的であったので、生徒たちの楽しみとして、自分の監督下でワルツとツーステップを教えることを受託者たちに認めさせている。たまには、カメハメハ男子校から男子生徒がダンスに招待されたが、常にお互い少し離れて立つこととされていた。

　ポープ女史は何につけ、高い目標を掲げていた。実際、彼女の選んだ教員はみな男子校の男性教師陣より高い資格を有しており、給料は男性教員より低かったにもかかわらず、彼らより長く勤めている。ポープ女史自身、その報酬は最初は男子校校長の半額以下であった。

　女生徒の方があらゆる面で男子生徒よりも優秀であった。マナーも良く、英語も女生徒の方が上手く、勉強でも女生徒の方が良くできた。落ちこぼれ

は男子の方が多かった。何年間か、時には 2、3 年続けて男子校には相当数の空きがあったが、ポープが女子校を軌道に乗せてからは、女子校の方は常に定員いっぱいであり、入学を希望しても入れない者がいるほどであった。

　女史は生徒たちからポープお母さんとかポープママと呼ばれながら、1914 年に亡くなるまで 20 年間校長の座にあった。その晩年は、個人的に、ひとりの幼い少女を責任をもって育てている。この少女自身の人生もまた、カメハメハ学園の運命と不可避的に絡み合っており、2003 年に訪れる彼女自身の死の間際まで、その関わり合いは続くことになるのである。少女の母、エスター・ステインズは、カメハメハ学園の第 1 期生である。カメハメハ学園で学ばせようと、ポープ女史がカワイアハオ女学院から連れてきた。女史はカメハメハ女子校に来るまではこの女学院で校長をしている。女史は優秀だったエスターに目をかけており、そのため、その結婚相手についても、誰でもよいというわけにはいかなかった。そこで、女史と学園の司祭は、学園男子校で洋服の仕立てを教えるデビッド・カヌハとの結婚をお膳立てする。2 人の間に続けて生まれたのは 5 人の息子であり、1906 年にようやく娘に恵まれる。夫婦はその娘をグラディスと名づけた。友人たちに、その娘が家族に「喜び（glad）」をもたらしてくれたのでその名を選んだ、と語っている。数年後、幼い少女が男の子たちに囲まれて育つのは好ましいことではないとグラディスの母と女史が話し合った結果、グラディスが女史の養子〈ハナイ〉となり、校内で女史と一緒に暮らすことに決まる。

　ポープ女史は亡くなる 2 年前、自身が「最上級生のための家庭運営教室」と名づけた授業を始める。その授業は、男子校の大工教室の生徒に一部を手伝ってもらって建築された独立した離れで行われた。そこは、「上品な会話と振舞いを身につけ、かつ他者の権利と財産への敬意を学ぶ」場所とされた。その離れで女生徒たちが受けた授業のひとつが、責任ある母親とはどういうものかを学ぶ授業である。女史の存命中は、生徒たちは人形を使って練習をしたが、1924 年から実際に赤ちゃんを相手にして世話を学ぶことになる。その赤ちゃん第一号は救世軍が連れてきた 6 ヶ月のリリアン・カマケアであった。離れでは、生徒たちは各自 1 人ずつ、1 週間交代で赤ちゃんの担当となり、一日 24 時間、責任をもって世話をした。ミルクを与え、オムツを換

カメハメハ女子校の離れ＝「家庭運営教室」では女生徒たちが実際に赤ちゃんの世話をすることで、良い母親になる訓練をした。

え、身長体重などの成長記録をつけ、日光浴をさせ、一緒に遊び、夜泣きの時は一晩中起きて抱っこしたり揺りかごを揺らしたりしてあやし、ハイハイするようになると、うしろについて歩いた。

　連れてこられる赤ちゃんの中には、生後6週間しか経っていない乳児もいた。ハワイ人の赤ちゃんが優先されたが、赤ちゃんが集まらなくて困るということは全くなかった。施設から来た赤ちゃんもいれば、シングルマザーのもとから来た赤ちゃんもいた。しかしその多くは、両親の揃った普通の家庭の赤ちゃんであり、カメハメハ学園の卒業生は皆喜んで学園にわが子を預けた。これがハワイ流である。生徒たちに1年間、生まれたばかりのわが子を預ける、これが一時的〈ハナイ〉（ハワイ流の養子縁組）である。生徒たちも含めた全員が家族〈オハナ〉となるのであった。ハワイ人にとって家族とは、血筋を共有する者というよりも広い概念である。〈オハナ〉には、気にかけ

て世話をしてくれる人は皆含まれる。〈オハナ〉の一員であるということは、お互いの家を気軽に行き来し、損得なく、肩肘張らずに相手を喜んで迎え入れ、包み込み、与え、かつ相手からも同様に受け取るということである。赤ちゃんの母親は定期的に離れを訪れ、一年の終わりにはまた赤ちゃんをハワイの自宅に連れ帰る。

離れを造るに当たっては場所が検討された。最初の離れは高台の美しい場所に建てられた。空気は暖炉を使いたくなる程度にはひんやりとし、近くには良い香りのする緑の森がある（険しい崖にも近かった。この崖から時には、手抜きをしたがる生徒がオムツを投げ捨てたかもしれない）。何もかもが大変に上手くいったため、さらに 2 軒目 3 軒目と離れが増築された。その結果、1 人だけだった赤ちゃんの数は最大 5 人にまで増えることになる。

生徒たちは赤ちゃんを大切に扱い、よく世話をして自分たちだけの名前をつけて呼んだ。1 年後に赤ちゃんを返す時には自分たちで縫った服を着せ、本人の写真が貼られたアルバムを用意し、赤ちゃんが字の読めるようになるまで取っておいてもらう手紙を書いてもたせた。生徒たちには後日、赤ちゃんたちとの再会の機会も与えられており、カメハメハ学園の生徒たちは、この離れでの日々を生涯忘れることはなかった。

生徒たちはカメハメハ学園には、ハワイ人として入学した。それは了解事項である。しかしカメハメハ学園で学ぶ目的は、彼らを勤勉なクリスチャンにすることであり、さらに究極的には、彼らを愛国心溢れる米国人に作り変えることであった。初期の頃は、米国人プランテーション所有者、実業家、およびさまざまな専門家は、ハワイでの生活はどうあるべきかを公然と口に出していた。明言する者から婉曲に仄めかす者までその表現の仕方はいろいろであるが、言っていることはひとつであった。すなわち、ますます米国化の進むハワイにおいて、「ハワイ的」なものは一切全く価値がないということとである。

ビショップ氏はハワイの人びとを敬愛していたが、彼でさえ、ハワイが来たる変化に対して生き延びる唯一の方法は米国人になることだと信じていた。カメハメハ学園の基本原則は、生徒たちをハワイ的なものから遠ざけること

ができればできるほど彼らは良い人間になり、そしてそれがハワイにとってもよいことである、という一点にあった。何十年もの間、カメハメハ学園は教員採用を米国本土に求めている。本土からの教員が最良であり、その次がハワイ在住の白人であった。彼らがハワイ語を話すことも、あるいは理解することもできなければなおよしとされた。カメハメハ学園の生徒たちは、米国人になるということは、とりもなおさず、競争することだと繰り返し聞かされている。生徒たちが一般のハワイ人のような考え方で生活していては、競争に勝つことなど到底できないというのである。オールソンが校長になって最初に出した命令のひとつがハワイ語の使用禁止である。授業中のみならず、自由時間も含め学園生活全般で禁止された。

　これは非ハワイ人特有の考え方ではない。王政復古の試みに参加した、学園で洋服の仕立てを教えるハワイ人のデビッド・カヌハは、自分の子どもたちに、自宅でも子どもたちの学ぶ学園でもその他どこででも、ハワイ語を話すことを禁じていた。彼は、なぜ自分たちの両親や祖父母の話す言葉を話してはいけないのかを終生説明することはなかった。ポープ女史の死後、自宅に戻っていた娘のグラディスは、ハワイ的なものは何であれ、すべて「クズ」とされていたからだろうと推測している。

　学園での最初の数十年間は、生徒全員を米国人にするという目標に疑問を差し挟む者はいなかった。むしろ疑問視されたのは、はたしてこの目標を達成できる生徒がいるのかということの方であった。現代の産業化社会で成功するための資質、すなわちプロテスタント文化で尊重される、頭の回転の速さ、勤勉さ、確固たる信念、といった資質がハワイ人には欠けていると言う者もいたからである。

　カメハメハ学園は、それが王女の意思ということで実務専業の学校として始まっている。学園でどの程度まで「工業・機械・農業」を教えるかについては、遺言で受託者たちにその決定権が与えられていた。これら3方向とも最終的には職業教育になる。人びとが男子校を「手作業場」と呼んでいたことからもそれはわかる。ただし、この言葉それ自体に軽蔑的な意味合いはない。カメハメハ学園創立の頃は、手を使う教育は最先端の進んだ教育とみなされ

ていたからである。手と頭は一緒に動かすことで、その双方に良い効果があると考えられていた。学園ではさらに、道徳的にも利点があるとされた。手を動かすことで、規則遵守、勤勉、正直さが育ち、加えて細心の気配りもできる人間が作られると考えられたからである。

　受託者たちはハワイ人を、労働者以外の存在としてみることはなかった。当然ながら、社会での指導的立場にある人間としてではない。ハワイ人が地域社会で指導的地位に就く可能性を、王女の遺言も公立学校政策もカメハメハ学園も全く想定していない。ハワイの少年たちは製粉所で粉を挽き、ポンプを点検し、サトウキビを潰すローラーを修理するのだ。また、土地測量技師でもよい。街なかであれば、鍛冶屋、電話架線工、機械修理工、大工または印刷工になる。少女たちはタイピスト、電話交換手、看護師、お針子、公立学校職員、そして家内使用人になれる。しかしそれだけだった。受託者の誰ひとりとして、カメハメハ学園の卒業生あるいは他のハワイ人を、ただの1人ですら管理職に取り立てることはなかった。カメハメハ学園の少年少女たちはそれで満足すべしとされ、それ以上を目指してはいけなかったのである。創立から30年経っても、依然としてカメハメハ学園では、その政策目標を「専門的職業への野心が生まれるような学習は一切避けること」と活字で掲げていた。それでも卒業生の何人かは社会での指導的地位に就いた。最初の世代の卒業生からは、建築家、エンジニア、弁護士、医師、新聞社経営、判事、政治家、政府の上級官僚、司祭およびアメリカ合衆国軍の将軍が2人出ている。

　女生徒たちは当時の世界中の少女たちと同様に、男性に譲歩するように育てられている。米国本土でさえ、女性には1920年まで選挙権すらなかったのだから。1920年8月30日、女性参政権法が発効する日が始まる真夜中12時を10分過ぎた時、ひとりのカメハメハ卒業生が郡の役人を叩き起し、自身の署名を選挙登録のために記録させた。ハワイ人女性初の選挙登録者は、1914年の卒業生、ジョアンナ・ウィルコックスである。

第 3 章

ハワイ人の顔をした生徒はどこにいる？

　カメハメハ第 1 期生、まもなく大人になろうとする 14 人の男子生徒は 1891 年に卒業する。続いて女子生徒の第 1 期性 15 人も 1897 年に卒業する。創立 20 周年に当たる 1907 年には、男子校に 163 人、女子校に 94 人、そして小学校に 69 人が在籍していた。

　1920 年代半ば、在校生 1,000 人を見据えて受託者たちはカパーラマの丘の新キャンパス建設計画を発表する。この時は女子校が先であり、新しい校舎が 1931 年にできあがって開校した。新男子校はちょうど世界大恐慌にぶつかったために、しばらく待つことを余儀なくされ、1940 年にようやく開校した。両校合わせて 1949 年には学生数は 1,000 人に達している。

　新キャンパスは広大であった。600 エーカーの広さがあり、そのうちの 200 エーカーが森である。涼しい風が吹き抜けて見晴らしが良い。ホノルル市のはるか高台、虹の架かる別世界である。公立、私立を問わず、これほどのキャンパスはハワイ中探しても見当らなかった。

　王女に感謝すべしとされた。実際、感謝を超えて、崇拝されていた。毎年、王女の誕生日 12 月 19 日にはマウナアラの霊廟まで生徒たちは正装して行進し、王女の墓に花を添えて歌うのであった。

　聖なる王女様、

オアフ島に建設されたカメハメハ学園のカパーラマ新キャンパスは、第二次世界大戦が始まる直前に完成した。

限りなく善良、純粋で清らかな王女様、

貴女を称えて歌います、

貴女を称えて歌います。

無償の豊かな贈り物が、

私たちの周りを取り囲む、

すべて神様から貴女が賜ったもの、

私たちの心からの感謝を捧げます。

高貴なパウアヒ王女様、

跪く私たちは貴女の忠実な僕、

私たちの心の中では貴女は王女を超える崇高な女王様、

私たちの心の中の崇高な女王様。

愛の声、アロハが高らかに響き渡る、

周りの丘という丘、

どこからも貴女の御名が見える、

貴女は今もそこにいらっしゃる。

　記念行事は王女の誕生日だけではない。カメハメハの魂として、一年を通じて儀式がもたれ称揚された。晩の祈禱の際には、イエス・キリストと王女バーニス・パウアヒ・ビショップ双方の生涯に祈りが捧げられた。

　生徒たちは王女を崇拝し、彼女の思いに敬意を表してはいたけれども、20世紀には、ハワイにおいてハワイ人であるとはどういうことかが、王女には予測できなかったかたちで変わり始める。カメハメハ学園はハワイ人のためだけの学校であるべきだ、という点についてはほとんどの人が同意していた。しかし世代が代わるごとに先住民の血が薄くなっていくハワイで、そもそも誰がハワイ人であるといえるのか？　またこの時代、どのような教育が適切なのだろう？　世界が大きく変化していく時代に、カメハメハ学園は、遺言どおりに職業教育とプロテスタント主義に基づく人格教育にこだわり続けるべきなのか？

　さらには、どのハワイ人が王女の遺言から恩恵を受けるべきであるのかについても疑問が生じていた。何をやらせても上手にこなす、将来性のある成績上位の生徒なのか、それとも支援がなければ自分では何もできない底辺の子どもたちなのか？　比較的少数の学生を選び集中的に資源を投資すべきなのか、それとも資源を広く薄く、できる限り多くの学生に手を差し伸べて用いるべきなのか？

　聖なる遺言に基づいて創設された学園にとって最も悩ましいことは、現代世界で好ましいとされる方針が、王女の遺言とは異なってくる場合にどうしたらよいのかということである。

　王女が遺言を書いた時代は、ハワイ人にとってたとえそれが固有の言語と文化を捨てることを意味しても、西洋に同化することが絶対的に必要であった時代である。王女の遺言が、徐々にハワイ人にとって最良の道への障害となり始めるということがありえるのだろうか？　もしもそうであるなら、その時は王女の遺言から離れることは許されるのだろうか？　そして進むべき

道を決めるのは誰なのだろう？

　いろいろな声が上がるが、なかなか合意には達しない。

　学園創立当初から、ビショップ遺産信託受託者たちは、遺産を守りつつそ
れを充実させることに心を砕いてきた。学校運営のためには人を雇った。教
育の専門家に実際の教育を委ねることは適切であるが、カメハメハ学園とい
う公益信託目的を遂行する究極的な責任は、あくまでも受託者たちにある。

　受託者たちにとっての最初の試練は、彼らの予想もしなかったところから
来た。カメハメハ学園の卒業生グループからである。ハワイの血が4分の1
入っているチャールズ・E・キングが批判の先頭に立つ。彼は1891年の卒
業生で、女王エマの名づけ子でもある。学園を卒業後は、ビショップ氏の資
金援助を受けて米国本土の質の高い師範学校に進学していた。そこを卒業し
た後はハワイに戻り、1900年から1902年までカメハメハ学園で数学、木工、
および音楽を教えている。その後は公立学校の教師、査察官、指導主任とし
て働いた。彼は同時に優れた音楽家でもあり、ハワイ音楽に詳しく、壮年期
にはすでに当代の代表的な作曲家であった。

　1916年、キングと1891年卒業の同級生14人のうちの9人が、カメハメ
ハ学園の教育に対して辛辣な批判を発表する。彼らは学園の教育水準を引き
上げるべきだと主張した。今のままでは、卒業生たちは大学にも進めないし
責任ある良い仕事にも就けないために、賃金も安いままで、一生良い家にも
住めないというのだ。

　この批判が検認裁判所主席判事クラレンス・アシュフォードの目に留まる。
彼の仕事は受託者たちの年次会計報告を承認（または非承認）することであ
る。この年は通常の精査に加えて、彼は3人から成る委員会を立ち上げ、カ
メハメハ学園の教育プログラムを検討させた。キングのグループと同様、ア
シュフォードの委員会もまた、ハワイの子どもが低いレベルの教育でなけれ
ばついていけないという思い込みを否定する。委員会は教育のレベルを上げ、
かつ軍事訓練の時間を減らすことを助言した。

　ここまでは注目に値する。しかし議論は教育水準の話で終わらなかった。
次の議論は受託者の選考方法に移る。王女は初代の受託者を遺言で指名し、

その後空席が生じた時にはハワイの最高裁判事たちにその指名を依頼していた。しかしながらその後何年間も、受託者に空きが出ると、残りの受託者たちが事実上、次の受託者を決めていたのである。

　サミュエル・ミルズ・デイモンが健康上の理由で1916年に辞任すると、いつものように受託者たちは形式的に、最高裁にひとりの名前を届ける。いつものように、白人の実業家である。ウィリアム・ウィリアムソンといい、プナホウスクールの教師から株式仲買人に転じ、今度は製糖会社の社長になろうとしていた男であった。最高裁はこれもまた、いつものように承認して、ウィリアムソンの名前を正式な確認のために検認裁判所に送った。しかしここで、皆が驚いたことには、アシュフォード判事はこれを拒否して自身の責任でチャールズ・E・キングを指名する。判事曰く、法律により信託を監督する立場にある検認裁判所の判事として、自分には受託者を指名する排他的権限があり、かつ、ビショップ遺産信託はハワイ人のために創設されたものであるからハワイ人の受託者をもつべきである、と。受託者たちは即座にアシュフォードの権限を疑問視して争い、最終的に州最高裁で決着する。最高裁判事たちのビショップ遺産信託受託者指名はこれまで全く疑問視されることはなかったため、自分たちによる受託者選考は完全に合法かつ適切であるが、それはひとえに自分たちが判事としてではなく、一市民として「非公式に」選考してきたからである、と判決を出す。

　キングは結局、受託者になることはなかったが、カメハメハ学園に、より高い水準の教育を、という彼の主張はハワイの社会に支持された。ビショップ遺産信託受託者たちはここで初めて自分たちの仕事に対する強い圧力を感じることになる。この場合は教育水準を上げてカメハメハ学園への期待に応えるという圧力である。

　教育水準を上げるという目的で、受託者たちは1923年にフランク・ミドキフを校長に招聘する。彼のハワイ人観は「進歩的」とされた。

　　ここにはプナホウスクール（宣教師が創立した主に白人生徒から成る私立学校）と同様な、さまざまな知的レベルの生徒がいる。言い換えると、

多くの生徒は労働者向きではあるが、一方で、より広範に機会を与えられなければ不満が残る少数もいるということである。したがって、多くは行商人で満足する者や職人の親方、職場の責任者程度にまで進む者であるが、一部に、思考力や指導力、経営能力をより要求される、別の種類の職業に進みたいと願う者もいる……学園としては、そのような生徒を農業や商売などの型に嵌めることなく、慎重にその生徒の資質を見定め、その能力に応じた適切かつ効果的な教育を与えることが必要であり、かつこれが、未編入地とはいえ米国の一部であるハワイにとっても最良のことに思われる。これを怠ると、失望から不満をためる者を大勢生み出すことになるであろう。

　米国の未編入地への貢献という表現でぼかしながらも、彼は、ハワイ人も白人と同様にさまざまな能力を有しており、そのような定めに生まれついたわけでもないのに、その将来に低い期待しか与えられなければ、米国社会で「失望」していくだろうと示唆している。

　カメハメハ学園を正しい方向に向けるために、ミドキフは1934年にホーマー・バーンズを男子校校長に招聘する。バーンズはニューヨークのコロンビア大学で博士号を取得し、かつ英国オックスフォードで1学期を過ごした人物である。彼は学園の教育水準を上げることに情熱を燃やした。軍事訓練に反対ではなく、カメハメハ学園の強力なフットボールチーム「ウォリアーズ」を評価していた。しかしカメハメハをそれだけのものとみてほしくなかったのである。軍事訓練の責任者であった軍人から権限を取り上げ、「全米優等生協会（NHS）」の支部を立ち上げる。学園があまりに低いIQの子どもたちを受け入れていると主張し、クラスを能力に応じて2つに分け、低いレベルの子どもたちがそうでない子どもたちの足を引っ張ることのないようにした。また、十分な進歩のみられない生徒を退学させた。このような展開は批判も呼び、初年度には卒業生のあるグループから責任を問う声が上がる。バーンズはハワイ人のことが嫌いだから自分たちも彼が嫌いだ、クビにしてやる、というのだ。これは実現せず、彼はそのまま校長として教育の向上と期待に応えようと努力し続けた。

　この時代、ハワイには2種類のタイプの子どもがいると人びとは口にしていた。ひとつ目のタイプは、西洋化した良い家庭に育ち、両親が子どもの教育に真剣に関心をもつような家庭の子どもである。このタイプには道徳や礼儀を教える必要性は比較的少ない。大学などへの進学も、可能であれば目指したいというタイプである。もう一方のタイプは、生活レベルの低い、かつ崩壊した家庭の子どもであることが多く、両親以外の人びとに育てられ、話す言葉は混成語で、学業への意欲もあまりみられないというタイプである。この2種類の子どもたちを同時に抱えていては、カメハメハ学園は学校として機能できないと考える人は多かった。後者を受け入れれば前者は出ていくというのである。ミドキフとバーンズもそのように考える人々の仲間であった。彼らは、ミドキフの言を借りれば、「やみくもに」大勢を教えるよりも、むしろ少数に高度な教育を与えたい、という考えである。

　バーンズは、少数精鋭と高水準の達成度とは関連すると強調した。彼はまた、カメハメハ学園を、通学生のいない寄宿学校にすることを強く主張している。寄宿生であれば24時間監督できるが、通学生は午後帰宅してから翌朝登校するまでに外部の影響を受けるというのである。キャンパス内への生徒の囲い込みをよしとするこの考え方は目新しいものではない。ハワイの子どもたちをハワイ流から遠ざければ遠ざけるほどその教育は上手く行き、彼らも良い人間になり、その結果ハワイ全体が良くなるという考え方が、カメハメハ学園創立時からの原則であったからである。「王家の学校」を高い柵で囲ったことも同じ理屈である。

　ミドキフとバーンズの下で、志願者数と彼らの成績は著しく上昇し、学園の評判も劇的に上がる。カメハメハ学園が米国内でも有数の、偉大な指導者を排出する最上級の進学校になるのではないかと真面目に噂されるに至った。

　ミドキフとバーンズによる改革は、1943年になって2人のハワイ人上院議員からの批判に晒される。ウィリアム・ヒーンとデビッド・トラスクである。ヒーンは子ども時代に初めカメハメハ学園に通ったが、その後プナホウスクールに移っている。彼は「ハワイ市民クラブ」の創立者にして初代代表である。受託者たちについての会計監査を1939年に州検事総長から依頼さ

れて以来、ビショップ遺産信託に強い関心を抱くようになる。トラスクには、カメハメハ学園の厳格な入学条件に対して冷たい視線を投げる個人的な理由があった。彼の親族の何人かが学園に入学を希望したが合格できなかったのである。

ヒーンとトラスクによれば、ハワイ人は家庭でも、仕事上も法律上も、困難な状況に置かれているにもかかわらず、カメハメハ学園はそれに対し何もしていない。2人の上院議員は、より多くのハワイ人に、それも特に一番困っている人に手を差し伸べたいと言う。公聴会で2人は、学園で何が起きているかを話して受託者たちへの不満を表明する。すなわち、入学試験とIQテストを用いて生徒を選別する結果、学園は学齢期のハワイの子どもたちの2%以下しか受け入れていない。2万6,000人中、たったの350人である。キャンパス内で見かける顔は、白人と中国人の顔ばかりだ。「ハワイ人の顔をした生徒はどこにいる？」。

公聴会に2人はハワイ大学教授ステファン・ポルトスを招聘し、入学選考にIQテストを用いる意味を証言してもらった。教授曰く、「全体の10%の人に90%の良いことをするか、全体の90%の人に10%だけ良いことをするかの問題です」。教授が、自分は個人的には90%の人に10%だけ良いことをする方を取りますと言うと、室内にいた聴衆から歓声が上がったとの記録が残っている。

ヒーンとトラスクは、問題は受託者たちにあるとする。2人に言わせると、受託者たちは「封建貴族」のように振る舞い、各自がパートタイムの仕事に高い報酬を得ながら、ハワイ人を物乞いのように取り扱っている。私たちは受託者たちに入学方針を変えるよう強制することはできないが、彼らの報酬に制限を加える法律を作ることはできると言い、実際に実現させる。この法律はビショップ遺産信託を名指ししたものではないが、ビショップ遺産信託を狙い撃ちしたものであることは誰の目にも明らかであった。

受託者たち曰く、自分たちは重い責任を負っており、もしも間違いを犯して信託に損害を与えるようなことがあれば、個人的に訴えられる可能性もある。このような状況下では自分たちの報酬額は合理的なものであり、むしろ低すぎるくらいだ。もしも報酬が今より下がるのであれば受託者を務めるの

は割に合わない。この年、受託者たちは各自、年俸1万250ドルを受け取っていた。

　ヒーンとトラスクは受託者たちの言う「犠牲的精神」に全く動じなかった。1万250ドルは、ハワイではフルタイムの労働者の平均年俸の6倍の額である。明らかに取り過ぎである。特に、受託者の数名はどこかよそに別のフルタイムの仕事をもち、5人の受託者は週に2回しか、ビショップ遺産信託の仕事のために集まらないのだから、と2人は主張して5人の受託者の解任手続を直ちに始めるよう、検事総長ゲルナー・アンソニーに指示を与える立法府の決定を出させた。しかしその決定は特定の信託違反を明示するものではなかったために、アンソニーは無視する。

　受託者たちからの強力な反対にもかかわらず、2人は何とか彼らの報酬を減額する法律を1943年に通すが、2人が望んだほどの減額とはならなかった。その後15年間、受託者の年俸は1人あたり平均9,000ドルと決まる。

　一世代前、チャールズ・E・キングと仲間の卒業生たちの根本的不満は、カメハメハ学園での教育レベルが低すぎて生徒たちが大学進学や指導者的地位に就くための準備が全くできないということであった。それがミドキフやバーンズの登場を生み、彼らによって学園のレベルは飛躍的に上がることになる。その後、上院議員のヒーンとトラスクが、カメハメハ学園は、最も支援を必要とする子どもたちの手の届かない学校になってしまい、その上「ハワイ人を白人に作り変えようとしている」として受託者たちを批判、今度は学園を反対方向に引っ張った。これでまた新しい展開となる。すなわち、受託者たちは通学生（IQテストの数値の低い子どもたちも含む）の数を大幅に増やすことに同意する。地元の教員の雇用を増やし、職業教育も拡大し、かつ、ハワイ人であることにプライドをもたせる教育をするという方向に進んだ。バーンズは辞職し、カメハメハ学園のエリート主義はここに終焉する。

　残りの1940年代と1950年代を通じて、カメハメハの卒業生の教員が劇的に増加した。入学者数は倍増し、さらにその倍となる。カメハメハ学園は、寄宿生を主とする学校から通学生のための学校へ、IQの高いエリートのための小規模校から、入学試験のない普通の大規模校へと変わった。さらには

地理的条件が加わり、各島ごとに、ハワイ人の人口に応じて入学者割合が決められた。

　その間、同様に劇的な変化がビショップ遺産信託の財産についても起きてきていた。ハワイはアメリカ合衆国の第50番目の州になろうとしており、初期の受託者たちが夢にも想像しなかった経済発展への道が開こうとしていたのである。その後の30年でビショップ遺産信託は、ウォールストリート・ジャーナル紙上で、全米で最も豊かな公益信託と評されるまでになる。

第4章

湧き出した富、蘇る文化、
新たな不満の種

　1959 年、ハワイがアメリカ合衆国 50 番目の州になると、米国本土西海岸からホノルルへ旅客機が飛び始める。巨大観光産業の始まりであった。ほとんど一夜にして観光産業はハワイ経済の主要推進力となる。あっという間に砂糖とパイナップル産業に追いつき、すぐにはるかに凌駕するようになる。当時は冷戦とベトナム戦争の時代でもあったため、ハワイはアメリカ合衆国の前線基地となり、軍関係からの収入が観光産業以外のハワイ経済のあらゆる部門を急速に超えることになった。

　あらゆることがハワイの土地の価値を上へ上へと押し上げる。時には1,000％、そして 2,000％の上昇と、不動産市場の勢いは留まるところを知らなかった。ビショップ遺産信託は民間としては他をはるかに凌ぐ州内最大の地主であり、9 エーカーに 1 エーカーの割合で土地を所有している。このような桁違いの土地私有は世界中どこを探してもまずない。ビショップ遺産信託は何もしなくてよかった。ただそこにあるだけで、毎回、記録を更新する額のドルがやってくる。青天井であった。ビショップ遺産信託は世界で最も熱い不動産市場のひとつの中心にいた。公益信託としては興味深い立ち位置であるといわざるをえない。

　ビショップ遺産信託受託者たちは、州になるということは半端ではない金額のお金が信託に入ってくることなのだと認識するに至り、今こそ信託の公

益目的を、あらゆる方面から再検討せねばと考える。そこで、米国本土のコンサルティング会社「ブーズ、アレン・アンド・ハミルトン社」に依頼し、1960年代のほとんどを使い、集計したさまざまな統計や多くの人からの意見を参考に、学園への提言を用意させた。1961年にできあがった分厚い報告書は4冊にもなり、526の提言を含んでいた。受託者たちは提言に驚かされる。すなわち、ハワイの他の学校と同じような内容ではなく、カメハメハ学園は独自の基準をもつべきである。卒業生は社会の指導的立場に就くような人間にならなくてはいけない。それも州レベルではなく全米レベルにおいてである。これを達成するためには、学園は厳格な入学選抜方針に復帰し、学業優秀な生徒のみに入学を限定すべきである、というものであった。この報告書はつまるところ何年も前、ミドキフとバーンズに支持された考え方と同じものであるが、この会社の提言はそこで終わらなかった。カメハメハ学園には絶対に入学を許可されないような他のハワイの子どもたちにも手を差し伸べ、彼らをその住んでいる地域で支援するように、と提言していたのである。想定されているのは、後に「アウトリーチ」とか「拡大政策」と呼ばれるようになったプログラムである。公立学校がすでに提供しており、かつハワイ文化の推進にも貢献するものであった。このプログラムは、以前、1943年にヒーンとトラスクの2人の上院議員たちが支援したいと強く望んだタイプの子どもたちに特に恩恵のあるものである。

1960年代半ばには、カメハメハ学園の拡大政策部門は6島38地域で6,000人の子どもたちに教育を施し、なおも急速に増えていた。そのプログラムは次のようなものである。できる子とそうでない子の両方に対応できる2つの学習センター、ハワイ文化を学ぶクラス、公立学校で使用するためのハワイの教材の大規模な生産と普及、週末の有意義な活動、夏休みの文化活動、農業と環境に関心をもたせるクラス、カヌー造り、成人のための夜学、および初めて母になる若い妊婦と若い母親のためのクラス。

1960年代はカメハメハ学園にまた大きな変革をもたらす。男子校と女子校とに分かれていた学校は共学になり、単独の学校になった。しかし名称はカメハメハスクールズである（1校しかないのに複数形なわけは、「2校」を維

持すべしとする王女の指示を受託者たちが軽視していないところを見せるためらしい）。共学は時の流行りであり、受託者たちもまた、大きな学校 1 つの方が小さめの学校が 2 つあるよりも、より効率的に運営できると考えたからである。加えて、同じクラス内で少年少女が相互交流することの社会的利点も見出している。曰く、「男女間の関係について、この社会で本質的な変化がみられる」。

　予備役将校訓練部の存在はキャンパス内でも依然として大きかった。しかし 1960 年代、特に、世界中で若者たちがベトナム戦争に反対していた頃には、カメハメハの男子生徒たちは強制的な軍服様制服と短髪に抵抗するようになる。散発的な抗議活動さえみられた。多くの人たちが古い伝統を考え直し、新しい方法を模索し始める。進歩的な考えの教員の中には、経営側を説得して厳し過ぎる規則を少し緩和してもらおうとする者も出てきた。最上級生たちには好きなように過ごす自由時間を与えようというのである。これは全く本人たちの自由に過ごせる日とされ、実際そのとおりに実現する。その当時、共学校の校長であったグラディス・ブラント女史は、この日を「気ままな水曜日」と呼んでいた。他の生徒たちが授業を受けている時間にワイキキの浜でサーフィンをする者や、チャイナタウンにバスで出かけてビリヤードに興じる者の姿が見られた。また、キャンパスの上の森に上がり、寄宿舎からベッドのマットレスを持ち出して昼寝する者もいた。ある水曜日、ブラント女史は森から煙が上がっているのを見つける。「マリファナ吸引で瞑想を高める」時間に、偶然マットレスに火がついたためである。

　1960 年代末には、赤ちゃんを世話するための離れはなくなる。必須科目であった家庭運営教室は選択科目となり、履修する女生徒は、5 人に 1 人もいなかった。女性解放の時代に入っており、女生徒のみの家庭科は時代遅れとなっていたのである。

　1960 年代に復活したものに「フラ」がある。ニューイングランドのプロテスタントたちは、「フラ」の踊りがハワイの昔の宗教儀式と密接につながっているためにこれを嫌い、その性的な雰囲気を嫌悪した。宣教師たちが初めて「フラ」を見て、何百人もの踊り手とそれを取り巻く何千人もの観客に

61

接した時、彼らの目には、ハワイ生活の邪悪なものすべての化身を集めたソドムとゴモラのような光景がそこに展開しているように映ったのである。

王族の多くがキリスト教に改宗していたけれども、そのほとんどは王家の習慣として、生活の場に「フラ」のための部屋を残しておいた。しかし王女は違っていた。その生涯で一度もハレアカラーの屋敷では、「フラ」は踊られることはなかったために、王女は「フラ」を好ましく思っていなかったのだろうと推測され、初期のビショップ遺産信託では、その借地での酒の販売と並んで、「フラ」が禁じられていた。同様に学園でも、立って踊るフラダンスは禁止であった。

当時のカメハメハ学園学長であったジェームス・ブションは「フラ」に好意的であった。曰く、

> イタリアでもロシアでもその他の国々でも、バレエなどのその国の踊りは、表情のある動きの多様さ、複雑さで世界的に賞賛されている。同様に、伝統的「フラ」はハワイの歴史的文化を表すものである。これを適切に教え、かつふさわしい踊り方で踊らせれば、この上品なフラダンスは古代ハワイとその博愛精神の感動的な再現となる。

これは強い支持の言葉である。しかしブションは自分から受託者たちに「フラ」の禁止を解くよう依頼する気はなかった。このような決断は多数決ではなく、受託者たちの全員一致でなされるべきものだが、現実には、全員一致どころか多数決でも、その可能性はないだろうと思っていたからである。しかしグラディス・ブラントが、もうやってみる時期だと主張した時、彼は反対しなかった。

ブラント女史が最初に接触した受託者はリチャード・ライマンである。彼はハワイ人の先祖を誇りに思っていたが、同時に宣教師の子孫でもあった。ブラント女史はライマンが賛成してくれると期待していたが、彼は無理だから諦めろと言う。女史は、時間を取らせて悪かったが、そう簡単に諦めるつもりはないと彼に告げる。

次の相手はアサトン・リチャーズである。彼は、女史の父が教員であった

1965年当時のビショップ遺産信託受託者たち。左から、アサトン・リチャーズ（父親は1893年から1898年まで男子校の校長を務めたプロテスタントの宣教師）、フランク・ミドキフ（1913年に体育の教師・監督としてカメハメハ学園に赴任し、1923年から1934年まで学長の任にあった）、エドウィン・プアハウラニ・マリイ（財務に長けたカメハメハの卒業生）、ハーバート・ケアロハ・ケッペラー（ビショップ遺産信託のスタッフとして不動産管理部門の責任者だったこともある人物）、およびリチャード・ライマン（ヒロ寄宿学校を設立したプロテスタントの宣教師の血もひくハワイ人）。

時のカメハメハ学園校長テオドール・リチャーズの息子である。アサトンは女史をとても気に入っており、彼女が学園最初のハワイ人校長になった時は、うまくやれよと祝福してくれた。しばしば自分の車を彼女の家に差し向けて、ダイヤモンドヘッドの海辺にある自宅でのパーティーに連れてきてくれた。そこでは美しい芝生の上で「フラ」が踊られていたが、踊り手の何人かはカメハメハ学園出身者であったので、女史はその点を指摘して説得する。彼は、彼女たちは生徒ではなく卒業生であり、かつ学園内で踊っているわけではない、と返答する。女史は、その違いはたいしたことではないからと言い、徐々に自分の側に引き入れた。

　1920年代の進歩的学長フランク・ミドキフと会社経営者ハーバート・ケ

ッペラーが次の交渉相手である。両者ともカメハメハ学園でのフラダンスに個人的には反対ではなかったが、受託者間で不必要な争いを起したくはなかった。なぜ波立たせる必要があるのか？　それに対しブラント女史は、これは正しいことであり、もっとずっと以前に禁止は撤廃されるべきものだったと熱く語る。説得は容易ではなかったが、なんとか味方になってもらえた。

　その時、ライマンから電話がかかり、自分を除く3人が彼女に賛同したと聞いたよ、と女史に告げる。彼は、女史がひとりでここまでやったことに驚き、こうなれば自分も反対しないと告げるが、なお頑迷な1人が残っているので結局は難しいだろうと言う。「こいつは難儀だぜ」。

　「こいつ」とは1909年のカメハメハ卒業生、ハワイ人のエドウィン・マリイである。彼は女生徒に限らず誰でも学園で「フラ」を踊ることに反対していた。数年前、カメハメハ学園の男子生徒たちが「フラ」を踊った時には教師を呼びつけて叱責している。

　ブラント女史はすでに、「フラ」に関してマリイとは苦い思い出があり、前途は明るくなかった。以前、女史はある宴会に参加していたのであるが、そこで人気のあるイオラニ・ルアヒンが「フラ」の踊りを披露していた。踊りの最中に、女史は端にいる彼を見かけ、近づいて彼が何を考えているのか知ろうと話しかける。「彼女、素敵よね」。彼は、咥えていた葉巻を取って答えて曰く、「あの踊りはまるでパンツの中にアリがいるみたいだ」。このやりとりを思い出して女史は自信をなくしかけたが、ここまできてやめる選択肢はなく、ビショップ遺産信託本部で会う約束を取りつける。

　この面談は大失敗と化す。マリイはブラント女史に、あんたがカメハメハ学園の品格を貶めるためにやってきたんだとは夢にも思わなかったと言い、これに女史はカチンとくる。「私は頭にカーッと血が上りました。顔に往復ビンタを食らった気がしたのです。そして冷静さを失ってしまいました。その辺の物を片っ端から投げ倒し、自分が知っているありとあらゆる4文字の罵倒語を投げつけてやろうかとも思いました。彼の椅子が吹っ飛びました。私は軍隊的だの、宣教師的偽善だのと、わけのわからない馬鹿なことをわめきちらしました。全く大人としてあるまじき行動です……大声でわめき続けたのですから」。

ハーラウの踊り手たち〈ナプア・マイ・カ・ラニ〉がカメハメハ学園創設時の場所に建設されたビショップ博物館の前で踊りを披露する。

　彼女は学園に戻り、当然クビになったと思って荷物をまとめ始めたところに、マリイに電話するようにとの伝言が入る。「もしもし、と私が言うと、『おい、おまえ』と彼が言うのです。この言葉、一生忘れないでしょう。『おまえ、娘たちがあまりに激しく腰を振るようなら、即クビだからな』。そしてガチャンと切れました」。

　ブラント女史は涙を拭き、鼻をかんでからノナ・ビーマーを探しに行った。ノナはカメハメハの教師のひとりで、その一族は伝説的な「フラ」の踊り手であり何世代にもわたって「フラ」を教えていた。女史と2人で「フラ」を踊らせる女生徒を選別し、ビーマーが稽古をつけ、女史はとても可愛らしいわよと伝えながら、彼女たちを励ました。その後、彼女たちは学園キャンパス内で大勢の観衆を前に「フラ」の踊りを披露し、大喝采を受ける。一曲踊るごとに拍手はより大きくなり、大成功であった。マリイはその間ずっと座って見ていたが、何も言わなかった。

　翌日の新聞には大きくこの記事が載ったが、「フラ」再興のニュースはすでにハワイ中に知れ渡っていた。カメハメハ学園創立から78年を経て、よ

うやく「フラ」は学園にたどり着いたのだった。

　第二次世界大戦の終了以来、ハワイの住宅需要は切迫していた。ビショップ遺産信託はハワイ最大の民間土地所有者である。しかしながら、税金を免除されている公益信託として、受託者たちに許される投資は消極的なものに限定されていた。未開発の土地の貸し出しはこの範疇に入るが、土地の開発や組織的販売は入らない。この種の経済活動から生ずる収入にはすべて課税される可能性があった。加えて、王女の土地、すなわち聖地は、そのままの無傷な姿で信託内に保全されるべきであるというのが、長いことビショップ遺産信託の大原則でもある。そのため、土地を開発したり売却したりする代わりに、受託者たちは広大な未開地を、独立した土地開発業者に55年から99年という長期のリースで貸し出した。持ち家が欲しい人びとが（その家はリースされている土地の上に建てられる）ローンで家をもてるように、最初の30年間は固定借地料で貸し出されることが通常であった。

　州になったことで、土地の価値が数十年でうなぎ登りに上昇すると、既存のリースの固定借地料は土地市場にはるかに遅れをとるようになる。家の所有者たちは毎月、決められた借地料を支払い続けていたが、その額は、上がり続ける土地の値段に比して全く釣り合わないほど小額になっていく。一定期間借地料を据え置くこの取り決めは、短期的には借主に有利であるが、いつかは固定期間が終了して借地料の再交渉をしなければならない日が来るのである。うまくいけば、再交渉後の借地料は払える額に収まるだろうが、最悪の場合、ビショップ遺産信託側から、支払えないほどの大幅な値上げを要求され、その結果、借主はただ同然の値段で自宅を手放すことにならざるをえない。多くの場合、価値は土地にしかないからである。

　長期リースの再交渉時期が近づくにつれて、州内の自宅所有者たちは恐怖と心配で夜も眠れず、自分たちにこの苦しみを与えるビショップ遺産信託を恨むようになる。不安が高まっていた。新聞には借地についての再交渉中に自ら命を絶った夫婦の記事が載った。残された遺書には自分たちの家を失う不安と恐怖が綴られていた。ここへきて、王女の遺言に基づく公益目的を追求するためにのみ信託財産を用いるという受託者義務が、戦後の持ち家主義

の理想と衝突し始めていたのである。

　この時期、ハワイ立法府は、ビショップ遺産信託受託者その他の大土地所有者たちに対し、その土地の上に持ち家を所有する人たちにその土地を売るよう強制する法律の成立を検討していた。会期また会期、そのような法律が提案され、そのたびにビショップ遺産信託は抵抗する。この争いは、単に信託財産価値を最大化したいという受託者側の思い以上のものからきていた。ハワイ人の間に、王女の聖地は分割してばらばらにしてはならないという信念があるのである。1世紀を経てビショップ遺産信託は、真の意味でも象徴としても、ハワイの要塞として聳え、聖なる過去につながる聖地として、なにがなんでも守り抜かねばならない存在となっていたのだ。

　かつて王女が祈りを捧げ、日曜学校でも教えた歴史的なカワイアハオ教会の司祭アブラハム・アカカは、リース改正法案を泥棒と非難する。「1世紀以前、議会はわれらが愛する女王、リリウオカラニ様を葬った。今度は彼女の姉妹、王女バーニス・パウアヒ・ビショップ様とその遺言を葬り去ろうとしている。当事者たちがどんなに自分たちの行動が正しいと感じていようとも、このいずれの行為も犯罪である」。

　一般的にハワイ人は、公的に抗議することはあまりない。しかし1963年、リース改正法案の投票が行われる前夜、かつての王宮、イオラニ宮殿まで人びとは行進する。宮殿は今では州議会となっているが、手に手に燃えるトーチを掲げて建物を取り囲んだ。結局、改正法案は通らなかった。

　1960年代と1970年代、実業家ヘンリー・J・カイザーはオアフ島の南西の端にあるビショップ遺産信託の土地上にあるハワイ・カイを、ホノルルへの通勤可能住宅地として開発する。ここ6,000エーカーの土地は従来、信託にとって取るに足らない収益しか上げていない。彼は長期リースを利用し、自身の潤沢な資金を用いて当該土地の排水機能を直し、切望されていた橋を架け、その上で何千という宅地を整備した。現代的アメリカの郊外が、そこに何マイルにもわたって展開する。ハワイ最初の「マクドナルド」が1968年にハワイ・カイへの道路沿いにできると、大繁盛した。

　ハワイ・カイが成功したため、次に開発する予定に挙がった場所は、カラ

マ谷にあるビショップ遺産信託の土地である。そこでの生活は粗末なもので
あり、人びとは貧しく、豚小屋と潰れた車があるきりで、ある統計では、67
家族がおんぼろ小屋に暮らしていた。1970年に入ると、ビショップ遺産信
託はカラマから住人と不法占拠者を立ち退かせ始める。自発的に出ていく者
もいたが、残った人びとが抵抗する中を、ブルドーザーが小屋を潰し始めた。

　抵抗は組織化される。地域のグループ、コクアカラマは新聞を発行するが、
そのロゴは茶色の拳の中の〈ポイ〉用の杵であった。新聞の名称はコクアカ
ラマの歌で「打倒」を意味する〈フリ〉。

　最後にはビショップ遺産信託が勝利すると誰もがわかっていた。大勢の弁
護士と法律が味方についているのである。それでも、コクアカラマは1960
年代の「ピープルパワー」戦術を採用した。すなわち、市民的不服従、「悲
惨な地域」へのマスコミ案内ツアー、国会議事堂での抗議の座り込み、豚小
屋占拠、およびブルドーザーへの抵抗。これに対し、ビショップ遺産信託は
カラマの電気を切り、水道を止め、排水パイプを折り曲げた。警察官が導入
され、信託土地上に無断で立ち入る者は誰でも逮捕させた。コクアカラマの
「防衛大臣」は謄写版で指示を出す。「武器を使用しないこと、煉瓦も石も棒
もダメである。暴力を使わないこと。警察官を挑発しないこと。もしも逮捕
された時はその場に座り込み、警察官に運んでもらうこと。催涙ガスが使わ
れた時は走って逃げ、火炎ビンを投げ返さないこと。銃撃戦が起きたら、弾
の届かない所に避難すること」。

　最後まで立ち退きを拒否したのは、養豚業のジョージ・サントスである。
彼の小屋はまだ残っていた。2ダースほどの抵抗者が屋根の上に上りその後
で梯子を引き上げた。そこでカメハメハ学園の校歌「ハワイの息子たち」を
歌う。抗議者たちが抵抗せずに逮捕されると、ひとりの祈禱師が受託者たち
に呪いをかけたりもした。サントスの185匹の豚はトラックで運ばれ、一時
的に1匹あたり、一日1ドルの貸し檻に入れられる。ビショップ遺産信託の
広報責任者によれば、「ファーストクラスの豚小屋」である。豚たちが死に
始めると、サントスは2匹の屍骸を自分の古いトラックに載せて、ビショッ
プ遺産信託本部に駆けつける。そこに着くと、建物には鍵がかかっており警
察が呼ばれていた。サントスは、死んだ豚全部をもって戻ってきて、屍骸を

受託者たちの机にぶちまけてやる、と言って帰っていった。1ヶ月で43匹死んだが、彼は実際には戻らなかった。しかしその間、カラマは新聞やテレビで大きく取り上げられ、ビショップ遺産信託は批判に晒されることになる。

批判にもかかわらず、カラマの開発を公然と擁護したビショップ遺産信託の受託者は、リチャード・ライマンである。彼曰く、カラマ開発の強行はすべての人に恩恵があるわけではなく、それは不幸なことではあるが仕方のないことである。しかしわれわれ受託者は、ただひとつの使命に縛られている。その使命とはできる限り多くのハワイの少年少女に教育を与えるということである。そしてそれにはお金がかかる。それも多額のお金である。豚小屋からの賃料は、何千という自宅所有者たちの払う借地料に比べたらゼロに等しい。遺言を読んでみたまえ、カメハメハ学園のみが、ビショップ遺産信託の責任が始まるところであると同時に終わるところなのである。

カラマの人びとはビショップ遺産信託にはそれ以上の責任があると考えていたため、裁判に訴える。原告の中にはカメハメハ学園の生徒であるアカカ司祭の甥もいた。ヤスタカ・フクシマ判事は状況判断に時間を無駄にせず判決を下す。カラマの弁護士たちはハワイの土地法について何もわかっていないとして訴えは却下される。

カラマ谷は開発のためにきれいに片づけられた。ビショップ遺産信託の完全勝利である。しかしこの勝利は後味の悪いものであった。カメハメハの卒業生たちが「打倒」と叫び、ジョージ・サントスが死んだ豚を本部に持ち込むような事態を招いても、金持ちのビショップ遺産信託がブルドーザーで貧しいハワイ人を追い出し、さらに金もうけに躍起になっているという印象を与えてしまったからである。ハワイ人の心の中には、ビショップ遺産信託は自分たちに手を差し伸べる存在であったはずなのに、実はそうではなかったという思いが芽生える。

ビショップ遺産信託の弁護士たちが、土地を保全用、農業用から住宅地用に再分類し、区分し直し続けた結果、さらに多くのハワイ人が聖地から追われ、それにともなって悪感情はより強まる。コクアカラマはコクアハワイにされた。「われわれは食物を育てるために農地を守らなければならない。何にでもコンクリートを流し込みたがる開発業者を止めなければならない。わ

れわれの土地のほとんどを所有する数人の大地主から、土地を取り戻さなければならない。そもそもはわれわれから盗んだ土地なのだから」。

　わずかな間に、多くの人の心の中では、ビショップ遺産信託はハワイの土地の尊敬すべき守護者から、遺言の使命という名目でハワイ人を立ち退かせる強欲な地主へと変わってしまった。王女がかつて乗馬を楽しんだヌウアヌ谷の森では、カメハメハ卒業生たちが秘かに、ブラウンパワーとブラックパワーを模して、ベレー型軍帽と軍隊式挨拶で軍事演習もどきを始めていた。地方に行くと、ビショップ遺産信託の土地であることを示す標識、すなわち、「私有地」、「立ち入り禁止」、および〈カプ〉には銃による穴が開いているのが見られた。

第5章
政治色の強まるビショップ遺産信託

　ビショップ遺産信託の多くの問題の根っこには政治がある、とアメリカン・ベネファクター誌は1998年の記事で結論づけている。「王女パウアヒが遺言で、受託者選定者としてハワイ州最高裁判事たちを指名したことが、残念なことに、彼女の遺産を、ハワイのもともと腐敗し易い体質の政治の食い物にされてしまっている理由である……他の多くの州とは異なり、ハワイには真の意味での2大政党制は存在したことはないためである。すなわち、一方の党の行き過ぎを、もう一方の党が歯止めとなって制御するという本来の2大政党制が機能しないのである」。

　20世紀前半は共和党がハワイの政治を支配した。後半は復員軍人援護法の成立や、プランテーション時代の終焉、移民世代の台頭とアメリカ合衆国のために戦ったその子ども世代の活躍によって、支配は圧倒的に民主党に移る。その党首は1962年から1974年までハワイ州知事を務めたジョン・A・バーンズである。彼の最も忠実な支援者は、その当時、州内で最大単一民族集団を形成していた日系米国人たちである。彼らの多くは公務員や公立学校教員であり、専門職や実業の世界にも進出していた。そして政治的には一枚岩である。

　1971年、バーンズの知事3期目に、ビショップ遺産信託受託者の椅子が1つ空く。その時の最高裁判事は5人ともバーンズの任命による者たちであっ

た。マサジ・マルモト、カズヒサ・アベ、バート・コバヤシ、バーナード・レビンソンおよびウィリアム・リチャードソンの5人である。そこで知事は、空席にはマツオ・タカブキを入れようと考えた。

最高裁長官リチャードソンは、知事から今の地位を与えられる前は、知事の下で副知事をしていた人物であるから、5人の判事は知事の思惑どおり、1971年に何事もなくタカブキを受託者に指名する。タカブキはずっと党員で、1952年にホノルル市監察官会議のメンバーに選出されており、ハワイが州になった後は市議会議員となり8期務めている。バーンズ知事の選挙対策責任者かつ金庫番として知事の最も信頼する人物であった。

タカブキの選任はカラマ谷騒動の最中に発表されたため、抗議の嵐が巻き起こる。その当時、受託者の中でハワイ人はリチャード・ライマンただひとりであり、ハワイ人たちは少な過ぎると不満を感じていた。しかしタカブキへの拒否感のより大きな理由は、彼は政治色が強過ぎ、かつ政治と金を体現する人物とみられていることにあった。マスコミはタカブキの名前を「金取り屋（Take-A-Buck-y）」と発音したりもした。タカブキに反対する人びとは、ワイキキのカラカウア通りからカピオラニ公園まで「打倒タカブキ！」と声を上げながら行進したが、その数は1,000人に上った。集会ではロイヤルハワイアンバンドが演奏し、発言した人々は5時間にわたって休憩を挟まずに、なぜビショップ遺産信託の受託者としてタカブキが最悪の選択かを熱く語った。前年にバーンズと知事の座を争った、共和党から民主党へ転向したトム・ギルは、タカブキについて、土地ころがしと権力ゲームに長けた男と呼んだ。ギル曰く、「タカブキになれば、おそらくあっという間に諸君の土地は取り上げられるぞ」。また別の者はタカブキを「知事の男」と呼んだ。その意味は、彼の忠誠心は第一に自分の党の党首でもある知事バーンズに向けられており、ビショップ遺産信託でもその受益者たちでもないということである。

この時期、ハワイ人社会の中でも亀裂が生まれていた。1960年代のハワイの活動家たちは、「支配階層のハワイ人たち」に愛想を尽かしており、その中には信者がほとんどハワイ人である教会も含まれる。「カラマその他の場所でハワイ人が土地を追われ、路上に放り出されている時に、カワイアハ

オ教会は何をしていたのか？」。カピオラニ公園での集会では、コクアハワイ出身の男がマイクを取って言う、「歌うのはやめて行動しよう」。1971年のある日曜日の朝、信者たちがカワイアハオ教会に着くと、ドアポストに大きな緑色のスプレーで「打倒」と書かれているのを見つける。

　行動を求めるこれらの声に応えて、アカカ司祭は当該教会での特別集会を呼びかける。それに応じて集まった600〜700人の人たちで教会内は溢れかえった。その中には多くのコクアハワイの人びとも含まれていた。ある集会では、ライマンがタカブキを擁護すると、彼は嘲笑のブーイングで野次られてしまう。

　これらの抗議集会から、ハワイ人受託者を擁立しようという特別委員会が立ち上がる。構成員の多くがハワイ人である22団体の連合体である。この委員会が訴訟を組織して、タカブキの指名撤回と受託者選考方法の変更を求めた。審理の日、法廷内はすし詰で、何人かが部屋の外に立っていただけでなく、建物の外にも人が溢れていた。原告の主張は、新受託者の指名権は検認裁判所にあり、実際にはバーンズが選んでいることが周知の候補者の名前を、無条件に受け入れる必要はないというものである。

　この裁判を担当したのがフクシマ判事である。かつてカラマ谷訴訟でカラマの人びとの訴えを性急に却下した人物で、彼もまた、バーンズ知事に任命されている。判事は原告の主張を「ゴミの山」と呼んで次のように判示した。原告には当事者適格がない。受託者指名はハワイ最高裁判事たちの仕事である。それだけのことである。「原告は大層汗をかいたようだが、ねずみ一匹取り出せていない」。判決の数分後、タカブキはビショップ遺産信託受託者の肩書きを与えられる。フクシマ判事の法廷から100ヤードのところで、カワイアハオ教会の鐘が1時間近くも嘆きの音色を響かせた。今日はハワイ人にとって記念すべき暗い日となったとアカカ司祭は言う。「これからは、われわれは政府からみれば、いないも同然の存在となったのだから」。

　特別委員会はこれに対し、州最高裁に上訴する。最高裁長官リチャードソンは、われわれがタカブキを選んだのであり、かつわれわれ全員が訴訟の当事者でもあるが、タカブキの選定は個人としての資格で行ったものであるか

ら、裁判官として本件を担当することに何ら問題はないと述べた。しかし彼と仲間の判事たちは、この立場に固執せず、その後、代わりの判事たちに上訴を任せることに同意する。

原告側を代理してサミュエル・キングは、市民が最終判断に信頼を置けるように、この交代の判事たちは巡回裁判所判事たちの中から抽選で選ぶべきであると主張する。それに対しリチャードソンは、法が明確に自分に交代判事選定を認めていると応じる。キングは、問題は何が合法かではなく、何が正しいかであると言う。

リチャードソンは5人の交代判事を選び、1973年に彼らは全員一致で特別委員会の訴えを退ける。タカブキは受託者の地位に留まり、最高裁判事たちも、これ以降、ビショップ遺産信託受託者選考を支配し続けることになる。

タカブキのビショップ遺産信託受託者就任は、この信託に新たな歴史をもたらすことになる。彼の指名は、声を上げるようになったハワイ人社会で公に疑問視はされたものの、ビショップ遺産信託はそろそろハワイ人で運営されてもよい頃だという人々の思い自体はここで実現し、以後、この信託の受託者にはハワイ人がなることになる。しかし、彼の登場は、ビショップ遺産信託をまた新たな方向に導くのである。彼の登場により、ビショップ遺産信託受託者には政治家がなるという事実が決定的となるのだ。

次に受託者に3席の空きが出て、ハワイ人でもあり政治家でもある3人に決まった時、誰も驚かなかった。マイロン・"ピンキー"・トンプソンはバーンズ知事のスタッフの責任者であり、知事の諮問委員会で働いていた。ウィリアム・リチャードソンはかつてバーンズの副知事で、今は最高裁長官である。そしてヘンリー・ピータースは国会議員を10期務め、受託者に指名された時は下院議長である。

タカブキの登場により、受託者たちの仕事のやり方が変わる。それまでは王女の遺言および信託法に則り、全員で意思決定していた。しかしタカブキは資産運営の「主任受託者」として動き始める。他の3人の受託者の承認を得て、彼は事実上、信託投資を支配するようになる。つまり入ってくる巨額のお金を、ひとりで支配できるということである。この頃、ただひとりの反

対者はフン・ウォー・チンである。彼はしばしばタカブキの投資案の実施を阻止しようとしたが、成功したことはない。2 人の間には多くの意見の対立があったが、そのひとつは裁判にまで発展する。タカブキはビショップ遺産信託として、カワイアハオ・プラザ連合（KPA）が推進する計画に投資を希望した。KPA はリミテッド・パートナーシップ［投資事業有限責任組合と訳され、無限責任を負う経営者と出資の限度でのみ責任を負い、経営に参加できないパートナーたちから成る企業体］で、その無限責任を負う共同経営者はジェームス・トラスクといい、バーンズ知事と政治的・家族的につながる人物である。KPA は経営危機にあり、カワイアハオ・プラザの計画は、最高裁の表現によれば、「破綻の淵にある」といわれていた。チンには、タカブキの目的は信託を思ってのことというより、KPA を救済することにあるように思われた。ある中立の立場のコンサルタントは、この取引は「受託者義務にかなう投資としては、疑問のあるもの」と受託者たちに伝えている。これらの警告にもかかわらず、他の 3 人の受託者たちはタカブキ側につく。チンは、これは深刻な信託違反であると考え、タカブキを訴えるが、負けてしまう。検認判事と最高裁の全員一致で、「経営判断」事項には介入しない、と判断されたからである。

　タカブキの KPA との契約では、ビショップ遺産信託がその本部を、カワイアハオ教会の隣のカワイアハオ・プラザと呼ばれる新しい近代的な外観のビルに移すことになっていた。

　この時代、不動産開発は沸騰していた。ホテル、マンション、小売店、および住宅の需要がうなぎ登りであり、これらの需要を満たす土地は全く足りなかった。つまり、開発業者たちはビショップ遺産信託に土地の提供を文字どおり懇願していたのである。その全部に受託者たちが応えられるわけはなく、実際、どのようにしてわずかな勝者が選ばれているのかは全く不透明であった。検事総長はそれを探りだそうと試みたが無理だった。彼の指示で調査にあたった者の報告によれば、「受託者たちもそのスタッフたちも、特定の業者をなぜ、どのように選んで契約合意にたどり着いたのかを説明することができなかった」。ここから、チンは正しかったのだと考える人びとが出てくる。受託者たちの意思決定は必ずしも信託の公益目的を第一に、かつ最

優先に考えてなされてはいなかったのだと。

　1989年の新受託者選考は、判事たちの間で膠着状態とならなければ、史上最も政治的に異論のあるものになっていたであろう。新知事ジョン・デビッド・ワイヘ3世には、この時、受託者にしたい男がいた。しかし知事にはまだ、最高裁の中に「自分の仲間」がいなかったうえに、今の判事の中には新知事を評価しない者もいたため、何が起きるか、誰にも予想がつかない状況にあった。

　判事たちは100人以上の候補者から始め、最終的に3人にまで絞られたが、その後、どうしても1人に絞れない。3人のうちの2人は、それぞれ5人の判事の2人から強く推されていた。1年以上議論しても、この4人の判事たちは妥協せず、そして5人目の判事は、その2人の候補者のいずれにも票を入れることを拒否した。この2人の候補者とは、カメハメハ学園中等部校長トニー・ラモスとハワイ島の実業家ラリー・メハウである。両者ともカメハメハ学園の卒業生である。ラモスは1958年、メハウは1948年の卒業である。異論が多かったのはメハウであった。カメハメハ学園卒業後、彼は警察に入り、犯罪捜査班を指揮している。頑強な身体をしていた。仰向けに寝て300ポンドの重さの岩を腹に乗せ、大きなハンマーでそれが真二つに割れるまで叩かせたという話が伝わっている。メハウは1960年代に警察を辞め、政治に足を踏み入れると、ハワイの農場地で牧場経営を始める。その後、ハワイ保護協会という警備保障会社を立ち上げるが、これが成功し、州内最大の警備保障会社となる。アロハ・スタジアム、ホノルル国際空港などのほか、主要な政府機関と契約するに至っている。

　1970年にバーンズ知事は、メハウを土地と天然資源評議会の委員に任命する。ここはハワイの土地と権力とが交差する主要な場所のひとつであった。メハウの任期が終わった時、下院議長ヘンリー・ピータースは議会で、彼への感謝の議決を提案し、50対1で成立する。メハウの疲れを知らないさまざまな貢献を賞賛するものだった。すなわち、彼の熱意、献身、誠実さ、忍耐強さ、信念を貫く強さ、毅然とした態度、恐れを知らない強さ、州と州民の幸せと文化への関心の高さ、利害調整のうまさ、市民に対する公正さ、若

者の薬物その他の問題への対処、困っている人、貧しい人、無視されている人への思いの強さへの賞賛である。

　1977年に、メハウの別の顔がマウイの新聞、バリーアイル紙に現れる。その記事では、メハウが数人の死に関わっていると示唆し、彼をハワイの組織犯罪の「ゴッドファーザー」と呼んでいた。その言葉はあちこちに現れるようになる。メハウはテレビ局、新聞、およびラジオのニュース局を名誉毀損で訴える。新聞によれば、この件は知事バーンズの息子ジェームス・バーンズ判事に回されたが、彼はメハウと個人的な友人であるから担当できないと言ったとされる。バーンズだけではなかった。13人の巡回裁判所判事の9人までが担当を拒否した。残りの4人は退職が近いか、都合が悪いため、初めから声はかかっていない。この一件は裁判所外で和解となっている。

　問題となったバリーアイル紙の記事を書いたリック・リードは、後にホノルル市検察官事務所に職を得る。そこで彼はメハウに関する更なる書類を目にして、再び「ゴッドファーザー」という単語を口に出してしまったと述べている。今回は昼休みの雑談でのことだそうだ。彼はまた「火の鳥作戦」の報告書も引用している。この作戦は連邦麻薬取締局、連邦捜査局（FBI）、連邦税関、国税庁、および財務省アルコール・タバコ・武器部門が関わっているものである。リードは、メハウの影響力は「（ハワイの）政界、（ハワイの）刑事司法制度、および（ハワイの）経済界にまで広く浸透している」とも、個人の意見として加えた。彼は、ひとりの組合指導者の殺人とかつてメハウの手先だった政府内の情報提供者の殺人にメハウが関わっているとし、すでに殺人罪が確定しているメハウの2人のかつての仲間の証言を引用した。この件に対してもメハウは彼を訴えるが、この訴訟もまた裁判外で和解となっている。

　皮肉なことに、判事たちの間での膠着状態が、結果としてその時代の唯一の非政治的指名を生むことになる。オズワルド・コフォード、通称〝オズ〟・ステンダーである。彼は候補にも挙がっておらず、関係者の妥協の産物である。彼が選ばれた事情を知るゆえに、多くの人はステンダーを「想定外の受託者」と呼んだ。

ステンダーはビショップ遺産信託106年の歴史の中で、わずかに2人目の カメハメハ学園出身受託者である。彼の経歴は、受託者選考で初めて王女の 遺言の文言を思い出させるものであった。彼の家族は貧しく、母親は彼が2 歳の時に亡くなっており、孤児として育つ。彼と5人の兄弟はばらばらに施 設に送られた。ステンダーは、カメハメハ学園で奨学金を得て寄宿生になっ たことが、自分に新しい人生を与えてくれたと言う。「シーツを2枚、それ に毛布と枕も与えて貰って、ベッドで自分ひとりだけで眠れるなんて！ ……それから食堂での食事、それもナイフ、フォーク、スプーンとナプキン を使って、それも毎日、3食食べられるんだ！」。

　ステンダーは特に学業優秀な生徒ではなかったし、運動が得意だったわけ でもない。スポーツでチームを組む時は、最後に声がかかるのが通常だった。 それでも彼なりに努力した。新聞配達をし、許可を得て校内で小さな売店を 作り、スポーツイベントの時などに炭酸水と菓子を売った。陸上部と野球部 のマネージャーを務め、日曜学校でも教えている。卒業は1950年である。 彼の未来の妻クウレイも同年の卒業である。彼女は離れでの赤ちゃんの世話 の経験者でもある。彼はカメハメハ学園卒業後は海軍に入隊し、その後ハワ イ大学から経済学の学位を授与される。1958年にはキャンベル遺産信託の 資産運用部で働き始める。この信託は、ハワイの土地所有ではビショップ遺 産信託の次にくる規模の私的信託である。ここで順調に出世して主任経営責 任者になる。ビショップ遺産信託受託者に選ばれた頃には、彼は大規模土地 開発運用の数十年に及ぶ経験を積んでいた。

　ステンダーはビショップ遺産信託の受託者に応募したことはない。ある日、 彼は最高裁長官ヘルマン・ラムからすぐに裁判所まで来て欲しいという連絡 を受ける。彼は次に起きたことに驚愕した。「私は部屋に入り、長官は私を 座らせて他の判事全員を呼びにやりました。彼らは入って来ました。テーブ ルの上には、横8½インチ、縦11インチの紙が1枚載っていて、ラムが、 その紙は、私へのビショップ遺産信託受託者任命書だというのです」。

　ステンダーは言葉が見つからなかった。ようやく口を開くと、考える時間 が欲しいと言った。彼はキャンベル遺産信託での助言者ハーブ・コーネルの 意見を聞きたかったのである。加えて、彼はもし自分がこの仕事を受けるこ

オズ・ステンダーは、判事たちが膠着状態に陥るまではビショップ遺産信託の受託者の候補ですらなかった。政治とは無関係に受託者となったのは彼だけだったので、「想定外の受託者」ともいわれた。

とにした場合、キャンベル遺産信託の他の受託者たちと自分のスタッフに、その事実を自分の口から直接伝えたかったこともある。いや駄目だ、と長官は言う。ステンダーはこの職が欲しければ、この場で直ちにそう言わなくてはいけない。

　「本当に酷い話だよなあ」とステンダーは後に、自分にお鉢が廻ってきた次第について語っている。「ものすごく責任のある仕事なのに。面接も何もないんだ。全く無責任な話だよ」。

　ステンダーが1990年1月にビショップ遺産信託の受託者に就任した瞬間から、彼の目には他の受託者たちの仕事のやり方がわけのわからないものに映る。キャンベル遺産信託では、明確な運営方針、内部統制、年次精査、定

期的査定があった。そこでの仲間は、自分に期待されている事柄とその権限の範囲を理解していた。受託者義務および受益者たちの要望に応えることが、常に強調されていた。ハーブ・コーネルは、戦略的計画およびその方向性と同じくらいにこれが重要であると、ことあるごとに語っていた。ところが、ビショップ遺産信託では、方向性は全く見えなかった。3ヶ月かけて状況を見定めた後に、彼は他の受託者たちに向けて、信託運営の全面的な概略を記したメモを書く。メモでは、ビショップ遺産信託での戦略的経営方針と組織的説明責任の必要性を記した。受託者全員は、収益確保、資産保全、資産価値の増大化、および投資リスクの最小化について体系的に検討すべきだ、との思いを込めた。投資はその範囲と量の明確化が必要であり、かつ投資戦略は、法的注意義務、目標達成の有無の確認と出口戦略をもって一本化すべきである。同様に、より良い支出計画ももち、体系的に再検討再吟味を行うべきである。これらの提言にはひとつとして過激なものも新奇なものもない。ステンダーはただ、ビショップ遺産信託受託者たちが、その受託者義務を果たすために当然していなければならないことを書いただけである。

　ステンダーは時間をかけてメモを用意した。行間の詰まったシングルスペースのタイプ書きで4枚以上になる。「このメモについて、定例の集まりの後にでも、皆さんと話し合いをもてれば幸いです」と書いて締めくくる。これは、メモの内容に注目して欲しいというハワイ流の婉曲な表現であった。

　特別な会合は事実もたれる。タカブキ議長はステンダーにメモについて謝意を伝え、他の受託者たちに、ステンダー氏は受託者になってまだ日が浅いため、ここでのやり方をわかっていないのだと説明して会を終了する。その間わずか30秒であった。

　他の受託者たちは何も言わなかった。彼らはステンダーが大規模土地信託運用経験を有していることはわかっていたが、自分たちのやり方が彼の水準に達していないと言われて良い気はしなかった。さらに、彼が受託者就任後まもなくのインタビューで話した内容に、気分を害してもいた。ステンダーは、受託者選考過程は「操作されている」と思うかと記者に聞かれて、それは一部の人の認識だ、と如才なく答えたのだが、記者から貴方もその認識をもつひとりかとしつこく聞かれる。カメハメハ学園では常に正直であれと教

えられていたため、そうだ、「操作されている」と思う、と答えてしまう。

　ステンダーは同僚の受託者たちと上手くやっていきたかったが、同時に、自らの受託者義務を果したくもあった。彼はビショップ遺産信託の現状を理解しようと試み続ける。内情を知れば知るほど嫌になったが、自分ひとりではどうしようもなかった。他の受託者たちは現状に満足しているようだった。彼らは、少なくとも100億ドルの価値があるといわれる資産の上にあぐらをかいているだけである。各自約100万ドルの年俸を受け取り、信託遺産の土地上にある会員制ゴルフコースでの無償会員といった、ビショップ遺産信託受託者としての特権を享受していた。

　ステンダーは幻滅していた。辞めてキャンベル遺産信託に戻りたいと口にするようになる。コーネルの引退が近く、その代わりに自分がなれるかもと考える。彼はコーネルおよび親しい友人たちに相談した。彼らはステンダーが「真実を語る仲間」と呼ぶ友である。ステンダーの言葉によれば、現実的観点から適切な助言をくれる人びとである。彼らは、ステンダーはビショップ遺産信託に留まるべきだと言う。事態が彼の言うほど酷いのであれば、絶対にどうにかしなければならない。もし彼が辞任したら、事態は決して良い方向に動くことはないからと。

　この仲間のひとりにウィリアム・"ドク"・ストライカーがいた。彼は何十年もハワイ政治の中で生きてきた広報担当の人物である。彼はまた別の理由から、ステンダーにこの立派な地位に留まってもらいたかった。ストライカーは言う、「ハワイ人たちには善、寛容、自己犠牲的献身、およびわかり易さの象徴が絶対に必要だ」。ステンダーはその象徴になりうる人間である。

　ステンダーは留まることを決心する。

　政治家たちがビショップ遺産信託受託者の地位を固く握り締めるようになっていくのと軌を一にして、また別な種類の政治的活動がハワイ社会に育ち始める。カラマ谷の騒動や反タカブキ闘争で火がつき、さらに文化的独自性の意識の芽生えによって促進された動きである。その当時は明白に意識されていなかったが、この並行して動く変化は、必然的に、政治一色の受託者た

ちとハワイ社会の大勢との衝突を導くことになるのである。

1960年代、ハワイ人たちは組織化、集会、抵抗運動という新しい戦術を用い、アメリカ合衆国の最も若い州内の至るところで上がる政治的抗議の声を、ひとつにまとめて強くしていった。1970年代に入ると、ハワイに復活した政治的・社会的・文化的・および精神的なハワイ主義の勢いは、ひとつの呼び名の下にまとまる。「ハワイ・ルネッサンス（ハワイ復興）」。カメハメハ学園校内で1965年に復活したフラダンスは、ハワイ・ルネッサンスの中心である。「フラ」を教える教室〈ハーラウ〉は至る所にできた。女性のみならず男性も、現代版の「フラ」〈アウアナ〉に限らず、古代の「フラ」〈カヒコ〉も踊っていた。陽気な王様で知られるカラカウア王の名を冠した祭りが1963年にヒロで始まる。1980年代には、祭りには何十もの〈ハーラウ〉と何千人もの民衆が参加し、それをテレビで何万人もが見るようになる。

ハワイ音楽も復活を遂げていた。ナイトクラブやラジオで歌われ、演奏された。カラカウア王やリリウオカラニ女王の時代の昔の歌も新しい歌も両方である。有名な歌手や演奏家には大勢、カメハメハ学園の卒業生がいた。

カメハメハ学園それ自体でも歌やフラダンスは盛況であった。歌手や踊り手たちは、ヨーロッパ、日本、オーストラリアでの芸術祭へ、その他マルケサスやタヒチを含むポリネシア諸島へと出向いた。これらの訪問の一部はホークレアの航海と関連づけて行われている。ホークレアとは古代の伝統的外殻二重構造の海洋航海用カヌーのことで、かつてのハワイ人の偉業である長距離航海、失われたその航海方法を再発見するために、この頃建造されたのである。

この文化復興には政治的認識が伴っていた。1978年に州憲法会議が開かれる。その前の1968年の時は、ハワイ人とハワイの問題はほとんど問題とされなかったが、今回は違った。ハワイ人の関心事項だらけである。カメハメハ学園卒業生をスタッフに大勢抱え、ハワイ人問題委員会は精力的に活動することになる。会議ではハワイ人の主たる関心である5点について憲法改正が提言された。すなわち、ハワイ人問題事務局（OHA）を全州規模の半独立政治体として設立し、その指導者はハワイ人のみの投票で選出されること。土地、水源および宗教の場へのハワイ人の伝統的立ち入り権は保護されるこ

と。小規模ハワイ人土地所有者にとりわけ不利な、逆占有による土地取得を制限すること。ハワイ語を英語と並んで州の公用語とすること。および、ハワイ語・ハワイの歴史・文化を教えることを、公立学校では義務とすること。これら5点の提言はすべて、後に、有権者による全州投票により採用されることになる。

　連邦レベルでは、ハワイ人たちは1980年に連邦議会を説得して、アラスカの先住民にすでに与えられている返還の取り決めと同様なものを、ハワイ併合の際に土地を失ったハワイ先住民にも与えることを検討する委員会の立ち上げを認めさせた。この行為は経済的果実を生むことはないが、ハワイ人の意気を上げることにつながった。

　1980年代から1990年初めにかけて、ハワイ人の間で政治意識は勢いづく。ハワイ人に関する社会統計はお粗末なもので、ハワイ人の抵抗活動は、過去の侮辱と現代の不満の合わさった現実を糧にして強力なものになっていく。1893年のハワイ王朝廃止100周年記念日が近づくにつれて、ハワイ人は究極的な要求をし始める。すなわち、ハワイの統治をハワイ人に返還せよ。さまざまな形で、さまざまな公開の場で、ハワイ内でも、全米でも、国際的にも、ハワイ人は、王政廃止は違法であり正義は王政復古とハワイの独立にある、と要求し始める。

　100周年を記念して、5日間の公式行事が〈オニパア〉の名の下に開始される。〈オニパア〉とは女王リリウオカラニの座右の銘であり、揺るがないとか毅然としているという意味である。〈オニパア〉の行事は悲しみの表現であると同時に決意の表れであった。イオラニ宮殿は黒い布で覆われた。ハワイの旗が半旗の位置に翻っていた。米国の旗は掲げられなかった。王家の霊廟マウナアラでは、人びとが集まり昔の王たちに歌と祈りを捧げた。人びとは伝統的太鼓とコンク貝の音に合わせて行進し、カメハメハ大王の像の周りで100本の松明を掲げて夜通し祈った。松明の一本一本は王朝最後の100時間を表している。

　運命の最後の5日間の出来事が慎重に再現された。宮殿の敷地内にあるカラカウア戴冠式用建物での1893年のスピーチの一言一句が正確に再現される。その中には、女王リリウオカラニの女王としての最後のお言葉、また、

ハワイ人に憎まれた全員白人から成る国防委員会による暫定政府樹立の宣言も含まれていた。

同年、後になって、アメリカ合衆国議会は、多くの「ゆえに」構文を含む「謝罪決議」を採択する。

> ハワイの人びとは人民として、その固有の主権、またはその国土を、アメリカ合衆国に対し、その君主を通じて、あるいは国民投票によって、放棄したことは一度もないがゆえに；
>
> ハワイの人びとの健康と幸福は、その土地への深い愛情と愛着とに本質的に結びついているがゆえに；
>
> 19 世紀から 20 世紀初頭にかけての長期にわたるハワイの経済的・社会的変化は、ハワイの人びとの健康と幸福にとって破滅的であったがゆえに；
>
> ハワイの人びとは、先祖の土地、および、自分たちの精神的かつ伝統的信念、慣習、ならわし、言語、および社会の固有のあり方と結びつく固有の民族的・文化的独自性を、保全し、発達させ、それを後世に伝える強い決意であるがゆえに；

このほかにもいくつか理由を述べて、議会は「1893 年 1 月 17 日、ハワイ王国の廃止およびハワイの人びとの権利を剥奪して民族自決を招いたこと」について正式に謝罪した。

話をハワイに戻すと、この頃、好戦的な感情が目立ち始める。ある集会から 1 万 6,000 人の若者たちの歌う行列が生まれる。彼らはホノルルの下町通りをイオラニ宮殿まで、トラスク姉妹に引率されて行進した。ハワイ大学教授兼カメハメハ学園の 1967 年の卒業生、ハウナニ・ケイと 1969 年の卒業生、弁護士のミリラニの 2 人である。2 人は好戦的ハワイ組織のひとつ、カラーフイの旗を掲げて行進する。この組織はすでに、ハワイは依然として独立した主権国家であると宣言していた。イオラニ宮殿の階段の上で、ハウナニ・ケイ・トラスクは集まった大衆に向けて叫ぶ。「われわれは米国人ではない！われわれは死ぬまでハワイ人だ！」。

第6章
思考停止状態の宝くじ勝者

　ビショップ遺産信託の初期には、現金収入の多くは土地の長期借地権から
きており、これによって、聖地を手放さずに着実な所得を確保することができ
きた。これが、1967年にハワイ立法府で、ある法律が成立したために徐々
に変わり始める。この新法は「強制的借地転換法」と呼ばれるもので、借地
上に一世帯用住宅を所有する者が、当該土地の所有者は売却したくなくても、
その家の敷地を購入できるようにする法律である。

　ビショップ遺産信託受託者たちは、この法律は単に憲法違反であるのみな
らず、非アメリカ的でもあるとして訴訟で争う。自分たちの財産の強制売却
だけでも酷い話であるのに、受託者たちの目には泥棒に等しく映った点は、
住宅の所有者という特定の買い手にのみ売却することを要求している点であ
った。土地を売却せざるをえないのであれば、それは競売によってであり、
最も高額の値段をつけた入札者に売却するのが筋である。その方法によって
のみ、信託としては損を出さずに済む。しかしながら、1984年に、連邦最
高裁が当該法律を支持する。曰く、ハワイの土地所有はあまりにも集中して
いるため、土地の強制売却は公共の利益に叶い有効である。

　この新法の下、ビショップ遺産信託の言い値に応じたくない自宅所有者が
裁判を起すこともあった。法廷では陪審員が適正価格を決めてくれるだろう
と期待して。これに対し、受託者側は、陪審員も彼ら自身、おそらくは自宅

所有者であろうから、目の前にいる自宅所有者に同情するに違いないと抗議する。自宅所有者側は、また別の見方をしていた。彼らは受託者たちの柔軟性に欠けるやり方に不満を抱いていた。ビショップ遺産信託以外の土地所有者は、自宅所有者と個別に交渉に応じているのに対し、ビショップ遺産信託は自分たちで決めた価格を提示するだけで、それも高額であるから、事実上、購入希望者に対して、それを受け入れるか出ていくかどちらかを取れと言っているに等しい、という不満である。裁判手続は時間もお金もかかる上に、判決は予測がつかないため、ほとんどの自宅所有者は、ビショップ遺産信託の言い値を黙って支払った。

　受託者側の強気の値づけと交渉拒否により、出ていく所有者も多かったが、その結果、信託には利益となる。数年のうちに、ビショップ遺産信託の土地売却は信託に 20 億ドル近い収入をもたらす。さらに良いことは、その収入には課税されないのである。売り手が公益信託であっても、開発された不動産の売却で得た利益には通常は課税されるのであるが、強制売却という性質上、課税を免除されることになる。次に人びとの心に浮かんだ疑問は、受託者たちはこの巨額のお金をどう投資するのか、ということであった。

　当時のビショップ遺産信託の主任金融コンサルタントはケンブリッジ・アソシエイツである。彼らは財政均衡理論に基づく計画案を提案した。将来の受益者たちが現在の受益者たちと同様の水準の恩恵を受けられるように投資と支出をするというものである。具体的には、市場性のある多様な債権を集め、ビショップ遺産信託の課税免除の特権を 100％活用しながら専門家に運用させる、という方針であった。

　しかしながら、受託者たちは別な道を取る。1980 年代から 1990 年代にかけての土地売却による収入を使ってビショップ遺産信託が 100％出資する課税会社を複数設立し、これらの会社を通じて積極的に「special-situation investment」という種類の特殊な投資を行うというものである。この投資はいずれも、いつかはるか先では大きな利益を生むのかもしれないが、当面はほとんど何も期待できないという、当局の規制を全く受けることのない性質の個人間取引である。リスクが大きく、すぐには現金化ができず、かつ運用が難しいという性質のものであった。6 州にまたがる油田採掘、バミューダ

に本籍のある再保険会社、ラスベガスでの宅地開発、ワシントン D.C. のすぐ外側にある高級ゴルフコース、ミシガン州の森林開発、ノースカロライナ州の研究学園都市、カリフォルニア州の貯蓄ローン会社、インターネットベンチャー、中国での銀行設立などである。

　受託者たちが複雑かつリスキーな投資を行ってそれが受託者義務違反とならないのは、彼らがその投資内容を理解しており、かつそれが全体の投資計画の一部であることが明らかとなっている場合に限られる。当時のビショップ遺産信託受託者たちには全体計画などなく、多くの場合、必要な専門性も欠いていた。何年も後に裁判所任命監督官が述べたように、その投資は「その場の思いつき」であり、タカブキと他の投資者との個人的結びつきによるものであった。監督官は「コネの投資」と呼んでいる。

　1995 年のウォールストリート・ジャーナル紙は、あり余る金をもつ受託者たちについて「宝くじに当たって理性を失った人間」のようだと言い、これらの取引に近い人びとは、「潜在的にリスクの大きいベンチャーに関し、タカブキ氏の直感の上に築かれたビショップ遺産信託の積極性に、少々当惑していた」と報道している。

　受託者たちの投資の中でも突出する最たる例は、「マッケンジー・メタン」である。これは、150 箇所の石炭鉱床内メタンガス井の賃借権と採掘権を有する同族会社である。受託者たちは 1988 年に「マッケンジー」に 1,200 万ドルの出資を決める。受託者たちはさらに個人の立場でも、各自、自分の資金で数百万ドルをここに投資した。実は、受託者は信託資金を用いて行う投資案件に個人として投資してはならないと決められているのである。この禁止理由は、信託としてその後の判断をする時に、受託者は個人の立場から自身の利益を考慮したい誘惑に駆られるおそれがあるからである。まさにそれがこの契約で起きたことであった。全面的な損失を防ぐために、さらなるお金の投入が必要となり、それが何度も続く。1 年以内に、受託者たちは最終的に 8,500 万ドルもの信託資金を追加で注入することになる。その後、この取引は完全に失敗と宣告され、裁判となる。実は、受託者たちをこの取引に引き込んだ人物は、彼らが信じ込まされていた事実とは異なり、自分の金は一銭も投資しておらず、かつ受託者たちに投資させた見返りとして巨額の

報酬を受け取っていたことが判明する。結局、受託者たちは「マッケンジー」関連訴訟でさらに信託財産から 1,000 万ドルを支出して終わることになる。

　訴訟がなければ、オズ・ステンダーは、他の受託者が自分たちの利益追求も同時に行っていた事実に最後まで気がつかなかったかもしれない。彼が受託者に加わった時に、わざわざそのことを彼に告げる者などいなかったからである。裁判になり、相手方の弁護士が、彼の証言を取りながらそのような違法行為について質問し始めた時に、彼は初めてその事実を知ることになる。

　しかし、何も知らずにいたのはステンダーだけではない。ビショップ遺産信託の会計監査を長年担当し、信託の財務管理に責任のある裁判所任命監督官も、受託者たちの「違法となる個人の立場での投資」には全く気づいていなかった。信託全体を監督するはずの検事総長と検認判事の 2 人も蚊帳の外であった。個人投資家の名前は HAK の名に隠れてわからなかったためである。HAK とは地面から湧き出す泡を意味するハワイ語〈フー・アーイナ・コア〉の省略形であった。

　ビショップ遺産信託はまた、バージニア州の北にある高級会員制ロバート・トレント・ジョーンズ・ゴルフクラブにも巨額の投資をしている。そこは、アメリカ合衆国大統領、連邦最高裁判事、ワシントン在住の議員、および「フォーチュン誌が選ぶ 500 人」に載る CEO といった人たちがプレーをする場所であった。ここでビショップ遺産信託は開発のパートナーとなり、1991 年からは 4,000 万ドルの建設費の単独保証人となっている。この計画が数年後に財政困難に陥った時に、パートナーたちは、ゴルフコースとそれを取り巻く居住地をクラブの会員に売却することを決める。受託者ヘンリー・ピータースはこの案件に両側の当事者として利害関係を有していた。彼は購入する立場にあるクラブの理事であると同時に、売却する立場にあるビショップ遺産信託の受託者でもあるからである。これは明白な利益相反に当たるにもかかわらず、ピータースは購入価格の交渉でクラブを代表することに固執する。彼は後に、価格交渉中は受託者としての立場を「忌避」していたと説明している。この投資は結局裁判になる。そしてそのことを受託者たちは

保険会社に告げず、かつ秘密裡に裁判所外で和解している。そのため、内容は一切不明である。この秘密性のために、ピータースの行動が信託にどのような被害を及ぼしたかを適切に検証して彼の責任を追及することが不可能となったと批判された。

　市民が「マッケンジー・メタン」やロバート・トレント・ジョーンズ・ゴルフクラブのことを知ることができたのは、ひとえにこれらの投資が裁判になったからである。それ以外のビショップ遺産信託の財務行動は、封印された本も同然であった。受託者たちは自分たちの投資、その存在についての全情報を、守秘義務付きの第一級の秘密として扱った。彼ら曰く、不必要な詮索は、信託所有者としての利益を害することになり、それは結局のところハワイ人たちを害することになる。しかしながら、王女の遺言の文言は、王女が一般市民にビショップ遺産信託に関する特定の情報を知らせたい、と望んでいたことを示唆するものである。

　　　私は、受託者たちが毎年、あらゆる収入と支出、および学校の状況に関する完全な報告書を最高裁長官もしくはこの国の最高位の司法官に向けて作成し提出すること、加えて、その人物に、現在所有する財産の目録と投資結果を毎年提出することを指示します。そしてその同じものを、ホノルルにある新聞で公表することを指示します。

　　　　　　　　　　　　　　　バーニス・パウアヒ・ビショップ

　何十年もの間、公益信託を監視する法的責任と権限を有する人びと、すなわち、検事総長、監督官、検認裁判所判事、および最高裁判事といった人びととは、ビショップ遺産信託の投資を深刻に問題視することはなかった。また、ウォールストリート・ジャーナル紙のような出版物によって、ビショップ遺産信託が信じられないようなやり方で仕事をしていることが明らかとなっても、投資の意思決定がどのようになされているかを疑問視することもなかった。ひとりの受託者フン・ウォー・チンが、カワイアハオ・プラザ投資の件でマツオ・タカブキを訴えることによって他の受託者の目を覚まさせようとした時も、州最高裁で煉瓦の壁にぶつかっている。

ハワイの政府高官も新聞の編集者も皆、受託者たちの独自の投資行為を先見の明があると言って賞賛し、タカブキのお陰であると褒め称えた。1992年のタカブキの引退の際には、ジェームス・バーンズ判事は、タカブキを金融の魔法使いと公式に称えている。

　1992年の終わり、3人の受託者の任期が残り14ヶ月となった時、オズ・ステンダーはヘンリー・ピータースと、3人の新受託者を迎えてからのことについて話し合った。ステンダーはピータースが新議長になるのがよいと提案する。なんといってもピータースが一番長く受託者の地位にあるのだからと。ステンダーはタカブキの後を継いで資産運用をしたいと申し出た。それに対し、ピータースは自分が資産運用をしたいので、ステンダーが議長をしたらいい、と答える。
　ステンダーはピータースの財政的鑑識眼には不安をもっていたが、議長として自分がビショップ遺産信託を正しい方向へもっていけるだろうと考えた。しかしながら、もし自分が議長となるのであれば、2点の緊急優先事項を守って欲しいと考えていた。ひとつは全体的運用計画の作成である。投資と支出の意思決定はそれに基づいてなされるものとする。2つ目はCEOによる統治構造である。ピータースはそれでかまわないと答える。しかし、その後、1993年に2人の新受託者、ディッキー・ウォンとロケラニ・リンゼイが加わって事態は変わる。ステンダーは言う、「私がこの件について話を始め、全体を見直して系統立てするとか、自分が議長になって、まず戦略的計画を立てるとか言っている途中で、ピータースが『気が変わった。ウォンが議長だ』と言うのです。それですべて終わりでした」。
　リチャード・スン・ホン・"ディッキー"・ウォンは指名された時は59歳である。彼は組合の契約窓口係から職業政治家に転じ、26年間の州政治家生活で成功を収める。そのうちの最後の13年は州上院議長を務めた。これは史上最長である。彼は政治的なそつのなさで知られ、主要な上院議員たちにそれぞれの委員会を、独自の規則を作り権力を自由に振るいながら自分の領地のように動かすままにさせていることでも知られていた。彼はまた、知事とも常に上手くやっていた。1987年に、知事ジョン・ワイヘが、親密な

ヘンリー・ハアリリオ・ピータース。彼は、1984 年に判事た
ちからビショップ遺産信託の受託者の打診を受けた。下院議
長を務めて 3 年経っていた。その後も彼は 3 年間下院議長を
続け、1994 年まで立法府で働いた。

ジェラルド・ジャービスを司法選考委員会に入れたがっていたが、自分の息
がかかっていることを知られたくないと思っていた時には、「候補者交換」
を申し出ている。

　ビショップ遺産信託の性格は、タカブキの下で投資の性質が変わったよう
に、ウォンの下で変わる。1 週間に 2 回の定例会合での様子の正確な記録が
あれば、次のように書かれていたであろう。すなわち、会の開始は遅い。受
託者たちは決められた時刻の 1 時間後くらいに現れ、部屋を出たり入ったり
と落ち着かない。ウォン議長は「次の人が来たらドアに鍵をかけた方がいい
かな？」と冗談を飛ばす。ようやく会が始まっても受託者たちは相変わらず

リチャード・スン・ホン・"ディッキー"・ウォン。1992 年末にビショップ遺産信託の受託者に指名されるまで、州上院議長を歴代最長の 13 年間務めた。

出たり入ったりを繰り返し、互いにおしゃべりをし、すでに事前に書かれたものが目の前に用意されているのに、それについて質問したり、言い争ったりをやめない。さらに、しばしばピータースはテーブルを叩き、リンゼイは大声で笑い、ウォンはといえば、会を進めようとは全くせずに、ただ座っているだけである。スタッフは 1、2 時間、時には 3 時間も立ったまま待たされる。カメハメハ学園学長マイケル・チュンさえそのように扱われた。いったん中に入ったが最後、誰もが悪意ある攻撃の犠牲となりうるのだ。ある上級スタッフは、これら受託者たちの前に出た時のことを次のように解説している。「一匹が吼えると残り全部が吼え始めるのです」。また別のスタッフは

言う。「私たちは部屋に呼ばれていくことを恐れていました。彼らに悪いニュースを伝えたくありませんでした。激しく非難され、問い詰められることがわかっていたからです」。

　ステンダーはこのような会合を時間の無駄と考え、かつ王女に対する侮辱とも感じたために、しばらくの間、出席を取りやめる。ウォンは反対に、自分が作り出した環境を自慢していた。何年も経って、議長であった頃について聞かれ、会議室は受託者たちが市民の前で汚いものを見せなくてよいように「自分たちの汚れ物を洗濯」し、かつ「そこで叫び、喚く」場であるべきだと答えている。

　従来は、受託者たちの部屋へ向かうドアは、方針として開放されていたが、ウォンの下では常に閉められることになる。カワイアハオ・プラザの彼らの部屋のある階には、新しい鍵のセットがつけられた。これは作動させると、集中管理されたロックシステムが、建物の端から端まで響く物凄い音を立てる。脱走防止のために囚人の独房につけられるアラームのようであった。

第7章
黒く塗り潰された「ブルーリボン委員会」

　1994年までには、知事ジョン・ワイヘはハワイ州最高裁判事5人全員を任命していた。

　その年の2月には受託者のひとりマイロン・トンプソンが、以前最高裁判事たちによって決められた定年である70歳を迎える予定であった。ところで、その同じ年の末には、知事ワイヘの2期目の政権が終わるのだが、3期目はないことは周知の事実となっている。まもなく前知事となる男にとって、ビショップ遺産信託受託者の地位ほど素晴らしく名誉なものはない。しかも今の10倍の報酬がついてくるのだ。

　判事たちは次の受託者を、欠員の出るはるか前から探し始めるのが通常であるが、今回は違った。その理由は不明である。しかし多くの人は、判事たちがワイヘを指名したいのだと推測していた。個人的に5人の最高裁判事全員を任命した者を、今度は判事たちがビショップ遺産信託受託者に指名するということは、市民には、あまりに政治的出来レースと映った。しかし一方で、ハワイで政治絡みでないことなどこれまであっただろうか？　上院議長ディッキー・ウォンは受託者となった。最高裁長官ウィリアム・リチャードソンもそうだ。ヘンリー・ピータースは、非政治的なはずの受託者に指名された後も下院議長を続けている。この3人全員、判事選考に重要な役割を果す司法選考委員会の委員を指名している。これらすべて、あまりにも自分た

ちだけで示し合わせていい目を見ている観があるが、しかしこれが現実である。そして特に、誰にも政治的に不都合はないようだ。

　それでも判事たちは、知事ワイへを指名するのに躊躇しているようだった。ワイへの人気が常に低いままであったこともある。知事としての1期、2期を通じ、緊縮予算でもないのに大幅な赤字を出していた。そのうえ、一連の政府調達と土地使用スキャンダルのために、ますます多くの市民は彼の政権を腐敗しているとみていたからである。

　現職知事が、同時にビショップ遺産信託受託者を副業とするのは、どうみてもまずい。しかし選考を年末まで遅らせ、知事の任期が終了してから、彼の名前を、社会の有力な人びとから成る中立とされる委員会の選ぶ短いリストに載せることができれば、狙いどおりの結果が得られるのではないか。この方法であれば、ワイへを、市民をあまり刺激することなくビショップ遺産信託受託者にすることができるかもしれない。

　受託者トンプソンの退任の日が近づいた頃、最高裁長官ロナルド・ムーンは、受託者選考を助けるために社会のリーダーたちから成る委員会を作ると宣言する。これはビショップ遺産信託の歴史上、受託者選考において判事以外の者が公的役割を演じる初めての試みとなる。時間がかかることになろうが、トンプソンは退任時期を過ぎても、新受託者が決定するまでは在任してよい。これもまた史上初である。ムーンによれば、批評家たちが「政治的」と呼び慣わす選考手続に対して、市民の信頼を回復することにもつながる。

　判事たちは、その後「ブルーリボン委員会」と呼ばれるようになる会の委員に11人の地域社会のリーダーを指名する。2人は以前のビショップ遺産信託の受託者、タカブキとリチャードソンである。3人は経験の長い実業家である。すなわち、ヘンリー・ウォーカー・ジュニア（ハワイ最大の企業のひとつアムファックの前議長兼CEO）、ロバート・ファイファー（大手のハワイの企業アレキサンダー＆ボールドウィンの議長）、およびハーバート・コーネル（キャンベル遺産信託受託者議長）。それから、ハワイ大学学長のケニス・モーティマー、強力な労働組合である全米労働者連合の州総裁ゲイリー・ロドリゲス、政治世界につながりの深い弁護士アルビン・シム、ハワイ先住民法律家協会創立メンバーのメロディー・マッケンジー、引退したカトリック

司祭にして女王リリウオカラニ信託受託者のモンシニョール・チャールズ・ケクマノ、最後に、前カメハメハ学園中等部校長にして現在はハワイ大学教授会議長のグラディス・カマカクオカラニ・ブラントである。

　モーティマーはハワイ大学学長になって1年もたっていなかった。彼は、委員会の仕事は政治的過ぎるから辞退した方がよいと助言される。モーティマーがそのことをムーンに告げると、「だからこそ貴方に来て欲しいのです、学長。われわれは高潔かつ地元政治に関わりのない人たちを必要としているのですから」と長官は答えた。

　数日後、モーティマーとその他の委員会メンバーは最高裁判所に集合する。そこではムーンが彼らの決定を尊重すると確約する。判事たちは介入しない。それでもメンバーの一部には疑念が残った。彼らの心配は、リストに「正しい名前」が載っている場合にだけ、自分たちの決定を尊重するのではないか、ということである。ファイファーはムーンをまっすぐに見て訊く。「われわれのリストに1人しか名前がなくても採用するのか？」。ファイファーと少なくとも4人は、この答え次第で委員を受けるか辞退するかを決めていた。ムーンは躊躇せずに、できればもっと長いリストが好ましいが、そのとおりだ、委員のリストはそこに載っている名前の数にかかわらず尊重される、と返答した。

　最初の集まりではブラント女史が議長に選出される。彼女はここでの決まりを提案した。すなわち、最終候補者としてリストに載せる名前は、多くが支持する者であること。少数派への配慮だけで名前を載せないこと。女史は、司法選考委員会で行われているとされる「馬の取引」［相手の無知に乗じて悪い馬を押しつけること］を避けたかったのである。そこではワイへの仲間であるジェラルド・ジャービスやゲイリー・ロドリゲスは「正しい名前」を選考リストに載せさせる名人であった。11人の多くは女史の提案に同意する。

　ブラント女史は精力的に委員会を運営し集中して審議した。2ヶ月で100人以上が候補に挙がる。ワイへの番がくるまでは順調に審議が進んだ。リチャードソン、シムとロドリゲスの3人はワイへの名前を最終リストに載せたがる。その他の者たちは反対である。話し合いはもつれ、いつまで経っても決まらない。11人で正式に投票をし、ワイへは必要な多数にはるかに及ば

ない8対3しか支持がなかったにもかかわらず、さらに審議は続けられた。そのうちに、ロドリゲスはやめると言い出す。彼は他の委員たちに怒鳴り散らし、目の前の書類を破り捨て、テーブルに投げ捨てた。87歳になるブラント女史は彼に場をわきまえろと諭す。彼は子ども扱いされるのはうんざりだと答える。「ゲイリー、子どものような振る舞いをすれば、子ども扱いされることを覚悟しなくちゃ」と女史。ロドリゲスは荒々しく部屋を出ると電話に向かう。ヘンリー・ウォーカーによると、すぐにワイへにかけたらしい。

　翌日、ブラント女史はリスト（5人の候補者の名前とロドリゲス以外の10人の署名付き）を持って最高裁判所に出向く。5人の判事のために5枚用意し、1枚ずつ別々の封筒に入れて封をした。女史はそれを置いて帰るつもりだったが、秘書のひとりが脇の部屋へ入るように促す。そこでは5人の判事たちが待機していた。短い挨拶の後、女史は彼らに封筒を手渡し、判事たちがそれぞれリストを取り出して見るのを静かに立って見ていた。後に女史は振り返って次のように述べている。「彼らは何も言わず、ただじっとリストを眺めていました。ようやく、ひとりが『彼の名前はどこだ？』と言ったのです」。委員会では知事の名前をリストに加えることも検討されましたが、その動議は否決されたのです、と女史は返答する。さらに、委員の中からは、受託者にはもう十分に政治家が入っているという意見もありました、と付け加えた。

　ブラント女史には判事たちがリストに不満であることがみてとれたが、それでも数日後には5人の候補者の中の誰かが、次のビショップ遺産信託受託者として発表されるだろうと思っていた。しかし数日経っても判事たちからは一言も出てこない。さらに数日待つがやはり何もない。何も公表せずに1週間が過ぎ、唐突に判事たちは新受託者の選考を延期することに決めたと発表する。判事たちはまず司法行為に関する委員会の意見を聞くと言う。この委員会は判事たちの選んだ委員で構成される非公式なグループである。5ヶ月後、この委員会から、判事たちは法的にブルーリボン委員会に縛られないとの宣言が出る。そこでムーンはブルーリボン委員会に次のように手紙を書く。「助言および自分たちの良心に従い、選考手続を再度開始することが公正であると考えるに至りました」。

　判事たちのこの仕打ちを聞いて、ファイファーは、二度とハワイで政府関係の委員会には就かないと誓う。ブルーリボンの他の委員たちも同感だった。「いいように利用された」とブラント女史に告げる。これ以降、女史はブルーリボン委員会のことを「黒く塗り潰された」ブルーリボン委員会と呼ぶようになる。

　判事たちはその後、「選考に特に要件や方向性はつけない」が、「最終候補者として、最も卓越した資質の適任者の名前の載るリスト」を求めたと書面で公表する。判事たち曰く、「なぜなのかは委員たちでなければわからないが、彼らのリストには候補者として『卓越した資質の適任者』といえる人物の名前は全く載っていなかった」。

　1994 年 11 月 25 日、何年も前からわかっていたはずの引退の日の 9 ヶ月以上後になって、判事たちは空席をある名前で埋めるが、その名前はブルーリボン委員会のリストにはなかったものである。ハワイ最高裁判事 5 人の意見での「最も卓越した資質の適任者」とは、ほかでもないワイへの最側近のジェラルド・ジャービスだった。

　「まあ、見ててごらんよ、ゲイリー・ジャービスは偉大な受託者になるぜ」とは最高裁判事スチーブン・レビンソンの言である。

　ジャービスは、適当な時期に改めてワイへを指名できるまでのつなぎであると多くの人が勘ぐっていた。しかしその筋書きが機能する前に、より大きな問題が受託者たちを襲うのである。

　知事の任期終了後、ワイへがワシントン D.C. にある法律事務所に加わると、受託者たちは、直ちに、州と連邦双方の信託への監査を防ぎ、かつ受託者報酬を制限する連邦の立法に反対するロビー活動のために、その事務所と契約する。数年後、捜査官がカワイアハオ・プラザにある秘密の部屋の金庫を捜索すると、"CJ" と名のついたコンピュータ・ファイルが発見される。そこには驚くべき内容の 2 ページからなるメモ、「ナムから議長へ」が入っていた。ナムとはナムリン・スノウのことで、ヘンリー・ピータースの部下である。議長とはピータースのことである。CJ とは最高裁長官（Chief Justice）ムーンである。メモの題は「受託者選考手続」、日付は 1994 年 3 月

ワイヘ知事の側近中の側近ジェラルド・ジャービスは、ブルーリボン委員会の候補者リストに載っていなかったが、1994年にビショップ遺産信託の受託者となった。

21日、グラディス・ブラント女史がブルーリボン委員会のリストを判事たちに届けた日の直後であった。このメモの中で、スノウは公益信託の職員でありながら、ハワイ最高裁判事たちが受託者選考手続を、以前の気心の知れた仲良し路線に戻すことを提案していたのである。

　　議長、この指名に関して事態は急速に動いており、「銃を突きつけられている」判事たちと意味ある戦略を用意する時間はあまりありません。もたもたしていると望ましくない結果となります……CJ・ムーンはマスコミに発表すべきです。その中で、ムーンに、判事たちは個人として行動し、ビショップ夫人の遺言の条項に従い、最終選考に関して全面的に責任を受け入れかつこの責任を回避する気はないと言わせるのです。

この種の発言は「試みはここにて終了」と知らしめる効果があります。そしてどのような委員会の推薦があろうと、判事たちのみが最終決断をしなければならないのです。

　CJ と他の判事たちに次のような発表をさせるのです、すなわち、委員会の指針では政治家を排除しているが、判事たちは最も適任な候補者を求めているのであり、公職という個人の職業を本質的な欠格事由としてみているわけではない。議員その他、選挙によって公職に就いている人びとは市民に選ばれてわれわれを代表しているのである。市民を代表できるほど立派な人間であるという事実を、受託者の地位にふさわしくないという理由として用いるべきではない。実際、現在の社会の一部にある雰囲気と、受託者から政治家を外せという物凄い圧力を考えると、この候補者の指名は容易なことではない。この候補者の傑出したかつ非凡なキャリアと業績こそが判事たち全員一致の賛同を勝ち取った理由であると。

　その当時ムーンその他の判事たちが取った一連の行動が、この秘密のメモに記された内容と著しく似ていた。「ある部分では、判事たちの行動や書面の内容はスノウの指示そっくりであった」と 2000 年に検事総長と政治資金精査委員会に提出された非公開の報告書に書かれている。

　スノウのメモは違法行為が行われた事実を十分に推測させるものであったが、実は裏でもっと酷い不正操作のあったことの証拠がその後出てくる。議事録が作成されていないため、受託者会議で何が話されていたかは正確にはわからないが、ついに調査官たちはこれらの会議の間に書かれたロケラニ・リンゼイの手書きのメモを手に入れる。そのメモの 1 枚に──このメモは判事たちがブルーリボン委員会を作る数週間前の日付であるが──ファイファー、コーネル、ブラント、シム、リチャードソン、およびタカブキの名前が書かれていた。この人たちは皆、後にムーンからブルーリボン委員会委員に指名されている。また別の 1 枚には、判事たちによる新受託者選考に関する記述と、目くらまし委員会がそれについて望ましい結果を得るために利用できる趣旨の記述があった。判事たちには初めから受託者にしたい人物がいて、

そのうえで選考手続を遅らせる必要があったことを考えると、リンゼイの次の記述が理解できる。「あの人たち、もう入れたい人が決まっているなら……目くらまし委員会は素晴らしい方法。時間稼ぎの唯一の方法が委員会」。

リンゼイの手書きメモとスノウの秘密メモの登場で、判事たちの独立性に深刻な懸念が生じ、加えて、判事たちが受託者選考に同意した際に受け入れた信頼義務に違反したとして誰かが彼らを訴える可能性も増大した。個人は受託者選考を強制されない。しかし、いったんその権限を受け入れた以上は、信託の公益目的を推進するためにその権限を用いることが要求されるのであって、決して個人的利益や政治的見返りのために用いてはならない。

この露見により、判事たちにはビショップ遺産信託受託者への調査には一切協力しない、という強い動機が生まれた。事実、判事たちとしては、そのような調査をすべて早々と終了させ、一切の記録が封印されれば、自分たちの個人的利益は守られる。そのため、この動機がその後、強力に作動することになるのである。

第8章
一人五役

　マツオ・タカブキが投資部門を支配することを決めてから「主任受託者」
制の幕が開くことになる。この制度は、受託者の機能と責任領域を受託者間
で分けるというものである。これは複数の理由から深刻な信託違反に当たる。
具体的には、受託者には各自、信託に関するあらゆる情報を共有し、全員で
関与し、かつ深刻な信託違反が続く場合には適切な裁判所にそれを申し出る
という義務、すなわち受託者義務（フィデューシャリー・デューティー）があ
るからである。しかしながら、ビショップ遺産信託の主任受託者制の下では、
情報は、たとえ受託者間であっても厳しく管理され知らされることはない。
主任受託者だけが自分の領域の情報について、どの情報を、いつ、誰に、ど
んなかたちで開示するかまたは開示しないか、を決めることができたのであ
る。

　1995年には、主任受託者制は深く根を張り広く浸透していた。ヘンリー・
ピータースは資産運用を独占し、ロケラニ・リンゼイは教育と広報の担当、
ディッキー・ウォンは政府関係を扱い、ジェラルド・ジャービスは法務責任
者となる。オズ・ステンダーはしばらくの間は同窓会関係の担当であったが、
それさえも他の受託者に取られてしまい、何も担当させてもらえなくなった。

　ステンダーは、他の受託者がひとりで何でも勝手に決めてしまうことに絶
えず驚かされていた。ユキオ・タケモトの契約管理者としての採用もそのひ

とつである。タケモトはワイヘ政権にいたが、黒い噂で辞職した人物である。契約、特に入札を行わない契約に関する彼の管理運用は、大規模調査の対象となった。深刻な疑惑の対象だったのだ。ディッキー・ウォンはビショップ遺産信託の全契約について管理運用させるためにタケモトを雇用した。さらに、タケモトに多額の予算と 13 人のスタッフも与えている。

　ステンダーはまた、他の受託者たちが次々と新しい記録管理方法を考え出すことにも驚く。時には 1 回の会合で、3 セットの議事録録音装置が用意された。少しでも機密性があると思われるものはすべて「秘密—守秘義務事項」と印が押され、ビショップ遺産信託内主席弁護士ネイサン・アイパが管理した。何年もの間、受託者を監督することが仕事のはずの人びと、すなわち裁判所任命監督官や検事総長配下の法律家たちはこれらの記録の存在さえ知らずにいた。受託者たちは、アイパの同席の下で言われたりなされたりしたことすべて、および保管のために彼に渡したものすべては守秘義務で守られるから、それゆえにそれらはすべて秘密とする、という馬鹿げた立場を取っていた。

　1990 年代、受託者たちはアイパのスタッフとして弁護士を大幅に増員させながら、同時に外部の弁護士も何十人と雇い入れる。これだけ大勢の弁護士がいたのに、利益相反禁止が書面で注意喚起されることもなく、受託者義務の「イロハ」さえ、まともに受託者たちに教えようとする者もいなかった。ある機会に、ステンダーは自ら立ち上がり、信託法の基本を同僚たちに教える勉強会を設定する。国内屈指の信託の専門家であり、ビショップ遺産信託について深い憂慮の念を抱いていたエドワード・ホールバック教授は、ステンダーの申し出に同意し、無償で飛んできて手伝いたいと言ってくれた。しかし、他の受託者たちが参加を拒否したため、ステンダーはホールバック教授に丁重に断りを入れざるをえなかった。

　受託者たちの弁護士はビショップ遺産信託の従業員に向けて、長文の詳細な指針を用意したが、どれも受託者に適用されるものではなかった。受託者に関してはルールはなく、その行動はどれほど常軌を逸していようともかまわない。ヘンリー・ピータースはいつでもどこでも、他人を罵り物理的に脅したりしても、全く責任を取る必要がなかった。ディッキー・ウォンは駐車

FIDUCIARY（受託者義務を負う）のつづりの書き取りテスト。4人ともデタラメなつづりを書いている——受託者義務を全く理解していないことを痛烈に皮肉っている。

禁止のところに車を停めても、チケットを切られることもなければ、自分の車を持っていかれる心配もなかった。ジェラルド・ジャービスは無理に要求して特定の生徒をカメハメハ学園に入学させ、また、退学させられた元生徒を復学させた。ロケラニ・リンゼイは、黙って学園のスタッフの研修費用から12万8,000ドルを流用して自分と友人のダイエット費用に当てたが、学園学長も含め誰にもその事実は知らされなかった。

　ビショップ遺産信託の受託者たちは、昔からこれほど傲慢であったわけではない。スタッフの中には、以前は受託者たちが定期的に自分たちと一緒にコーヒーを飲み、自分や家族のことを気にかけてくれたと懐かしそうに話す者もいた。その頃は、スタッフが辞める時や新しいスタッフが入った時は、受託者たちは送別会や歓迎会を開いてくれたものである。受託者の公用車はフォルクスワーゲン・ビートルだった。「その中に3人の受託者を乗せて、車体をきらきらと輝かせながら街を疾走していったわ」と、あるスタッフは

思い出を語っている。

　英米系コモン・ローの下では、信託文書が特別にその旨を記載していない限り、受託者は報酬を受け取らないことになっている。王女の遺言では受託者報酬については何も触れていなかった。1884年になってハワイ州最高裁が、どの信託においても、受託者は「その時間と手間に対して合理的な額の報酬」を受け取ることができると判示した。1927年、立法府は受託者が自分たちの報酬を決める時に用いることができる計算式を法律で定めた。この計算式は時代によってさまざまに変わるが、大概は、受託者報酬の上限は2%をやや上回るあたりに設定されていた。しかし2%とは何に対しての2%なのか？　計算式は総収入から経費を引いた額に適用されるのか、それとも総収入に適用されるのか？　経常利益か純利益か？　この本質的に重要な疑問への答えが明らかになったことは一度もない。この不確実性に加えて、受託者は自分たちがどのように計算式を解釈して適用しているかを決して公にしなかった。おそらくは自分たちにとって最も都合の良い解釈をして、計算の後に出てきた額を均等に分けていたものと思われる。このやり方にはいくらかの批判はあったものの、目くじらを立てるほどの額でもないため、それで済んでいた。しかし連邦最高裁が1967年のハワイの強制的借地転換法の合憲性を認めた後、1980年代半ばになって事態は激変する。2%の計算が驚くような数値をはじき出すに至るのである。1987年には、受託者報酬は年俸一人あたり92万5,000ドルをやや上回る額にまで増加していた。
　ハワイの有名私立学校、すなわちオアフ島にあるプナホウ、イオラニ、およびミッドパシフィック・インスティテュート、マウイ島にあるシーベリーホール、そしてハワイ島にあるハワイ・プレパラトリー・アカデミー、これらの学校の受託者たちは皆、無報酬である。同様にハーバード、イェールおよびスタンフォードのような寄付の多い米大学の受託者たちもそうである。昔から無報酬が普通であった。なぜ、ビショップ遺産信託だけ別であるべきなのか？
　ビショップ遺産信託受託者から都合よく出てくる答えは次のようなものである。すなわち、他の公益組織の受託者たちとは異なり、自分たちは主任受

託者として働いている、つまりは、パートタイムの受託者というよりフルタイムの会社の最高経営責任者 CEO のようなものだ。ディッキー・ウォンは主任受託者制を、「一人五役」と解説してさかんに自慢していた。彼は、この方法で、受託者は同時に最高経営責任者、最高操業責任者、最高財務責任者、最高法務責任者、および最高広報責任者として働くことができると言う。後に、宣誓の下で、立派な結果を出していると発言したが、誰がそう評価するのかと聞かれて、ウォンは初め「誰でもない」と答え、それから「自分たちだ」と返答を変えている。

　受託者たちは、実際は自分で自分を雇用して組織運営をしていたことになる。あまりにも尋常ではない話だ。仕事の内容の説明も、要求される業務水準も、毎年の査定も何もない。そして彼ら自身だけがそのような査定を行う権限を有するという。ビショップ遺産信託受託者たちは責任を伴わない権力を有していた。破滅への処方箋といわざるをえない。

　公益信託に関しては、監督責任のある人間たちがいる。州検事総長は、いわゆる「国親（パレンツ・パトリイ）」として、信託濫用の兆候がみられた場合は自ら調査する責任と権限があり、さらに、違法行為が認められた場合には、裁判所に対して適切な行動を取るよう依頼する責任と権限がある。たとえ、検事総長のそのような監督が不十分であっても、信託に関する管轄のある州裁判所——ハワイの場合は検認裁判所——は、信託濫用を認めた場合は自ら行動を起こす権限を有する。さらに、ハワイには、毎年受託者たちの会計監査を行う監督官がいる。1970 年以前は、監督官は検事総長によって雇用されていたが、それ以降は検認判事によって選任され、検事総長と同様な調査責任と権限を与えられている。

　受託者たちを指名する最高裁は、自分たちが選んだ受託者の誰によるものであっても、その深刻な信託濫用に当たっては適切な行動を取る責任があることになっている。加えて、1995 年以降、検認裁判所規則が、弁護士たちに、自分たちの顧客でもある受託者たちの違法行為について、それを直接、検認裁判所に報告するよう義務づけている。

　ビショップ遺産信託には何年にもわたって誰の目にも明らかな問題が存在

していたにもかかわらず、これらの法律家、とりわけ検事総長、検認裁判所判事、監督官、最高裁判事および信託顧問は皆、何の問題もないような態度を取り続けてきた。何年も何年も、何十年も何十年も、歴代の検事総長が調査をしたことはなく、どの検認裁判所任命監督官も表面をなでるだけで終わっていた。実際、多くの監督官は受託者たちにおもねった報告書を提出している。アルビン・シム監督官の 1988 年の報告書はその最たるものである。彼曰く、ビショップ遺産信託受託者たちは「畏怖の念を起させるほどの」仕事をしている。この形容詞が彼のダブルスペースで 25 ページの報告書の 17 箇所に登場する。この報告書は形容詞に溢れているが、読み手（すなわち、検認裁判所判事）が必要とする情報、つまり、シムの「畏怖の念を起させるほどの」とまで形容される結論を認めるか否かの判断に必要な情報は全く含まれていなかった。

　自分の仕事に本気で取り組もうと思っていた監督官たちでさえ、困難に阻まれる。ビショップ遺産信託のお抱え弁護士は門番であった。匿名を条件に話をしてくれたかつての監督官のひとりは、いかにこれらの弁護士たちが彼に見せたいものだけ見せていたかを解説している。

　　彼らは私のような人間たちにこう言うのです。「ここではこのように仕事している。これは君には関係ない。あれも違う」。こんな感じです。仕事のやり方には長い歴史というか伝統があり、彼らはその専門家です。長いことこの組織に馴染んでいて特有の知識の膨大な積み重ねがある。当然ながら監督官はそれを信じるしかない。ある意味、私たちはそれを受け入れるしか選択肢はないのです。

あるひとりの勤務の長いスタッフは、これを内側の立場から解説する。

　　監督官たちはやってくると遺産信託についておざなりな調査をしてから、学園に出向いておざなりな面談をし、それからまた戻ってきて、報告書に何と記載するかを受託者の面々と交渉するのです。受託者側が報告書の編集権限を有していました。報告書を裁判所に提出する前に、し

っかりと見て綿密に調べるのです。徹底的に調べてからこう言うのです。「ここはダメだ。これは削除しろ」。監督官が毅然として削除に応じないのでない限り、そう言われたところは削除されました。

検認裁判所に提出された多くの報告書をみる限り、毅然としていた監督官はほとんどいなかったようだ。1988 年、受託者が自分たちだけで年俸について決めた 59 万 9,000 ドルの増額を秘密にしたがった時は、シムはその増額を承認したのみならず、受託者たちと一緒になって、その増額の事実を秘密にするよう裁判所にかけあっている。事実を公表しない理由について聞かれ、シムは、控えめを好むハワイの文化として非開示を選んだと説明している。

折々に、米国本土の新聞や雑誌にビショップ遺産信託の記事が載った。記者たちはハワイに数日から長くても 2 週間ほど滞在し、頭を振りながら去っていく。彼らの書く記事は基本的にすべて同じである。すなわち、ビショップ遺産信託の巨大さ、それがもつ土地、金、および権力の集中、他の権力とのつながりの広さ、その秘密主義、および他者に対する優越感についてである。記事はいずれも、どこか遠い所で起きている不思議な出来事についての話ばかりのようだった。すなわち、たまたま何らかの事情で米国の旗の下に入ったが、そのあたりの事情はとうに忘れ去られており、しかし米国の司法制度の下にある州らしく振る舞うことはない、という遠く不思議な世界の話である。その論調は、ハワイではこのように明白かつ極端な状況がなんら問題とされずに長期間続いていることへの驚きに満ちていた。

一方で、地元メディアの扱いも、皮相的かつ迎合的であった。20 世紀後半、ビショップ遺産信託について真面目に分析した新聞記事は片手で足るほどしかなかった。10 年で 1 本という程度である。そのうちの 2 本は、短命だったハワイ・オブザーバー紙の記事である。この新聞の発行部数は 5,000 部を超えることは一度もなかった。ほとんどのメディア関係者はビショップ遺産信託の胡散臭い取引の調査に及び腰であったが、それには理由がある。

1987 年、ホノルル・スター・ブレティン紙は、ビショップ遺産信託につ

いて掘り下げた記事を、できればシリーズで載せたいと考えていた。しかしながら、記者がビショップ遺産信託本部に現れるやいなや、同紙の編集責任者デビッド・シャピロはビショップ遺産信託広報責任者ネイル・ハンナスから電話を受ける。ハンナスは、頼んでもいない記事は「プライバシーの侵害」であるから直ちに取りやめるようにと要求する。記者は妨害を受けて苦労し、掲載も遅れるが、ようやく記事が出る。シャピロはその後の予期せぬ副作用について次のように語っている。「記事を書いた後も、掲載するなという大変な圧力がかかりました。それでも新聞に載せると、今度はわれわれにありとあらゆる方法で向かってきました。われわれを処罰しようとしたのです」。4万ドルの広告収入の取り消し、ホノルル・メディア評議会への不服申し立て、ビショップ遺産信託とその受託者たちを侮辱したことを理由とする州議会でのスター・ブレティン紙への非難決議動議などである。

その10年ほど後、今度はホノルル・アドバタイザー紙の記者がビショップ遺産信託に関して本気の調査をして記事にするが、アドバタイザー紙の発行者が記者の上司に掲載中止を指示する。彼の説明は、読者はビショップ遺産信託に対する批判記事にはうんざりしているというものであった。

この時代は、ハワイという州全体を動かす人びとが巨大な権力をもっていた時代である。注目に値するのは権力の大きさそれ自体ではなく、その集中の程度にあった。本来、独立であるべき州政体の三権の間で、ますます一体化が進行していくようであった。そしてハワイ政体とビショップ遺産信託の間にも区別がなかった。

統治が中央集権化するにつれて、説明責任は薄れてゆく。メディアはビショップ遺産信託のみならず、政府に関する調査報告記事も載せなくなる。ハワイ大学の知識人たちは、ハワイの政治から離れ、全米規模の問題あるいは国際的な問題に関心を集中させるようになる。法律家協会代表たちは裁判官の選考について、それが政治的にどんなに最悪であっても、決して批判することはなく、また、政治色の強いビショップ遺産信託受託者選考に果す判事たちの役割についても、公に話すことはなかった。実業家たちはこの権力集中を意識し、好ましい待遇を得るために（あるいは好ましくない待遇を避けるために）政治献金その他の配慮を頼まれると、イヤとは言わなかった。ハワ

イで上手くやっていきたい者は誰でも、批判的とみられることを、あるいは
比較的わずかな遠慮のない批判者たちと親しいと思われることをさえ、注意
深く避けていた。

　ハワイの政治は他のどこの政治とも同じ体質であったが、ただ、どこより
も濃厚であった。

第9章
教育信託

　1988年、ビショップ遺産信託受託者たちに、カメハメハ学園に新しい学長を迎える必要が生じる。それまでは、カメハメハ学園の学長はすべて白人の男性であったが、今回、学園創立から102年を経て、受託者たちはハワイ人の学長を据えようと考えた。2人の卒業生が上位2名の候補者として挙がる。1人目の1959年の卒業生、ハミルトン・I・マッカビンはウィスコンシン＝マディソン大学から児童心理学と児童福祉の博士号を授与され、現在はそこの人間生態学部の学部長をしている。2人目の1961年の卒業生、マイケル・J・チュンはカンザス大学で環境健康工学の博士号と土木工学の学士号を得て、ハワイの郡での行政経験を有していた。両者にはそれぞれ、受託者たちの中に2人ずつ支持者がいた。マッカビンの支持者たちは、チュンが教育者ではなく工学の専門家であるという点を除けば、特にチュンに不満はなかった。チュンの支持者たちは彼をカリスマ的かつ政治的に如才ない人物とみており、マッカビンについては、彼には学生を奮い立たせる能力に疑問が残ると考えていた。議論の末に票はチュンに行く。

　マイケル・チュンは、内面も見た目もどこをとっても、カメハメハそのものであった。幼稚園からこの方、彼はカメハメハの自慢の生徒である。スポーツは万能で、全米高校生フットボールチームのメンバーに指名された初めてのカメハメハの生徒である。毎年、ハワイのトップアスリートに贈られる

ホノルル・クォーターバック・クラブ・スポーツマン・アワードでは2位受賞、オリンピック出場経験のある重量上げの選手と競った時は、全く引けを取らなかった。また、優れたスポーツマンシップ・リーダーシップに加えて、優秀な学業成績と高い道徳的行動によりシューマン賞を授与されている。さらには、少年合唱団と混成コーラスで歌い、全米優等生協会（NHS）に選ばれ、生徒会長を務め、予備役将校訓練部隊の首席であり、そこでは部隊長を任されるほどであった。

チュンはジャック・ダービルの跡を継ぐ形となる。ダービルは1979年以来の方針である抽選入学に対する批判を受けて、早期退職したのである。チュンはこの方針を受け継いだ。抽選入学は、カメハメハ学園にはどのような子どもたちを受け入れるべきか、との議論から生まれた制度である。ダービルの考えは、幼稚園の段階での選別入学制をやめ、賢い子どもたちだけではなく、ハワイのすべての適齢期の子どもたちに開かれた抽選入学制度にすることにより、生徒の多様化を図ることであった。競争原理は7年生の段階で導入される。カメハメハの小学生たちは持ち上がりではなく、中学に自分の居場所を確保するためには、他校から来た優秀な生徒たちと競争しなければならない。批判は、抽選制で入学したある年度の大多数のカメハメハの子どもたちが、7年生への進級試験に不合格となった時に沸き起こった。

タカブキは自分の回顧録、『それらしくない革命家（*An Unlikely Revolutionary*）』の中で、「結果はこれらの生徒と両親たちにとって精神的に辛いものとなった。学園側がこの子たちに十分な準備をしてくれなかったという思いと、7年生に進級できなかったことで、子どもたちに『劣っている』とか『馬鹿』であるという汚名がつけられたという感情が生まれていた」。このような感情は信じられないくらいに高まっており、ダービルは殺してやるという脅迫を受けたと云われている。

学長に指名されてすぐに、チュンは抽選入学制度の廃止を提言し、受託者たちも同意する。今後は、すべての入学がテストによる厳格な競争原理で行われることになるが、いったん入学を認められれば、学業不振あるいは何らかの問題を起さない限り、ずっとカメハメハ学園に在籍できることになった。

　カメハメハ学園の学長として、チュンは生徒たちやその両親たちに絶大な人気があった。彼らの目に映るチュンは、誰にでも親切で善良かつ勤勉な人物であった。カメハメハ学園では常に何かが行われているが、チュンは常にその場、たとえば、陸上競技の試合、卒業記念ダンスパーティー、予備役将校訓練部隊の春のキャンプ、5年生の劇などに顔を出した。生徒たちのマラソン大会への参加や、フットボールの「ウォリアーズ」の試合に、チームのバスに一緒に乗っていく姿が見られていた。試合の翌日は必ず、選手たちを探して祝ったり慰めたりしている。彼はキャンパス内の自宅、ハレ・ペレキケナを生徒たちに開放しており、生徒たちは放課後立ち寄って、炭酸飲料を飲み、座って「悩みごとを話したり」、音楽を聴いたり演奏したり、そして冷蔵庫を覗いて残り物を漁っていったものである。さらに、彼は定期的に生徒たちを連れて「人間奉仕研究所」という名のホームレスシェルターへボランティアに行き、一緒に野菜を切り、食事の配膳を手伝わせている。自分の給料の一部を、特別に困っている若者のために私的基金に積み立てながら、その寛大な行為を決して世間に知らせることもない。彼には自然と生徒たちを引きつける力があり、生徒たちは皆、彼を仲間のように感じていて、「マイク叔父さん」と呼ばれることも多かった。

　チュンはまた、同窓の仲間とも良い関係を築いていた。彼自身は、仲間内でも人生の成功者といえるが、それを鼻にかけたり傲慢な素振りを見せることは決してない。そこに王女がいたならば、どこを取っても彼のことを誇らしく思われたことだろう。

　しかしながら、5年ほどの穏やかな航海の後、「マイク叔父さん」は嵐の海に放り込まれることになる。新受託者ロケラニ・リンゼイが教育担当主任受託者となり、カメハメハ学園に介入してくることになったからだ。

　マリオン・マエ・ロケラニ・メイプルス・リンゼイが53歳でビショップ遺産信託受託者になった1993年は、ビショップ遺産信託の受託者5人全員がハワイ人となり、しかもそのうちの1人が女性という、この信託の歴史始まって以来の記念すべき年となった。リンゼイはハワイ教会短大で体育を修め、太平洋諸島研究でハワイ大学から学位を得ている。彼女はポリネシアン

マリオン・マエ・ロケラニ・メイプルス・リンゼイ。女性と
して初めてビショップ遺産信託の受託者に指名された。

文化センターでの最初のフラダンサーのひとりであり、自分の「フラ」の教
室をもっていた。職歴としてはハワイ教育省での勤めがほとんどである。11
年間体育を教え、4年間に3校で副校長として働き、4校目のホノルルの学
校では1年間校長を務め、マウイ島で11年間、地区教育長を務めている。
1990年にはマウイ郡の市長選に出馬するも落選する。

　リンゼイは活動的モルモン教徒であるが、幼児の時にカワイアハオ教会で
洗礼を受けているので、王女の遺言での宗教要件（受託者はプロテスタントで
あること）は満たしていると言う。カワイアハオ教会の司祭であるアカカ神
父は記者たちに、一度プロテスタントであったというだけでは不十分である
と話す。「王女の受託者たちは、まず何よりも信仰篤く、教会の活動に熱心
で、かつそのプロテスタント教会での模範的な信者であるべきです」。しか
し神父もこの点を特に強く主張したわけではなく、判事たちも他の受託者た
ちも発言を控えたため、この問題はじきに消える。

　州ハワイ人問題事務局議長クレイトン・ヒーはリンゼイの指名について、

判事たちの賢明さを、閃きの選択と呼んで賞賛する。ヒーによれば、リンゼイの教育者としての資格は「疑問の余地なし」である。明らかに、ヒーも判事たちもリンゼイの職場の同僚たちの意見は聞かなかったようだ。同僚たちは彼女を教育者としては不適格とみていた。彼らの知るリンゼイは「自己中心的」「ぞんざい」「協調性に欠ける」「気まぐれ」「強情」「上司にもちたくないタイプ」「執念深い」と評された人物であった。

　教育省の上級行政官たちは次のように語っている。常にリンゼイは自分の周りの人間たちに、自分は知事ワイへの従姉で、知事は自分の職歴に個人的に関心があるのだと、まるでその事実が彼女を軽々しく扱ってはいけない証明でもあるかのように言っていた。彼女はまた、この何年間も州教育長のチャールズ・トグチは自分をクビにしたがっていたが、自分には政治的に大変な力があるので絶対にクビにできなかったのだと、彼らに自慢してもいた。

　リンゼイが政治に関心のあることはわかっていたが、それでも彼女の受託者指名のニュースには、彼女の同僚たちも上司も不意を打たれ、驚愕する。チャールズ・トグチはそれについて次のように述べている。「私がパリ通りを車で走行中、携帯に女性から電話がかかり、叫んだり喚いたりする声が受話器から聞こえてきました。『やったわ。やったわ！』と」。トグチは電話の主が誰なのか、また何を喋っているのかも全くわからず、「どなたですか？」と尋ねる。

　受話器の向こう側からは、「ロケラニ・リンゼイよ。私、やったわ。受託者になったのよ！」

　「何の受託者？」とトグチ。

　「ビショップ遺産信託よ！　私、ビショップ遺産信託の受託者なのよ！」とリンゼイは勝ち誇ったように答えたという。

　前方の車が曲がろうとして速度を落とした際に、危うく追突するところだったとトグチは語る。ビショップ遺産信託受託者としてのリンゼイを何とかイメージしようとして注意散漫になったためである。

　彼女の参加後、ほどなくして他の受託者たちは彼女を教育担当主任受託者に指名する。といってもそれが何を意味するのか書面や口頭での指針があっ

たわけではない。オズ・ステンダーは不満であった。彼の考える受託者の仕事とは信託財産を用いて最大限に利益を生み出すことであって、学校運営ではない。それは教育の専門家を雇ってさせることである。この点については全米私立学校協会も同意見である。受託者の正しいあり方についての協会の原則として、次のように記載されている。「個々の受託者は特定の運営、人事、あるいは履修課程の問題に関わらない」。しかしリンゼイの考え方は違っていた。彼女は直ちに、校内の事務所棟の中の、マイケル・チュンの学長室の真向かいに自分の部屋を用意させる。そこで人事に介入し、履修計画について命令を出し、さらには1本10セントのボールペン250本に至るまで個々の項目について細かく質し、事実上、学校の予算を乗っ取ってしまう。

　数ヶ月後、リンゼイは他の受託者たちからまた別な主任受託者、すなわちカメハメハキャンパスとカワイアハオ・プラザの本部双方について、通信・広報の担当を任される。するとじきに彼女は、活字になっているものはすべて、何にでもチェックを入れるようになる。カワイアハオ・プラザでは、このチェックは、宣伝文からニュースレターの文面、社交の招待状からクリスマスカードのデザインに至るまで、すべて含まれた。同様に学園では、お知らせ、手引き、事務書類の書式、告示板上の指示、教員たちから生徒たちの両親への手紙、さまざまなチケットやマグネット、Tシャツ上に書かれた文字や言葉遣いにまで、じっくりと目を通して口を出した。

　信託本部でも学園キャンパスでも、チュンとは別な理由で、リンゼイの姿は常に見られた。彼女は特大の専用駐車スペースを要求し、自分で「歩きまわる経営」と呼ぶ行動にいそしむ。肩のいかったジャケットを着て、片腕に着けた1ダースほどの重い金のブレスレットをジャラジャラいわせながら、大抵、取巻きを引き連れて、呼ばれもしないのに突然、教室やスタッフの部屋に入っていくのだった。

　リンゼイは絶えずビショップ遺産信託のスタッフたちに個人的な用を言いつけた。これには些細なこと（買い物、孫の送迎）のみならず、大きな用件も含まれた。彼女の海辺の別荘の改修の際に州と郡の規則により変更が必要となった時には、2人の上級職員に命じて対応に当たらせている。彼らは信託本部での仕事をしながら、13ヶ月にわたって、1人は全部で150時間、も

う 1 人は 30 時間、余計な超過勤務をさせられてしまう。それから、問題な
のは旅行である。リンゼイは島内を、いつも取巻きを連れて飛行機で旅行し
たが、その際、ファーストクラスの席がしばしば彼らのみで占拠されていた。
その他にも数えきれないほどの米国本土とアジアへの旅があり、常にファー
ストクラスで、それもお仲間を出発ぎりぎりになって加え、旅費予算を使い
果していてもお構いなしであった。ラスベガスには少なくとも 16 回出かけ
ており、その最初の旅行は受託者になってわずか 6 週間後であった。彼女は
これらの旅行について一切、報告書を提出していないため、受託者としての
仕事とどのような関連があったのかは不明である。このような行動は、信託
財産から個人的に利益を得てはいけないという受託者義務に違反するだけで
はなく、常識にも反するものである。

　　リンゼイは人気のあるカメハメハ学園学長とそりが合わなかった。彼女曰
く、決して個人的に嫌いというわけではない、彼は感じの良い善人だとは思
うが、ただ仕事はできない男だ。彼女はチュンに、副学長が必要だと告げる。
チュンは断ったがリンゼイはしつこかった。リンゼイはチュンに誰でも好き
な人を選んでよいと言ったが、ただ彼女のリストからという条件付きである。
リンゼイのリストには 2 人載っていた。ひとりはギルバート・タム。彼はビ
ショップ遺産信託の従業員として長いが、教育者としての訓練や経験は全く
ない。もうひとりはロックン・フライタスで、以前はプロフットボール選手
で現在はハワイ大学で事務をしている。2 人ともリンゼイ、ピータースとウ
ォンに近い人物である。チュンはフライタスを選んだ。チュンとフライタス
は、オアフ島の風上の海岸のラニカイで隣同士で育ち、カメハメハでは一緒
にスポーツをした仲であったことが主たる理由である。
　　チュンは組織のあり方として、カメハメハ各部門の報告はこれまでどおり
直接、学長である自分にするようにと決めていたが、これにリンゼイは反発
する。新副学長が、チュンとその他全員の間に入るべきだというのが彼女の
考え方であった。じきに明らかになるのだが、彼女の意図はフライタスに学
園の運営をさせ、チュンはそれをみているだけというものであった。あらゆ
る主要な指示は、直接リンゼイからフライタスに行き、それから職員へとい

うかたちを取ることになる。

　教師たちはフライタスをリンゼイの代理人とみていた。すなわち、彼女の要求に、ためらいや不平なく従う人間である。教師たちは、フライタスとしばらく一緒に仕事をするうちに、この男は教育者としてまともに取り合える人間ではない、との確信を抱くようになる。ある時、履修科目についての話し合いの際に、教師たちは生徒たちがもっと物事を自分の頭で考え判断し、かつもっと効果的に自分の意思を伝えられるような新しい取り組みが必要だと主張した。フライタスはカメハメハの卒業生たちの４人に３人以上が４年制大学に進学しているとの統計を示しながら、次のように言ったとされる。「生徒が大学に行けるなら、その子が実際に字が書けるかなんて、何で俺たちが気にする必要があるんだ？」。初め教師たちは、「効果的に（effectively）」という言葉には「実際に」という意味もあるので、それにかけて彼が冗談を言っているのかと思ったが、そうではないことがすぐに判明する。

　カメハメハ学園学長就任当初から、マイケル・チュンとその妻ビナは、住まいのハレ・ペレキケナをあらゆる会合に利用してきた。生徒たちの両親や同窓生の歓迎会、ハワイの各種組織の長たち、非営利団体代表たち、知事や経済界の指導者たちなどの会員制ディナークラブであるカウ・カウクラブのメンバーを迎えてのパーティーなどである。チュン夫妻は一年中、３日に一度はもてなしの夕べを開いていた。この費用は安くはないが、リンゼイの目には高すぎると映る。彼女は食料調達の責任者を呼びつけ、ハレ・ペレキケナでのパーティーにかかった費用全額を、数字をごまかさないように厳しく警告したうえで、集計表にまとめるように命じる。この作業には１週間かかった。さらに、彼女はカワイアハオ・プラザの会計担当職員に命じて、チュンがビショップ遺産信託の資金で購入した物一切について、コンピュータ内の記録を打ち出させている。書面の厚さは６インチにもなった。

　リンゼイの無意味な細かさと管理に苦しめられたのはチュンだけではない。カメハメハ全体の教師と職員全員が圧力を感じていた。彼女の微に入り細をうがつような管理はすべての領域に及んだが、とりわけ、自分がその道の専門家であると自認している教育の分野で目立っていた。そのような分野のひとつがハワイ語の授業である。彼女自身はハワイ語を読むことも話すことも

できなかったのであるが。

　長いこと、カメハメハでのハワイ語教育は言語の専門家が担当していた。リンゼイはそれが気に入らなかった。教師たちは新しい言葉を使いたがる。たとえば、テレビという言葉であれば、「動く絵がある箱」という意味になる昔のハワイ語の組み合わせではなく、比較的新しいハワイ語「キウィ」を選択する。それが彼女には不満だった。しかし教師たちは、ハワイ語の存続のためには新しい言葉の導入が必要だと考えていた。これがリンゼイの目には、彼らが祖先の言葉を汚しているように映った。

　最初の小競り合いは何でもないことから始まった。ある時、ひとりの生徒の親がハワイ語部門で30年になるベテラン教師に電話をかけ、女子バスケットボールチームのTシャツをハワイ語で何と言うのかと聞く。教師は、比較的新しい言葉だが今では一般的に使われる「ポヒナイ」という言葉を教える。リンゼイはこれを聞くと、「ポヒナイ」は王女パウアヒの時代にはなかった言葉であるから受け入れられないと言う。自分を支持させるために、リンゼイはハワイ語委員会を設立する。自分の秘書をそこの議長に据え、カメハメハのハワイ語教師たちは一切そこに入れないことを徹底させた。

　ハワイ語の教師たちはリンゼイとの話し合いを申し出る。会合は王女の実母の名を取ったコニアホールで行われることになった。その日早いうちに教師たちは、カメハメハ高等部校長のトニー・ラモスから、「彼女とけんかしても無駄だぞ、絶対負けるから」と警告されていたので嫌な予感がしていた。自分たちでよく話し合い、とりあえず会合には行くことにする。

　会はハワイ語の祈り〈プレ〉と軽い飲み物で始まる。その後、リンゼイは黒板まで歩いていき、教師たちが事前に書いておいた一連の協議事項を、「こんなものいらないわ」と言って消してしまう。彼女は部屋の一番前のテーブルに座り、教師たちに、自分の父方の先祖はカメハメハ大王の助言者であったヘワヘワであると宣言したうえで、自分の責任のひとつはご先祖の言語と文化を守ることであり、「『伝統的』ハワイ語を教えることに失敗し、その結果それを保持できなければ、『文化の殺戮』につながるのだ」と言う。彼女はさらに続けて、王女の遺言により受託者には「直接介入」する全面的な権限が与えられているから、自分はまさにそれをしようとしているのだと

告げる。

　ラモスは正しかったと教師たちは悟る。メッセージは明瞭であった。「私の邪魔をするな」。

　リンゼイの独断専行は履修科目の問題に留まらなかった。1995 年のある日、ロバート・バン・ダイクと名乗る男がハワイの本や写真などから成る相当量のコレクションを、ビショップ遺産信託が 45 万ドルで買わないか、と言ってオズ・ステンダーに接近する。ステンダーが、興味がないと言うと、相手はすぐさま値段を 25 万ドルに下げてきた。そこでステンダーはカメハメハ学園のハワイ収集物管理責任者にその一部を見本として見てもらう。彼女は、これらは学校にはほとんど無価値だと言ったため、ステンダーは申し出を断った。

　その 6 ヶ月後、バン・ダイクは同じ物を、50 万ドルでどうかと今度はリンゼイにもちかける。彼女はもっと安くならないかと尋ね、彼が 42 万 5,000 ドルに下げると、彼女は彼によそに売らないでくれと頼む。彼女は購入のための時間が必要だったのだ。学校の誰にも告げずに、リンゼイは受託者の集まりの時にこの問題を持ち出す。彼女は他の受託者たちに、自分はハワイの文物には詳しく、自分の意見では、「バン・ダイク・コレクション」は言い値よりもはるかに価値があるものだと告げ、これを「教育的目的」でぜひ受託者たちは購入すべきだと強く勧めるに至る。

　受託者たちは 4 人の全員一致でこの購入を決める。ステンダーは欠席だった。しかし、受託者たちは 2 つ条件をつける。ひとつは、コレクションは間違いなくバン・ダイク自身の所有であり、他人のものを売るのでないことを証明すること。2 つ目は、独立の専門家がその価値が言い値相当であることを鑑定することである。所有権の証明と鑑定書が契約書に加わるまでは、42 万 5,000 ドルは第三者預託（エスクロー）とするとされた。リンゼイがこの条件をバン・ダイクに告げると、彼は所有権証書を全部揃えるのはたぶん難しいし、鑑定をするのは時間と金の無駄だと言い、すぐに支払ってくれないのであれば、この取引を取り消して、満額で買ってくれる人に売ると言う。

　リンゼイは彼に考え直してくれるように頼み、25 万ドルを直近で支払い、

残りは鑑定書ができてから支払うと申し出る。彼は同意し、リンゼイは誰にも言わずに無断でエスクローからお金を送金するように命じた。

　ヘンリー・ピータースが購入に賛成したのは、彼自身の計算あってのことである。鑑定をアルバート・ジェレミーにさせることが彼の条件であった。弁護士のジェレミーはヘンリーの親しい友人であり、市庁の問題に目を光らせるという名目で月 7,000 ドルの顧問料をすでに受け取っていた。彼の鑑定人としての唯一の資格といえば、昔、週末にスポーツカードや切手、ミルク瓶の蓋といったガラクタを売り買いして小遣い稼ぎをしていたということくらいであった。後に、なぜ彼が鑑定人に選ばれたのかと聞かれ、彼は「私は収集家だ。受託者たちは誰かに自分たちの買ったものを見て欲しかったわけだから。何か問題でも？」と答えている。

　ジェレミーは、「バン・ダイク・コレクション」は購入価格よりも数段価値があるという意見をつけて 3 万 5,000 ドル受け取ったとされる。契約は完了し、コレクションはすべてキャンパスに運ばれた。この時初めて、カメハメハのベテラン収集物管理責任者がこの全体を見ることになるのだが、以前ステンダーが見本を見せた時と同じことを言った。すなわち、カメハメハ学園には何の価値もないものです、と。

　この一件に加えて、また、リンゼイは自分を教育技術、具体的にはコンピュータの専門家であると自認していた。カメハメハキャンパスに自分の部屋を用意させてまもなく、EMG という会社に、キャンパス内に遠距離学習計画を展開させることを思いつく。EMG はアリゾナ州に本拠地があり、人工衛星を通じて学習科目を提供することを専門としていた。この会社とはリンゼイがまだマウイ島の州教育省にいた時に、同社の経営陣と知り合って以来の縁である。

　EMG はカメハメハには最新のハードウエアとソフトウエア、キャンパス全体をつなぐワークステーション、EGM 本部から送信される学習内容を受け取る衛星放送受信アンテナ、およびそのメンテナンスが適当ではないかと薦めた。8 点のワークステーションに水先案内プログラムが必要であり、それには各教室への 500 台のコンピュータ、その基盤設備とサポートが欠かせ

ないとなって、その見積もりは少なくとも 3,000 万ドルにまで膨れ上がる。

　カメハメハのシステムアナリストは EGM の提案は「曖昧」であり、ワークステーション 1 台あたり最低でも 4 万 1,000 ドルの計算になると言って批判した。この数字は「常軌を逸している」。リンゼイはこの報告書を見て、このシステムアナリストをこの件から外すことを要求する。彼女曰く、彼は EMG との「つなぎの重要人物」ギルバート・タムの邪魔をしている。ギルバート・タムとは、ほかでもない、かつてマイケル・チュンがリンゼイの副学長リストから選ばなかった方の人物である。

　リンゼイは EMG と仕事をすることを好んだ。ある時、会社の営業の女性がリンゼイと夫のために、ジェット機を借り切る手配をして、ロックン・フライタスとその友人ベン・ブッシュ 3 世も一緒に、ニューオーリンズまでスーパーボウルを見に連れていった。普通こんなサービスはしない。しかし、この会社はカメハメハには合わなかった。そこの教材はカメハメハには適さず、教師たちは利用したがらなかった。さらには、EMG のソフトウエアは専売商標登録されているために、カメハメハでは他のソフトウエアをロードしたりシステムを修正したりすることが一切できず、使い勝手がすこぶる悪い。契約書は全く交わされていなかったが、EMG は「口頭での注文」に基づいてビショップ遺産信託に請求書を送る。誰かがおかしいと疑問を口にし始める前に、ビショップ遺産信託は 500 万ドルから 600 万ドルを支払う。いよいよ取引全体に査察が入りそうになると、書類ファイルは鍵のかかったキャビネットから消え始めた。そうこうするうちに EMG のサービスは中止され、ハードウエアの一部は取り外され、その他残りすべては捨てられることとなる。

　マイケル・チュンが学長に就任して後、数年間は、カメハメハの教師たちとスタッフ一同は多くの会議や勉強会を開いて学校のあるべき姿とその将来像を話し合っていた。その成果は「来世紀を見据えた優れた教育の実現——1990 年代に向けた戦略」と題して報告書にまとめられ、リンゼイが受託者に加わる 1 年前に、他の受託者たちや外部のコンサルタントからの干渉なく仕上がっていた。これは上からの押しつけという形ではなく、下の者の意見

も十分に反映させたものである。その言わんとするところは、カメハメハ学園の経営陣も教師たちも、学校を社会のリーダーを育成する場にしたいということである。カメハメハに入学できるだけの学力がないハワイの子どもたちは、信託による拡大プログラムを通して支援しようという立場であった。

　リンゼイはこの報告書をゴミとして捨て、自身のコンサルタントを雇ってカメハメハの教育プログラムを、キャンパスの内と拡大プログラムの双方について改めて評価させる。数百万ドルの費用をかけて、彼らは山のような統計と5つの案を出してきた。1995年4月17日、受託者たちは全員一致で「前進」と名づけられた案を採用する。この案は信託の進むべき方向にまた新たに大変化をもたらすものであった。この案の主要点はマウイ島とハワイ島に新しい学校をそれぞれ建設し、そこを中心として幼児プログラムを展開するというものである。この案は、今ある拡大プログラムを事実上即時廃止して、その代わりに新校舎を複数建設しろというものであるからお金もかかる。

　この30年、カメハメハ学園で学ぶことのできないハワイの児童が増大し続けている現状を受けて、出張幼児プログラム、若い片親と乳児のための教育、および非公式学習センターは、カメハメハの重要な使命と考えられてきていた。この長きにわたって続いているプログラムを投げ捨てる理由は、2方向から出ていた。ひとつは、拡大プログラムは費用の割には効果が薄いという、リンゼイのやらせた調査統計報告である。2つ目は弁護士たちからの助言である。彼らは、拡大プログラムは王女の遺言文言に反し、かつ信託の課税免除の地位を危うくする、と言ったらしい。リンゼイ曰く、カメハメハの唯一の公益的使命は、子どもたちを自前の施設で、自前の教師を使い、自前の履修科目で教育することであり、それ以外はすべて面倒を自ら呼び込むようなものである。彼女は、1910年の準州時代のハワイ最高裁判断を引き合いに出す。「王女パウアヒの遺言に述べられたあらゆる『支援と教育』はカメハメハ学園で提供されなければならない」。しかしながら、法的権威を持ち出すのであれば、ビショップ遺産信託のキャンパス外拡大プログラムを特に認めた1962年の検認裁判所決定もあるが、彼女はそれには触れていない。

受託者たちによるこの決定は信託を芯から揺るがす。歴史上初めて、ビショップ遺産信託で職員たちの解雇が始まる。全職員の14％に当たる171人がクビなった。すべてが痛々しいほどに不当であった。2週間の告知で突然終了させられたプログラムもある。解雇された職員が次の仕事を探すための支援は全くといっていいほどない。受託者側から提供された退職手当は、まるで侮辱であった。数十億ドルもの資産を有する大組織が床にピーナッツを投げ捨てて、彼らに拾えと言っているようなものである。しかも、そのわずかな金額さえ、受け取るにあたっては、受託者たちを訴えないという書類に署名しなければならなかった。このような取り扱いはビジネスの世界であれば異常ではないのかもしれないが、ビショップ遺産信託はハワイの価値に根ざしていると主張する公益組織なのだ。そこで働くということは信頼と相互支援関係にある〈オハナ〉に所属することだ、と人びとは信じてきた。その絆を唐突に断ち切られて、人びとは裏切られたと感じる。

　チュンは他の島に学校を建てることには反対だった。ハワイ地域社会での学習センターと拡大プログラムの方が、恵まれない状況にある子どもたちには向いていると信じていたし、大規模な煉瓦とモルタルのキャンパスを造るよりもお金もかからなかったからである。しかしチュンは意思決定からは完全に排除されていた。

　ステンダーはサテライト学校のアイディアは気に入っていた。これが別な島々での新キャンパスの名称である。しかし彼は拡大プログラムのファンでもあった。彼が拡大プログラム廃止に賛同したのは、ひとえに、ビショップ遺産信託は新キャンパスとそれの両方は維持できないと聞かされていたからにすぎない。しかしながら、この決定が出た後に、ステンダーはビショップ遺産信託の財務状況を調べ直し、その結果、新キャンパスと拡大プログラムの両方をまかなってもまだ十分に余裕があるという結論に達する。彼はその数字をメモにして他の受託者たちに考え直すよう頼んだが、リンゼイ、ピータース、それにウォンはメモを無視した。ジャービスは次のように書いて寄越す。「5人全員が同意した。みんなで手を取り合い、祈って同じ結論に達したんだ。その後になって自分だけ勝手なことを言ってもダメさ」。

　リンゼイの支配下で、キャンパスの士気は劇的に沈むことになる。彼女は、勤務5年契約は過去のものと宣言する。今まではそれが標準形態であったのだが。今ではスタッフ一同、各自が毎年、契約の更新を迎えることとなった。ある年には、彼女は教師たちに夏休みを早く切り上げてキャンパスに戻り履修科目を全面的に見直すよう命令する。教師たちは、本来は数ヶ月かかる仕事を2ヶ月で仕上げなければならなかった。彼らは何とか期日までに仕上げたが、それはリンゼイの気に入らず、彼女はすべて突き返す。

　1996年、マウイ島の新キャンパスが1週間遅れで、かつ大混乱の中、開校する。リンゼイはこれもまた、チュンの無能さの新たな証拠だと皆に語っている。チュンは、リンゼイの明確な許可なしに人を雇うことも物を買うことも全くできなかったのだが、実は開校の7週間前になるまで、必要な許可が出なかったのだと、非公開の場で述べている。彼の要望書は1年以上もリンゼイの机の上に置かれたままだったのである。

　この頃、チュンは、ほとんどもてなしのパーティーを開いていない。日曜日の教会では憔悴しきった姿が見られている。ある時、彼は病気で終日ベッドの中にいたため、新しい教育戦略計画書の締め切りを守れなかった。ようやく受託者たちのところへ持っていくと、リンゼイはチュン本人や他の人々の見ている前でそれをゴミ箱に投げ捨ててしまう。

　キャンパス内には、リンゼイが自分の機嫌を損ねた人間を捕まえにやってくる、誰も無事では済まない、例外はいないのだ、という強迫観念が蔓延していた。第二次世界大戦前にゲシュタポに逮捕されて強制収容所に送られたドイツ人司祭マーチン・ニーメラーの有名な一節がコピーされ、回し読みされる。

　　ナチは最初、共産主義者を捕まえに来た。私は共産主義者ではないから声を上げなかった。次に彼らはユダヤ人を捕まえに来たが、私はユダヤ人ではないから声を上げなかった。さらに、彼らは労働組合主義者を捕まえに来たが、私は労働組合主義者ではないから声を上げなかった。今度は彼らはカトリックを捕まえに来たが、私はプロテスタントだからやはり声を上げなかった。最後に彼らは私を捕まえに来た。その時には

私のために声を上げてくれる人は誰も残っていなかった。

　そのコピーの追伸には政治哲学者エドマンド・バークの次の一文が引用されていた。

　　「邪悪が勝利するのに必要なたったひとつのことは、善人たちが何もしないことである」。

　キャンパスで起きていることをつかの間だけでも忘れさせてくれるものがあるとしたら、それは合唱コンテストであった。毎年、この一晩の催しは学校生活のハイライトであった。合唱コンテストは1921年にクラス対抗の聖歌隊大会として男子校から始まった。女子校のそれは1922年に始まる。

　1964年には、合唱コンテストはその規模が大きくなり過ぎてカメハメハキャンパスではおさまりきれず、ホノルル最大の屋内会場に移された。そこで毎年、大勢の人びとが鑑賞するのである。合唱コンテストは1960年代、1970年代、1980年代を通して拡大を続け、今ではカメハメハを挙げて時間とエネルギーを注ぎ込む学園生活唯一最大の催しとなっていた。毎日の練習のために、2ヶ月間各クラスの時間割りは変更調整されるほどである。高校生全員が参加した。1980年のコンテストの時は、生徒、教職員および卒業生の時間を4万1,000時間費やしたと計算した者がいた。つまり、各合唱の1分1分のために何百時間もの準備と練習が費やされたわけである。

　1997年は特別な年であった。この年は合唱コンテストが始まって75年になる記念の年なのである。いつものように、高校では準備一色であった。すなわち、選曲に始まり、1,800人の歌い手と踊り手のリハーサルのスケジュール調整、衣装、音響、照明、レイおよび食事の手配、生徒の親たちからなるボランティアとの協力調整、および警備のための非番の警察官の採用である。総予算は25万ドルとテレビ局スポンサーからの寄付が少々というところであった。

　合唱コンテストの責任者は、卒業生のひとりでカメハメハ芸術部門監督のランディ・カムエラ・フォンである。彼は、キリスト教の神とハワイの神の

合唱コンテストに向けて練習する生徒たち。男子校で 1921 年に、女子校で 1922 年に始まり、いまでは生徒たちにとって年に一度の大切な行事となっている。

双方を作品に取り入れて、歌と踊りに伝統を生かしながら同時に新しさも表現した。

例年どおり、1997年コンテストはホノルルのブレイズデル・センターで行われることになっていた。本番の前日、生徒たちがクラスごとに分かれて固まり、一日中、通しの舞台稽古が行われる。入場と退場、音響チェック、照明調整が繰り返される。それが朝早くから延々と続き、昼過ぎには生徒たちは飽きてしまい、落ち着きがなくなり、何か気分転換がしたくなる。そこで生徒会長カマニ・クアラオはマイクのところへ行き、受託者紹介の練習を始めた。受託者たち自身は本番まで現れることはない。クアラオがロケラニ・リンゼイの名前を読み上げた時に、ブーイングが爆発する。

その午後、実際に何が起きたかについては、その場にいた人の数だけ話があり、ビデオ映像もテープ音声も残されていないため、本当のところはわからない。ブーイングは組織的・計画的なものでかなり持続したという者もあれば、自然発生的でパラパラと起き、すぐにおさまったという者もいた。9年生から12年生まで全員が参加していたと言う者もいれば、最上級生だけだったという者もいる。本質的に敵意に満ちたものであったと言う者もいれば、ただふざけただけで悪意はないという者もいた。このエピソードは何ということのないものなのかもしれない。あるいは重大な意思表示なのかもしれない。

数分のうちに、このいずれかの話がカワイアハオ・プラザに届き、ディッキー・ウォンが次のように罵りながら廊下を行ったり来たりしていた。「合唱コンテストなんて＊＊食らえだ。ガキどもが敬意を表せないなら、今すぐにでも中止させてやる」。翌朝、本番当日、ウォンは高等部校長トニー・ラモスに会いに、珍しくキャンパスまで出向く。ウォンはラモスに、生徒たちをどうにかするよう要求する。学校は「攻撃犬」を訓練する場ではない。もしこれ以上リンゼイへのブーイングがあるようなら、ラモスは即クビである。

その日、ラモスはチュンと並んで、クラスからクラスへ礼儀と常識を説いて廻った。その晩の合唱コンテスト本番ではリンゼイへのブーイングはなかった。彼女は他の受託者たちと同様に、聴衆から礼儀正しい挨拶を受ける。最も大きな拍手は、予想どおり、生徒たちからチュンへのものであった。

　合唱コンテストまでの日々、ランディ・フォンはカメハメハを辞めること
を決心していた。適切な支持を受けられていないと感じていたためである。
しかし本当の問題はそれではなかった。フォンは、リンゼイの下でキャンパ
ス生活がどんなに悪化したかを明らかにしたいと念じ、それには辞任が最も
威力があると考えたのである。しかしフォンの妻はまだカメハメハ学園で働
いており、かつ息子もカメハメハの生徒である。彼は報復を恐れた。幸い、
フォンとピータースの家族はつながりがあったため、フォンはピータースと
一対一で会って、なぜ自分が辞任するのかを説明し、その上で彼に「保護」
を求めた。ピータースはフォンに、リンゼイに会って徹底的に話合うとよい
と助言し、フォンも同意する。その会合に備えて、彼は話し合いたい事柄を
すべて書き出す。自分とリンゼイにそれぞれコピーを用意した。

　リンゼイはリンゼイで言いたいことがあった。マイケル・チュンへの非難
から始まり、その声は段々と大きくなり金切り声となってホール中に響いた。
それが何分も続く。罵りがようやく止むと、フォンはリンゼイに問題はチュ
ンではなくあなただと告げる。「私の話を聞いて欲しい。態度を改めて欲し
いのです。人びとを傷つけ、学校を傷つけ、こういったことはやめなきゃ
いけない」。2 人は何時間もやり合い、ともに疲労困憊して和解らしきものに
達する。ともに祈りましょうと言い、リンゼイはフォンに、あと 1 年留まっ
て欲しいと頼む。リンゼイ曰く、自分が初めて受託者になった時に、他の受
託者たちにカメハメハを 5 年で立て直すと約束したのだと。自分にはあと 1
年残っている。カメハメハを良くするためにフォンにも協力して欲しい。そ
の時突然、彼女は咳の発作を起こし息苦しくなり、秘書に薬を取ってくるよ
う言いつけながら部屋を出ていき、それっきり戻らなかった。

　この話を聞いてステンダーは他の受託者たちにメモを書く。その中で、彼
はフォンの辞任の脅しは事態が非常に悪いことの明白なあかしだと述べてい
る。すべての問題の原因は、元を辿れば「マイクロマネジメント」――教育
担当主任受託者としてのリンゼイによる支配の別名――にあるから、解決策
としては、「カメハメハ学園の運営を、学長マイケル・チュンとそのスタッ
フに戻すことしかない」。

　受託者たちの次の会合は 1997 年 4 月 29 日であった。その日、マイケル・

チュンはその場にいなかったが、彼のことが議論の中心である。彼は有能か？　リンゼイ曰く、彼は無能だ。彼女はさらに続けて、その他の運営陣も、自分が副学長に据えたフライタス以外は、皆、無能だと言う。ステンダーは、チュンが身動きできないのはリンゼイのせいだと答えている。議論は熱を帯びて長く続いたが、結論は出なかった。

　会合の後、ステンダーはまた別なメモを書く。その中で、カメハメハのスタッフを無能呼ばわりすることは彼らを侮辱するものだと述べている。チュンが仕事をしていないというリンゼイの主張については「受託者たちは彼から仕事を取り上げてリンゼイに与えた。船長を２人据えておいて、その後で、船が沈むのを１人のせいにすることはできないとだけ言っておく」。

　これに対し、リンゼイは自分のメモで反撃に出る。「われわれ受託者の会での詳細に関する絶対秘の合意をステンダー氏が無視したことは腹立たしい限りです」。リンゼイによれば、メモを書いてそれを自分の仲間に廻していることによって、ステンダーは守秘義務違反を犯し、かつ受託者たちへの敵意を表したと認められる。

　　　噂、非難、指差し、そして難癖をつけるといった一連のことは、「カメハメハスクールズ／ビショップ遺産信託」の最高レベルから出ている行為、すなわち受託者の特定のひとりによる故意の行為によって煽られています。ステンダー氏は自分の目的のためにこの状況を操作し続け、特定のスタッフを奨励して破壊的メッセージを届けようとしているのです。ステンダー氏のお陰で、マイク・チュンとビナ・チュンはわれわれに対する当てこすりとデマを広めることにいそしむことができるのです。

さらに続けて、拡大プログラムは無駄で、キャンパスにははっきりとした履修計画も教育戦略も何もなく、これらすべて、学長側の指導力の欠如のせいであるという、いつものお題目が繰り返される。彼女はチュンが人目を引く表看板であることは認めるが、今必要なのは、そして何年も必要とされていたのは象徴ではなく、有能な教育者であると言う。「そしてわれわれが学長として最も必要としないのは、高い給料を貰いながら、『カメハメハスク

ールズ／ビショップ遺産信託』の利益ではなく自分の個人的利益を優先する
自己中心的個人です」。

これで終わりではなかった。リンゼイは自分のカメハメハとの関わりをマ
イクロマネジメントではなく、自分の聖なる義務の遂行と解説するのである。

　　私は最高裁判事たちから受託者に指名されました。それはひとえに私
　の教育者としての 30 年の経験、教師・校長としての経験、および 11 年
　近い地区教育長としての経験を評価されたからです。受託者として、私
　は王女パウアヒの遺言の趣旨を永続させる責任を果すことを誓いました。
　すなわち、この信託に対し、不断の努力で最高の忠誠と注意義務を果た
　してもちこたえさせる責任です。そして信託法の精神に則って、「カメ
　ハメハスクールズ／ビショップ遺産信託」の目的を慎重に執行するもの
　です。学園が適切に運営され、生徒たちが彼らにふさわしい教育を受け
　られるように、私のもつあらゆる経験、熱意、能力および私の愛を用い
　ることが私の責任なのです。それが私の仕事です。

リンゼイはカメハメハを害する人間がいるとすれば、それはカメハメハを
「沈み行く船」と評したステンダーであると言って締めくくる。ステンダー
に教育のことが少しでもわかるならば、ぐちぐちと文句を言うのをやめて彼
女と一緒に「正しいコースに乗って、われわれの使命に誠実に、王女様に忠
実に、そして常に、常に生徒たちの最善の利益のために、不断に努力して前
を向いて航海していくべきです」。

第 10 章
行進しかない！

　カメハメハの〈オハナ〉すなわち、生徒、教師、両親および卒業生から成るカメハメハを愛する人たちは、ロケラニ・リンゼイが、彼らのキャンパスを猜疑心と恐怖に満ちた場所、誰もが報復の恐れなしには自らの良心に従って行動できない場所に変えてしまったことに、徐々に気付くようになる。他の受託者も、判事たちも、検事総長も、監督官も、あるいは検認判事さえも、誰も彼女を止めようとしていない。これが〈オハナ〉に思い切った行動を取らせることになる。彼らの多くにとって、失うものは大きいにもかかわらず、このまま見ない振りを続けることは、自分たちの子ども、自分たちの学校、王女の遺産といった大切なものに、あまりにも大きな危険が及ぶ。初めはひとりまたひとりと、そのうちに集団で、彼らは行動に出るようになる。

　カレン・カレオラニ・ケアウェハワイ・ファリアスはカメハメハ学園には通わなかった。しかしその気がなかったわけではない。彼女の両親は毎年、彼女を車に乗せて入学試験を受けさせるためにキャンパスまで送っていった。車の中で手を握り合い、神さまがわが子をカメハメハに迎えてくれることを祈りながら。そしてそのたびに、しばらくして彼らは手紙を受け取った。「親愛なるケアウェハワイ御夫妻：誠に残念ですが……」。
　それから30年、カレン・ファリアスの4人の娘たちは全員カメハメハに

入学を認められている。娘たちに教育を与えられたことに、そしてとりわけ娘たちがハワイ語を話せるようになったことに対して王女に感謝していた。1997年には上の2人はすでに卒業している。マイケル・チュンが首になりそうだという嫌な噂を下の2人がもってくると、ファリアスは何かしなければという思いに突き動かされる。それで娘たちに請願書を書くように勧める。それも反リンゼイではなく、チュンの支援というかたちで。請願書はハワイ語で始まり英語で締めくくられた。「私たち、すなわち下に署名した者たちはマイケル・チュン学長の働きに感謝しかつ支持しています。学長は献身的にカメハメハ学園のために働き、パウアヒの子どもたちを鼓舞し続けてくれています」。

ファリアスはこの請願書をキャンパスに持っていく。彼女は積極的に抗議の声を上げるタイプではない。しかし常日頃、娘たちに正しいことをするようにと話していた。「ですから私がそういうことを言いながら、ただ黙って座って事態の成り行きを見ているだけなら、自分で言っていることを実践していないことになります」。彼女は放課後の駐車場で署名を集め始める。生徒たちは「請願」という言葉を聞くとそのまま通り過ぎたが、その後で「チュン学長」という言葉が聞こえると戻ってきて署名をし、他の生徒にも署名をするようにと呼びかけた。毎日、午後になると、生徒たちは彼女の車が現れるのを待つようになっていた。ますます多くの生徒が署名に応じ、中には自分の名前の横に一言添える者もいた。「マイク叔父さん、大好きです」。「ここにいてください」。

1997年の4月、生徒会長カマニ・クアラオはプールの傍で、最上級生の生徒会役員と話をしていた。彼らは全員まもなく学校を卒業するが、学長の頭上に暗雲が垂れ込めたままカメハメハを去りたくなかった。相談の結果、卒業後にキャンパス便り「カモイ」に手紙を載せてもらうことにする。執筆者は生徒会長のクアラオと12年生会長ジェームス・モニッツである。生徒たちがどんなにチュンに感謝しているかという内容にする予定だった。

クアラオは行動派である。7年生の時にカメハメハに寄宿生としてやってくると、彼はカメハメハの歴史と王女パウアヒについて調べることを自分に

課し、放課後、学校の記録保管所で何時間も過ごしている。チュンが毎年、中等部寄宿生のために開くパーティーでは、チュンのところへ行って自己紹介し、握手して会話を交わした。それ以来チュンは、彼のことを、シャツをきちんとズボンに入れ、清潔で身だしなみのよい、実年齢よりも大人びた若者として記憶している。

　クアラオは運動神経抜群というわけではなかったが、とりあえず陸上競技を選択する。その中でも、てこの原理で最大高度を得る棒高飛びを選ぶ。彼は何事であろうと常に高みを目指した。将来はビショップ遺産信託受託者になりたいと思っていて、そのことを口に出してもいる。ステンダーが薬物に関する会議でキャンパスに来た時は、クアラオは自己紹介し、ステンダーに寄宿舎内を案内している。2人はこれからも連絡を取り合うことを約束し合った。

　チュンは、自分の娘カイリがカメハメハ卒業後にプリンストン大学に進学しているので、クアラオにもプリンストンを志願することを勧め、強力な推薦状を書く。さらに、かつてチュンとハレ・ペレキケナで食事をともにした、プリンストン大学卒業生でそこの大口寄付者でもあるウィリアム・"ドク"・バイアースにも連絡する。チュンとバイアースの支援で、クアラオはプリンストン大学に入学する。彼の家族はマウイ島の入植者で、アイビーリーグの費用を払う余裕はなかったが、プリンストンから奨学金を受けることができ、足りない分はカメハメハが払うことに決まった。

　キャンパス便りに何か書くことを決めた数日後、クアラオはステンダーから電話を貰う。ステンダーは、チュンについての長く騒々しい、頭にくるような受託者会議からちょうど戻ったところだった。彼はクアラオに告げる。「どうも彼をお払い箱にするらしい」。

　クアラオはステンダーに、チュンを支援する手紙を書く計画を話す。ステンダーから聞いた話を受けて、クアラオは、手紙をむしろ受託者たちに送った方がいいかな、それより日刊新聞の編集者の方がもっといいかな、と訊く。それに対し、ステンダーは、手紙は最高裁判事たちに送った方がいい、彼らにリンゼイの指名責任があるのだから、と答える。

　クアラオとモリッツは手紙を起草した。一番上に、彼らは「カメハメハ学

園の生徒からハワイ最高裁判事殿へのメッセージ」と書く。その中で、2人は自分たちの受けた教育を賞賛し、その後チュンの話へともっていく。

　　悲しいことに、カメハメハを今の素晴らしい水準にまで引き上げてくださった私たちの学長、マイケル・チュン博士がまもなく辞任させられそうです。今でもすでに、学長は何をする力も奪われており、この上さらに侮辱が加わることになるのでしょうか。チュン学長がカメハメハの〈オハナ〉の面々およびハワイ社会に差し伸べてきた深い愛を見てきた生徒として、彼の指導力の完全さに疑問を挟む者がいるとすれば、大変遺憾に思います。チュン学長の「辞任」にはさまざまな理由があるのでしょうが、カメハメハは現在混乱の中にあり、これは学長の辞任と関係のない話ではありません。わが校の優秀な教員の数人は、この学年度末に辞めるか退職の予定です。さらに多くが現在の受託者たちの新しいやり方に不満をもっています。こういったことすべてが、私たちの友人やクラスメイトたちに悪い影響を与えています。カメハメハの教育の質の劣化が、やがて目に見えてくると思います。最低の士気の状態では、優秀な教員たちはどこかよそへ出ていくでしょう。何かなされなければなりません。多くの人はカメハメハ学園の究極的責任は受託者たちにあると考えているかもしれません。しかし私たちはそうは考えません。私たちは、貴方がたこそ、ハワイ最高裁の判事殿こそ、ビショップ遺産信託の受託者指名者として、私たちの学校の本来の姿を保障する責任があると考えます。政治を脇に置いてお聞きしたいです。これが王女パウアヒの望まれたことでしょうか？　皆様の良き御判断に期待します。

　翌朝、クアラオは自分のクラスおよびその他の2クラスで手紙を読み上げた。すると彼は呼び出され、校長室へ行くように言われる。彼が行くと、校長のトニー・ラモスは、今すぐに自分たち2人に会いたがっている人がいるのだと告げる。ラモスがホノルル繁華街にあるカワイアハオ・プラザにクアラオを連れていくと、2人はリンゼイの部屋へ案内される。ドアが閉められた。リンゼイはクアラオに、私は君と君の手紙についてさかんに電話を受け

カメハメハ学園の1997年の生徒会長カマ
ニ・クアラオ。

ていると話し始め、手紙はステンダーの入れ知恵だろうと訊く。いいえ、と
彼は答えた。自分の自由意思からしたことで、ステンダーから連絡を受ける
前から手紙を書くことは考えていたのだと言う。

　リンゼイはクアラオに、王女の遺言は「攻撃を受けており」君の手紙はそ
れに油を注ぐ行為であり、かつ新たな問題も生むのだ、私がチュンをクビに
したがっているというような噂があるが、とんでもないデマだ、と言う。さ
らに彼女は、私がプリンストン大学に電話して、クアラオは「煽動家」だと
告げたらどうする？　と訊く。そんなことはもちろんしないけど、と付け加
えて、人から陰で悪口を言われるとどんな気がするかわかって欲しいと思っ
ただけよ、と言う。

　そのうえで、リンゼイはクアラオに、人事に関する法律で禁止されている
からチュンについて言えないことがいろいろあるのだと言い、あたかもクア
ラオがそれを知ればチュンについての意見が変わるような事実があるかのよ
うな仄めかしをするのだった。「合唱コンテストの晩、君がチュンへの拍手

のやらせを画策したという告発があるけど、知ってる？」　あまりに酷い言いがかりであった。クアラオは罠に嵌まったと感じ、胃が締めつけられるように痛くなりとうとう泣き出してしまう。すると、突然リンゼイの口調がガラリと変わり、学校に戻れと言い、ここであったことは誰にも言ってはならない、もし内容が洩れたら誰が漏らしたかすぐにわかるから、と脅しとも取れる言い方をした。

　クアラオが部屋を出る時、リンゼイは彼の肩を抱き、愛してるわよ、と告げる。

　キャンパスに戻る途中、クアラオはラモスに尋ねる。「オズさんは皆でチュンをクビにしようとしていると言い、リンゼイさんはそんなこと話し合ったこともない、と言う。どちらが本当のことを言っているのでしょうか？」。ラモスは答えなかった。

　ハワイ島に住んでいた70代半ばのノナ・ビーマーは、カメハメハで起きていることを耳にする。彼女と家族はカメハメハと深いつながりがある。彼女の父は、ただひとりの女の子だったグラディス・ブラントと小学校で一緒だった。ノナ本人も兄弟姉妹も全員がカメハメハ学園に通った。彼女の2人の息子も同様である。彼女はカメハメハ学園の教師でもあり、ブラントとともに〈フラ〉の授業も始めている。ノナは今でも教職員や寄宿舎の中に、友人や親族が大勢いた。彼女が彼らからリンゼイの行動を聞くにつれ、最初の驚きは嘆きに変わり、最後には猛然と怒りが湧いてきた。彼女がホノルル・アドバタイザー紙の編集者に手紙を書くのに、ほんの2、3分しか要しなかった。

　　　ビショップ遺産信託の受託者ロケラニ・リンゼイはハワイの恥です！キャンパスでの生徒と教職員に対する彼女の高圧的行動は、全カメハメハ・オハナを完膚なきまでに傷つけています！　深い憂慮がハワイ社会、周辺諸島、そしてより遠くまで広がっています。リンゼイ女史の徹底管理は自己中心主義者の悪意に満ちたやり方そのものでしかありません！私たちは弾劾を求めます！　最高裁は正常な御判断を！

ノナ・ビーマーは 1941 年にカメハメハ学園女子校を卒業し、
後にそこで教師となる。1997 年にはカメハメハ同窓生たちが
ロケラニ・リンゼイに立ち向かうことを決意するきっかけを
つくった。

　ビーマーは 1997 年 5 月 3 日にこの手紙を書いて数人の友人にファックス
で送る。たまたま、その翌日の晩、レロイ・アカマインとレイナアラ・アカ
マインの自宅でクラス会が開かれていた。アカマイン夫妻は 2 人ともカメハ
メハとはつながりが深い。カメハメハでの生活がレロイに人生の意味と目的
を与えた。王女パウアヒの遺産にふさわしい、品性の正しい立派なハワイ人

になることをそこで学んだと彼は言っている。妻のレイナアラはカメハメハ同窓会の終生会員であり、カメハメハキャンパスで〈フラ〉を教えていた。彼らの息子もサマースクールで教えており、義理の娘の勤務先は事務の入学担当部局、孫はカメハメハ幼稚園に通園している。

　アカマイン家の集まりは1952年卒業のクラス会であった。このような集まりには通常、政治色はない。今回も次の同窓会を計画するためである。しかし誰もが何となく気にはしていた。

　レロイは1953年卒業の人も数人呼んでおり、その中には長年の友人であるオズ・ステンダーもいた。ポーレット・ムーアも同席していて、持参したビーマーからのファックスをその場で読み上げる。するとその場の空気は一気に変わり、出席者たちは、どうしたらビーマーを応援してカメハメハをまとも（〈ポノ〉）に戻せるかを話し合い始める。文書に署名すれば、責任ある介入であろうが、名前が出れば間違いなくリンゼイの目に触れる。ビショップ遺産信託で勤務していたり仕事上の関係があれば、または子どもや孫がカメハメハで学んでいれば、失うものは大き過ぎる。この手紙を即座に掲載することがよいことなのかどうか議論が続いた。ハワイ人にとってハワイの問題を公にすることは永遠のジレンマなのだ。特にこのような大きな問題は。全く悩ましかった。

　その同じ日、ロッケル・"ロッキー"・トクハラもまた、別な卒業生の集まりに出ていた。1970年代のカメハメハ時代、彼女は生徒会役員であり、問題には常に短刀直入に対処するのが彼女のやり方である。寄宿舎でのルームメイト、ロビン・マクア・ナカムラはカメハメハのハワイ語教師であるが、彼女からリンゼイが何でも支配しようとしていてそれが皆の士気を著しく下げているという話を聞いていた。トクハラはネットワークのある同級生に声をかけ、トニ・リーの自宅に集合する。トニは1959年の卒業で、祖父母、母、および2人の兄弟も全員カメハメハ出身者である。彼らはこの不満な状況打破のために、何か影響力のあることができないか、何時間も話し合った。トクハラは行動に出ようと言う。ここにいる人びとは皆、幸い、行動に出られる立場にある。彼らは誰もカメハメハやカワイアハオ・プラザで働いてはいないのだから。

　その晩遅く、トクハラはステンダーに、今出てきたばかりの集会のことを話す。すると彼もまたアカマイン家の集まりについて彼女に伝える。トクハラは２つの力を合わせようと提案したため、ステンダーは３日後の５月７日にパシフィック・クラブでの会合を設定することになる。

　1941年にノナ・ビーマーと一緒に卒業したロイ・ベンハムは、若い頃カメハメハの高等部で教えていた。教師になって最初の年、彼が舎監であった寄宿舎にステンダーがいた。

　５月５日の晩、ベンハムもまた別な同窓生の集まりに参加していた。ステンダーも一緒である。このグループは５月のリンゼイとの「自由会話の日」の準備をしていた。４月の「自由会話の日」の時はカメハメハの〈オハナ〉は自分たちが気になっている事柄について話題にしたのであるが、リンゼイは話したがらず、５月の時に返答すると答えている。

　ハワイでの「自由会話の日」とは、飲食しながら気楽なおしゃべりに興ずる日であったり、人びとの心にある、気になっていることを口に出す機会として利用する日であったりする。興奮しないという約束事の上で、何でも話してよい日なのである。カメハメハでは「自由会話の日」には歴史がある。重みを置かれているのだ。もし５月の「自由会話の日」がうまく行けば、問題を「公に」せずに解決法が見つかるかもしれない。しかし翌日、５月の「自由会話の日」はなくなったと聞かされる。リンゼイがウォンに話し、ウォンが「予定が立たないため」会を取りやめにしたのである。

　その頃、カメハメハのハワイ語教師デビッド・アイルは、カメハメハに30年勤務している英語教師のゲイリー・オブレヒトと話をしていた。両者とも、リンゼイ支配下で学校生活は耐えられないものになっていると感じていた。オブレヒトはある時、リンゼイが教師たちを集めて主催する会議の時に前に出て、尊厳と無礼についての祈りを捧げた。これにより彼はリンゼイの監視リストに載ることになる。アイルとオブレヒトは、リンゼイのせいでカメハメハがランディ・フォンを失うことをとりわけ心配していた。２人は今こそカメハメハの教員たちは団結して反対を表明する時だと決心する。

　５月７日の朝、アイルとオブレヒトは集会の通知を教員連絡箱に入れた。

1時間と経たないうちに2人は警告を受ける。集会を開くことを禁止はしないが、どうなっても知らんぞという校長からの警告である。後にわかるのであるが、誰かが連絡箱から通知を抜いたのだった。それでも、言葉の広がるのは速い。約30人の教員が集まった。カメハメハの教員の8人に1人である。

　会はハワイ語の祈り（プレ）と歌（メレ）で始まる。高等部のカウンセラーが口火を切り、アイルがその後を引き取る。他の者たちも続いて話すよう促される。まるで教会の中のようであった。空気は陰鬱で、声は悲しみに満ちていた。沈黙が支配していた。ひとりの教師が声を上げ、受託者たちと真に直接かつ力強く対決する抗議行動が必要だと言った。彼は、カメハメハでは教師たちは皆、黙っておとなしく食肉処理場に引かれていく羊だと言う。しかしこのような声は彼だけであった。多くの沈黙の声は、危険だ、わざわざ危ない中に飛び込んでも報復されるのは目に見えている、と言っていた。しかし同時に、何か非常に重大な危険が迫っており、ダムが決壊の淵にあるような、そんな差し迫った感覚もあった。5月13日に再び会うことを約束して終わる。後に、誰かが次のように書かれたTシャツを作らせている。「われわれは羊ではない」。

　その同じ晩、ステンダーとトクハラが召集したグループがパシフィック・クラブに集まる。1940年代から1970年代の卒業生、約40人が出席した。一番若いのはオズ・ステンダーの娘、1973年卒業のレイ＝アン・ステンダーである。ひとりひとり、なぜ自分がここに来たのかを話す。何人かの直接の理由はランディ・フォンである。また何人かはチュンに支援が必要だと感じての参加である。ステンダーの娘は父について語る。父はビショップ遺産信託受託者となって髪が真っ白になったと言う。ただひとりカメハメハに行かなかったカレン・ファリアスは、自分の娘たちと彼らの請願書について話した。その場でのただひとりの教員であるロビン・ナカムラは、リンゼイとのハワイ語教育をめぐっての「戦争」とキャンパスを覆う暗雲について語った。

　全員、そこにいるのはリンゼイが理由であった。しかし実態は、受託者ひとりの問題ではないことも皆わかっていた。ロイ・ベンハムが言うように、

リンゼイが好き放題できるのは、他の受託者がそれを許しているからである。したがって、受託者ひとりを排除しただけでは、ビショップ遺産信託の真の問題は解決しないことは論理の必然であった。真の解決はステンダーも含めて受託者全員の解任しかないのでは、と言う者もいた。これに対しステンダーは、自分には覚悟はできている、それが正解ならそれに従う、この問題は人ひとりの排除で済むことではない、と言って部屋を出る。それで皆、今後どんな行動に出るべきかを、遠慮なく自由に話し合うことができた。

　十分に話し合い、各自、心の声も聞いた上で、全員一致ですべてを公にすることに決める。それも最も目立つやり方で。すなわち行進である。

　行進のアイディアは1957年の卒業生カルメリタ・"ダッチー"・カプ＝サファリがもたらす。彼女はリンゼイが合唱コンテストのリハーサルでブーイングを受けた件を耳にしており、ランディ・フォンとカマニ・クアラオから話を聞いていた。アカマイン家での集会に参加していて、ノナ・ビーマーの手紙が読み上げられるのも聞いている。その夜、王女の墓からカワイアハオ・プラザまで人びとが歌いながら行進する光景をはっきりと夢に見て、早朝4時20分に目が覚める。彼女はそれをすぐに書き取ったが、パシフィック・クラブではそれを見る必要はなかった。「われわれは何をすべきか？」との問いに、彼女はためらうことなく立ち上がって言った。「行進しましょう！」。

　ビショップ遺産信託への抗議の行進は25年以上行われていない。これらカラマ谷やマツオ・タカブキの指名の時のような行進は、1960年代の政治的デモであり、カメハメハからの参加はほんの一部にすぎなかった。しかし、今考えられているのは、カメハメハの〈オハナ〉による行進である。ビショップ遺産信託のそもそもの創設目的たる人びとによる、ビショップ遺産信託受託者への抗議の行進である。それ自体衝撃的であり、全く考えられない行動であった。ハワイの伝統にも文化にも反している。

　さらに悪いのはその先が見えないことであった。ハワイには、常にハワイ人を貶めようと構えている連中がいるのだ。彼らは、ハワイ人同士が分断され、ハワイで最大かつ最も貴重な存在を戦場に変えて互いに争うあからさまな姿を喜んで見物するだろう。

しかし多くは思い切った行動が必要だという意見である。行進の日時が決められた。1997年5月15日、わずか8日後である。

5月8日の朝、ホノルル・アドバタイザー紙は一面でグレッグ・バレットの社説を載せる。「ビショップ遺産信託受託者に対する怒り爆発——彼女は毒、弾劾必須と教師たちは主張」。記事はカメハメハに渦巻く問題点の初めての包括的解説であった。すなわち、リンゼイとその徹底した独善的な管理手法、恐怖支配、マイケル・チュンの解雇の可能性、ランディ・フォンの辞任の意思についてである。

そうこうするうちに、ノナ・ビーマーの手紙の噂が最高裁判事たちに届く。ムーン長官は、これは受託者たちの内部問題であると言ったとされる。すなわち、判事たちには何の行動権限もないと。これに対しビーマーは、受託者指名権限は必然的に解任権限を伴うと返答したとされる。判事たちは「非公式」な立場で指名を行うというが、受託者の定年制を判事たちが敷くという事実があり、そのことからも判事たち自身、自分たちの権限と責任が、指名だけでは終わらないことを認識していることを示すものだ、というのがその根拠である。

アドバタイザー紙の5月9日の一面に「受託者たちへの抗議の予定」の見出しが載る。パシフィック・クラブで決まった行進という結論が、いよいよ人びとの知るところとなった。

5月11日には、今度はリンゼイへの支援記事が編集者への手紙というかたちで現れる。すなわち、彼女は公正さ、勤勉さ、率直さ、粘り強さ、一緒にいて楽しいといった資質を備えた素晴らしい女性であり、そのうえ、母であり祖母でもあり、「男性の聖域に参入できる」すべてを兼ね備えた女性であって、受託者としてこれ以上はない最良の選択である、というものである。彼女を支持する請願書も頒布された。これは、生徒、教師、経営陣の誰でも、今の受託者たちのやり方に不満な者はカメハメハを去るべきだという内容であった。

マイケル・チュンも発言したが、多くが期待するようなものではなかった。5月12日に、チュンは生徒たちに行進には参加しないように指示する手紙

を書く。行進は自分のためになされるけれども、参加しないことがむしろ自分と王女様と神への忠誠になると思って欲しい。加えて、学校を離れれば無断欠席とみなすが、生徒手帳にも明白なように、無断欠席には好ましくない結果が伴う。試験と卒業も近い。生徒各自は学業に専念して欲しい。「そうすれば、われわれはこの年度を尊厳と誇りをもって終えることができ、王女様も喜ばれるだろう。皆に神のご加護を」。

翌日、チュンは同様の手紙を教職員にも書く。その中で彼は皆に、心配はよくわかったから、これからは経営陣や受託者たちと意思疎通をより良くするよう努力するので安心して欲しいと伝えた。チュン曰く、このようなことはすべて〈オハナ〉の中だけに留めておくのが一番望ましい。教職員手帳を引き合いに出し、彼は、病気あるいは事前に了承された用事ではない限り、全員、行進の間はキャンパス内にいるようにと指示する。

その午後、アイルとオブレヒトが声をかけ、教員たちは再び集合する。そこでは 2 枚の文書を検討した。1 枚はアイルが書いたもの、もう 1 枚は高等部でハワイの儀礼の歴史を教えるケハウ・アバドによるものである。両文書ともに、崩壊した教員の士気、恐怖の空気、キャンパス全体の苦しみについて書かれていた。集会の始まる前は、関心事はこの 2 枚の文書をどう利用するのが一番効果的かということであったが、集会が始まってみると、ほとんどの者は署名に応じなかった。多くの者は懲罰を非常に恐れたためである。集会は結局、署名のページを破り捨てて終了する。

翌日、5 月 14 日、別な教員の集まりで匿名の投票が行われた。「これらの文書を支持しますか？」。48 人中 48 人がイエス。「署名は怖いですか？」。47 人がイエス。最終的に、アイル、オブレヒト、アバド、および美術教師シャーレーン・ホーが無署名の文書を行進の最後に受託者たちに届けることに決まる。

キャンパス内はさまざまな噂でもちきりであった。ひとつは、行進の当日は大勢の人が参加し、生徒たちも行列してキャンパスから王室霊廟まで行き、そこで他の行進者と合流するというものである。また別な噂は、チュンはもうもたないだろう、というものである。

行進の前日、チュンは授業中、学内テレビを通して生徒たちに冷静を呼び

かける。彼にはテレビを通してでさえ、個々の生徒の心を摑む不思議な力があった。それが生徒たちにここまで好かれる理由でもある。チュンはやつれて見えたがまだしっかりしていた。カメラを真っすぐに見てゆっくりと話し出す。生徒たちに自分の重大な責任を思い出させる。来週には最終試験が始まるのだから学校にいなければならない。彼は若い心に深く届く誠実な言葉で話す。一瞬、話すのを止め、それからカメラの方に身を乗り出して言った。「卒業生や親たちが計画している行進にクラスから参加しないでほしい。参加することは私を大いに失望させるうえに、今の私には不要な負担となるのです」。これには教師たちは大いに失望したが、チュンはおそらく、学校から誰かひとりでも行進に現れたら即クビだと言われていたのだろうと理解を示す。

　マイケル・チュンがテレビで話をしている頃、ロイ・ベンハムとトミ・チョンはカワイアハオ・プラザに予約を入れた上でやってくる。彼らは受託者5人全員と会えると聞かされていたが、受託者お抱え弁護士のネイサン・アイパが直近になって3人以上出席するのはまずい、と受託者たちに助言したため、ディッキー・ウォンとロケラニ・リンゼイだけが現れる。

　ウォンは2人を迎え入れ、他の3人は都合が悪くて来られないのだと言う。そのうえでウォンは2人に行進を中止するように要請する。ベンハムは、要望は伝えるが、自分たちは行進を中止する立場にない、と言う。するとウォンはテーブルをバシッと叩き、「自分たちのしていることがわかっているのか。無駄に騒ぎを大きくしているだけだ」。

　実はまさにこの瞬間、受託者の弁護士たちは検認裁判所に対し、引退した元検認判事パトリック・イムを事実究明者として任命しカメハメハ学園での細かな管理実態について事実を調べさせるように要請していたのだが、ウォンもリンゼイもそのことをベンハムに黙っていた。事実究明者とはジェラルド・ジャービスのアイディアである。彼は、受託者側もはっきりとした行動を取らないと、検認裁判所はそのうちに生徒や卒業生に当事者適格を与えるだろうが、そうなると、彼らはビショップ遺産信託がらみの問題を裁判所に提起することができるようになる、と主張したのだ。ウォン、ピータースおよびリンゼイは裁判所任命事実究明者というアイディアは嫌だったが、生徒

や卒業生に法的救済の道が直接に開けるのはもっと嫌だった。そうなれば、近い将来、訴訟その他の法的行動が予想されたからである。

　受託者たちにはこれでひと安心とみえた。検認判事時代、イムは受託者たちの年次会計報告を、面倒な質問を一切しないですべて承認してきたからである。さらには家族のつながりもある。イムはピータースの義理の母の甥である。このような事情の下、イムが自分たちに恥をかかせるようなことはまずないだろうと考えていた。

　受託者側はイムに、1 時間あたり 250 ドルを信託資金から支払うと申し出る。この種の内部調査には裁判所の許可は不要であるが、裁判所に申請することで自分たちの努力を「公的」なものにできるため、請願を出したのである。請願内容は、事実究明調査はイムだけが行い、かつその結果は非公開とするというものである。検認判事コリーン・ヒライはこれを認めた。

　その晩、ウォンとピータースは、レロイ・アカマインともうひとりの卒業生ジョー・トラビスと会っていた。トラビスはアカマイン家の集会にもパシフィック・クラブの集会にも出ていた。ディッキー・ウォンとは、彼が組合活動をしていた時からの知り合いである。行進は中止されない限り、約 14 時間後には始まるだろう。ウォンは中止を要求する。彼がテーブルを叩いたのは、この日これで二度目である。トラビスは、受託者たちがリンゼイをカメハメハキャンパスから引き離せば、それも可能である、と答えた。彼にはそんなことを言う権限は卒業生たちから与えられていないのであるが、しかし彼の言い分は正しかった。

　まさにその瞬間、行進の責任者たちが、行進の終点であるカワイアハオ・プラザの外に立って最終調整を行っていたが、この期に及んでさえ、〈オハナ〉の指導者たちはできることなら行進を中止したかったのだ。ウォンとピータースは、リンゼイをキャンパスから引き離せばいいだけのことだった。2 人は外に出て相談する。数分後、2 人は戻ってきてリンゼイを排除しないと言う。行進は確実となった。

　1884 年、王女パウアヒの棺は赤いベルベットの布に覆われ、カワイアハオ教会からマウナアラにある王室霊廟まで馬車で運ばれていった。1997 年 5

149

月 15 日の行進も同じ 3 マイルの葬儀の道を辿ったが、向きは逆である。マウナアラから教会の隣にあるビショップ遺産信託本部のあるカワイアハオ・プラザまでの行進であった。

出発地点に朝 10 時 30 分に集合した 300 人ほどの参加者たちをロイ・ベンハムは出迎えた。何人かは青と白の T シャツを着ていたが、それには前の部分に王女の顔と次の言葉が書かれていた。「私たちは心配なので〈クエポノ〉(適切に抗議します)」。非番の警察官たちはボランティアで交通整理を買って出た。休みの観光バスの運転手たちは駐車場とマウナアラとを往復して人びとを出発点に運び、〈クプナ〉(高齢者)については直接、家から目的地まで送り届けた。〈クプナ〉には 1930 年代や 1920 年代の卒業生たちさえ混じっていた。

人びとは 2 列縦隊を崩さずにヌウアヌ通りを進み、ホノルルの繁華街に入り、ベンジャミン・カイエタノ知事の公舎を過ぎ、州議事堂を通過して、イオラニ宮殿へと入っていく。その途中どんどん人数が増え、ついには 1,000 人を超える。叫び声も抗議のプラカードも何もなく、ただ自分たちがカメハメハ時代に歌った歌を歌いながら行進した。

リリウオカラニ女王像の前では、彼らは一度聴いたら忘れられないほどに美しい「女王の祈り」を歌った。この歌は 1893 年のハワイ王朝崩壊後、自宅軟禁されたリリウオカラニ女王が自ら作曲した曲である。コンク貝の貝笛を鳴らしながら、行進者たちはキング通りを渡り、最高裁の建物の正面に建つカメハメハ大王の像へと到着する。ベンハムは文書を手渡す代表を、最高裁長官ムーンのところへ連れていった。

ムーンはベンハムに告げる。「君たちの態度には感服するよ、本当にすごい。プラカードもないし、扇動者もいない。ただ……」。ムーンの言葉が終わらないうちに、ベンハムは言った。「そうでしょう。つまり、私たちには少々心配なことがあって、貴方から何か、彼らに力になることを言っていただければありがたいのですが」。ムーンは、それは自分の力に余る、信託事項を決めるのは検認判事の仕事だ、と言う。「ですが検認判事を選ぶのはあなたがたでしょう? 違いますか?」 ベンハムの問いにムーンはただうなずくだけだった。

　その頃、1995 年に廃止されるまでビショップ遺産信託の拡大プログラムの責任者であったフレッド・カコラは呼び出しを受けていた。彼は行進中、リーダーシップを取ることを予想していなかったのだが、アカカ神父の娘で幼稚園教師のプアラニ・アカカから、自分が教えている、ナナクリにある園の園児の親たちが署名した文書を受託者たちに届けて欲しいと頼まれたのだった。さらに、行進中、カコラは自分の娘ケハウ・アバドにばったり出会う。アバドその他のカメハメハ教師たちはそこにいてはいけないはずなので、彼女は暗い色のサングラスをかけ、野球帽を目深に被っていた。彼女は父に、カメハメハ教師たちからの文書を届けてくれるように頼む。

　行進者たちがカワイアハオ・プラザの最初の入り口に近づくと、入り口にはヘンリー・ピータースとディッキー・ウォンが道を塞ぐように立っている。2 人は家族などの支持者たちと並んで明らかに対決姿勢を取っていたため、無理に突入せず、彼らはそのまま通り過ぎて反対側の入り口から入った。

　暗くした 3 階の自室から、リンゼイは相手から見られずに行進する人びとを見ることができた。じきに、彼らがステンダーに手を振っているのに気づく。彼は彼女の隣の自室の窓際に立っているのだ。彼女はステンダーの部屋へ行き、明かりを消して窓から離れろと要求したが、彼は拒否する。

　職員のひとりがリンゼイに、何か飲み物をあげたらどうか、特に〈クプナ〉（高齢者）は疲れて喉も渇いているだろうから、と聞きにくる。リンゼイの反応は素早かった。「全く不要です！　あの連中は受託者に反抗しているのよ！」。

　約 50 人の職員たちが駐車場の建物の陰に隠れていた。そこからは、柵近くに立たない限り、相手から見られることなく行進者たちを観察することができた。そのうちのひとりはより慎重に、柱の後ろに隠れて仲間たちが見たものを話すのを聴いていた。「あなたのお母さんよ！　叔母さんもいる！あれ、あそこにあなたのパパも！」。

　見知った顔を捜しているのはビショップ遺産信託の職員たちだけではなかった。ある時点でリンゼイはヘンリー・ピータースの部屋へ行き、そこで通信部門の職員とともに、下の群衆の中で見知った者を見つけるとその名前を書き出していった。リンゼイはさらに、職員に命じて下で写真を取らせても

1997年5月15日、カメハメハの〈オハナ〉たちは王女パウアヒが眠るマウナアラの霊廟からカワイアハオ・プラザにあるビショップ遺産信託本部まで行進した。進むにつれて、行進者の数は増大していった。

　いる。ディッキー・ウォンはそのうち、前に出て行進者たちに挨拶を始めたので、リンゼイを激怒させる。しかしそうしなければ、まるで隠れているように見えるのだからしかたがないとの判断であった。

　ウォンは無表情でカコラが託された文書を読み上げるのを聞いていた。カメハメハの教師たちからの文書には、自分たちが行進への参加を禁止され、かつ小さな代表団を送ることすら許されなかったと書いてあった。カコラが教師たちからの最後の一文を読み上げた時に、人びとから大きな拍手が上が

る。「今日の私たちの不在がどんな言葉よりも雄弁でありますように」。

　続いて、ベンハムはウォンに、行進者たちは3点の「心配事」があるのだと告げる。これは要求を婉曲に言った言葉である。すなわち、学校運営を学長に返すこと、「自由会話の日」を復活させること、および報復と懲罰の闇を取り除くことである。ウォンの返答は「われわれは検討して返答する」というだけのものであった。

　駐車場からこの一部始終を見ていたひとりの職員は、行進者たちが去った後のことを語っている。「私たちは全員、各自の机に戻って仕事をしている振りをしていました」。自分の心ともたくさん対話したと言う。自分自身に次のように問いかけたことを記憶している。「あそこに出ていって一緒に行進することを恐れた私は臆病者だろうか？　一緒に立ち上がって仲間と思われ、自分の顔を写真に撮られることから逃げていた私、私はどこで間違ってしまったのだろう？」。

第11章
一触即発

　行進準備のために仲間に自宅を提供したトニ・リーは、皆が行進している頃、マイアミビーチでミスユニバースの催しに出席していた。彼女の娘、カメハメハ卒業生でもあるブルークが出場者だったからである。しかし単なる出場者のひとりではなかった。彼女はその年の優勝者となっている。

　リーはカメハメハの卒業式の当日、5月25日にハワイに戻る。例年なら彼女は満員のブレイズデル・センターにいるはずだった。ここで彼女はこれまで33年にわたって毎年、卒業式の入場案内ボランティアをしていたからである。だが今年は違った。行進へとつながった卒業生たちの集会に参加していたところを見られたせいで、リンゼイの監視リストに入ってしまったからである。リーは、今年は来なくてよいと言われたのだ。

　卒業式それ自体は例年どおりであった。チュン学長が紹介されると、いつものようにスタンディング・オベーションを受ける。彼がキャンパスで辛い日々を送っていることを皆が知っているためだろうか、何千人もが立ち上がり、拍手はいつもより数分長く続いた。そのこと自体、十分に話題となる事実であるが、後で人びとがさかんに話したことは、リンゼイがオベーションの間中、立つことを拒否した事実の方である。広大な会場全体で座ったままだったのは彼女ひとりだけだったようだ。受託者ジャービスが彼女をなだめすかして立たせようとしているのが見られたが、リンゼイは頑として聞かな

かった。

　カメハメハの生徒たちや卒業生たちからみればチュン学長に悪いところは全くなかったが、教師たちからみるとそうでもなかった。彼の運営方針は時に、ややビジネスライクあるいは軍隊のような組織向きであると感じていた。しかし、それより何より今現在一番大きな問題は、彼がリンゼイやその他の受託者たちと対決しようとしないことであった。1996年から1997年の学年度を通して教師たちはチュンに、リンゼイにこれ以上キャンパスを傍若無人にかき回すのをやめるよう言ってくれと頼んでいた。しかしすぐに彼らは、チュンがリンゼイと、少なくとも公然とは、近いうちにも、もしかしたら永遠に、対決するつもりはないのだと思うようになる。そのため、彼らは自分たち自身のやり方で行こうと決意し、チュンに代わる指導者を求め始める。

　行進の最後に文書を受託者たちに手渡す代表に選ばれたアイル、オブレヒト、アバド、およびホーの4人の教師は、今も拡大を続ける組織のリーダー役を引き受けた。この組織にアバドは名前をつける。〈ナクム・オ・カメハメハ〉。「カメハメハの教師たち」という意味である。

　〈ナクム〉のメンバーたちは状況改善の方策を話し合うが、どの方法も危険が伴う。彼らが署名した雇用契約では、メディアとの承認のない接触を禁じている。ビショップ遺産信託を公に批判すれば懲戒処分を受けるだろうし、最悪の場合、首である。しかしながら、どの方法であれ危険は避けられないと最終的に判断し、4人は学年度の終わりに、2ページのシングルスペースの告発文をメディアに発表することに決める。カメハメハにはこの数年、教師たちが訴えたかった真の問題が広く浸透しており、受託者たちは自分たちだけで事実究明者の選任を裁判所に請願し、教師たちと協力して解決しようとしない、という内容であった。

　ところでその頃、5月15日の行進の計画者たちはカワイアハオ教会に集まって今後のことを話し合っていた。行進とその後のニュースに話題は集中し、場の空気は盛り上がっている。グラディス・ブラント女史が遅れてやってくると、人びとは黙って立ち上がり、彼女に敬意を表した。

　行進でみられた熱意の維持が不可避であったが、そのためには代表者と指

1997年5月15日の行進のリーダーたちは非営利組織〈ナプア・ア・ケ・アリ・パウアヒ〉（王女パウアヒの子どもたち）を結成する。そのメンバーの数はあっという間に4,000人を超えた。左から、ビーディ・ドーソン、ロイ・ベンハム、トミ・チョン、マリオン・ジョイ、およびジャン・ディル。

導力が必要だった。そこでNPOを立ち上げることに決める。〈ナプア・ア・ケ・アリ・パウアヒ〉、すなわち、「王女パウアヒの子どもたち」が結成された。

　ロイ・ベンハムが〈ナプア〉を代表してディッキー・ウォンに連絡を取り、会合を求めることになる。2日間にわたって繰り返し連絡しようとするが、返答はない。すると突然電話を受け、相手が、数時間後なら会ってもよいというが、それは急すぎるのでやめる。最終的に5月24日に受託者5人全員にそろって会えることになる。

　ベンハムは当日、カワイアハオ・プラザに、〈ナプア〉の仲間たち、すなわちレロイ・アカマイン、ダッチー・カプ＝サファリ、ジョー・トラビス、トニ・リー、フレッド・カコラ、グラディス・ブラント、および前受託者のマイロン・トンプソンと一緒に到着した。部屋に案内され、まもなく受託者たちは来ると告げられる。数分後、ウォンとジャービスが入室した。ウォンは誰が祈りを捧げるのかと聞くので、ベンハムはちょっと待て、まだ始まっ

てないじゃないか、と言う。「他の3人はどうしたんだ？」。ウォンはかまわず、自分たちがどれほどカメハメハを愛しているかを話し始める。「ディッキー、馬鹿にするなよ。他の者たちはどこなんだ？」。ほかに用事があって抜けられない、とウォンは言ったが、〈ナプア〉の者たちはその言葉を信用せず、部屋を出る。彼らが建物から離れると、ビショップ遺産信託の広報担当エリザ・ヤダオは記者たちに次のように語った。家族たちが一緒に集まって、これからは癒しが始まるなんて何て素敵なんでしょう。ベンハムはこれを聞くと、「おい、冗談はやめてくれよ。あの人は部屋に入ってもいないんだ。それなのに、癒しの段階に入ったとか言うなんて、聞いているだけで吐き気がするよ」。

その週のうちにベンハムはウォンから書面を受け取った。「〈ナプア〉とのこれ以上の話し合いは今の時点では非生産的と考える」。

カレン・ファリアスは請願のために何とか数千の署名を集めることに成功する。〈ナプア〉の設立の堅固な基盤となるものだ。しかし集会では皆が不安を口にした。行進は実現した。次は何をしたらいいのか？　普通のハワイ人にはビショップ遺産信託受託者たちとまともには闘えないというためらいがあるのだ。法律家がひとりいれば力強いのではないか、と誰かが言う。

法律家になったカメハメハの卒業生は何十人といたが、理由はどうあれ、名乗り出る者はいなかった。しかしながら、ひとりのハワイ人弁護士が手助けを買って出る。ベアトリス・"ビーディ"・カナヘレ・ドーソンである。彼女自身はプナホウ出身だが、2人の姉妹と友人の多くはカメハメハ出身者であった。ドーソンは約20年前、50歳の時にハワイ大学ロースクールに入学している。それ以前は役所の広報担当で、マイロン・トンプソンの下でしばらく働いたこともあった。

ドーソンは、〈ナプア〉もビショップ遺産信託受託者たちが検認裁判所に認めさせた事実究明の手続に参加すべきだと言い、さらに、〈ナプア〉が「王女パウアヒの信託の受益者」であるカメハメハの〈オハナ〉を代表することを提案する。皆はこの提案が気に入った。

〈ナプア〉の代理人として活動する傍ら、ドーソンは自分にあまり馴染み

のない信託法の問題を理解するために、副検事総長ケビン・ワカヤマとも連
絡を取り合っていた。彼女にうってつけなのは記者たちに説明することである。彼女には複雑な事柄を簡単な言葉で説明できる経験と能力があり、これがこの先、大いに役に立つことになるのだ。

　まず法律家として、ドーソンは〈ナプア〉のために事実究明手続に介入すべく動く。事実究明者イムの報告書は公開するよう主張した。受託者たちからみて最も驚愕的だったのは、ドーソンが、〈ナプア〉には当事者適格があり、いつでもどのような理由からでも、受託者たちを訴えることができると主張したことである。

　受託者たちの外部の信託専門家のひとりロバート・B・"ブルース"・グラハムとビショップ遺産信託広報担当エリザ・ヤダオは、法廷の内外で、カメハメハの生徒、教師、卒業生、およびその親は王女の受益者ではなく、学校そのものが唯一の受益者であるから、彼らの誰も訴訟を起こせない、と主張した。これは〈ナプア〉のリーダーたちにはナンセンスな話である。どうして信託の目的である人びとではなく、煉瓦とモルタルの建造物が王女の受益者になりえるのか？　しかしグラハムは自分の立場をあらゆる法廷、あらゆる司法手続で主張する用意があると言い、実際、彼にはビショップ遺産から無尽蔵の資金が自由になるのだった。

　一方、〈ナプア〉にはボランティアの弁護士がひとりいるだけである。そのうえ資金もない。もしも受託者たちがグラハムに無限に議論を引き延ばさせれば、事実究明も際限なく遅れるだろう。他に選択肢はなく、〈ナプア〉は渋々、当事者適格の問題はしばらく脇に置いて、イムの事実究明作業に集中することに合意する。

　〈ナプア〉はカメハメハの〈オハナ〉の面々のために直通電話を引き、さらに、便利屋を雇って、イムに話をしてくれる証人たちを探させた。ビーディ・ドーソンはイムに自分たちの活動について話し、彼に便利屋の名簿の写しさえも渡している。さらに、〈ナプア〉は彼が証人たちから聴く内容の記録を取っているとも伝えた。彼女の真意は、もし彼の報告書が証人の発言内容から逸脱していれば、〈ナプア〉にはすぐにわかるということである。

7月6日、ホノルル・アドバタイザー紙はまたも一面に、グレッグ・バレットによる長文の記事を載せる。今回はマイケル・チュンを支援する手紙の共同執筆者であるカメハメハの生徒カマニ・クアラオをリンゼイが尋問した話についてであった。その1週間後の7月13日、同紙は、4人の〈ナクム〉代表による編集者への手紙を紙面に載せた。この手紙はリンゼイおよびカメハメハ高等部校長トニー・ラモスの尋問の際の役割を厳しく批判するものであった。

　リンゼイは即座に4人の解雇を要求する。ビショップ遺産信託の弁護士の意見では、解雇は各自が署名した雇用契約の下で可能であった。しかしラモスとチュンは、解雇は厳し過ぎ、通常は懲戒処分が妥当であると主張する。議論は熱を帯びたが、最終的には受託者たちは、今のところは4人をクビにしないことに同意する。チュンとラモスは正式な叱責書を発行し、個人的にはアバド、アイル、ホーおよびオブレヒトに手を引くように説得した。4人の教師はチュンとラモスから、これ以上の服務違反があれば、より厳しい処罰が待っており、解雇も現実的にありえると警告される。

　その頃、リンゼイはチュンをキャンパスから追い出そうと一段と力を入れていた。彼女はカメハメハが泥沼にはまってグチャグチャになっており、それもこれもすべてチュンのせいなのだ、とウォン、ピータースとジャービスに信じさせていた。しかし、ここで問題なのは、受託者たちがカメハメハ〈オハナ〉の愛する学長をクビにしたら、〈オハナ〉がどのような反応を示すかであった。

　リンゼイ、ウォン、ピータースおよびジャービスはとうとうある晩、ホノルルのルース・クリス・ステーキハウスで夕食を摂りながら、いい考えを思いつく。そしてジャービスがそれをステンダーに提案する役を受け持った。それはいたって簡単なものである。チュンを本部ビルの上の部屋に押し込んでキャンパスから完全に切り離すという案である。「何か聞こえの良いおしゃれな肩書、たとえば名誉総長」と、カワイアハオ・プラザでの部屋と、卒業生との自由交流を「彼の権限」として与えればよい。そしてジャービスによれば、その他の唯一の選択肢は即時解雇である。これに対し、ステンダーは、自分はチュンをキャンパスから追い出す試みには賛同しないし、もし

もマイケル・チュンが理由もなく解雇されれば、カメハメハの〈オハナ〉は
暴動を起すぞと言う。

　ジャービスとのやりとりからステンダーは、何かなされない限り早晩、受
託者たちはチュンを解雇すると確信するに至る。ステンダーその他の受託者
たちは、イムの事実究明報告書が出るまではカメハメハの混乱について公に
発言はしない、という合意をしていた。しかし自分の心と繰り返し相談し、
仲間の意見も聞いた上で、彼は世間に伝えることを決心する。彼は、最近こ
の問題をずっと追っているアドバタイザー紙の記者グレッグ・バレットに連
絡を取った。会談日が設定され、記録のためにテープレコーダーを回しなが
ら、2人は何時間も話した。翌日、ステンダーは思い直し、バレットに記事
を載せないでくれと頼むが、話したことを今さら引っ込めようとしてももう
遅すぎると言われる。翌朝7月20日の一面に記事が載った。バレットはス
テンダーの話として、カメハメハでのマイクロマネジメント、不信、および
学園を覆うゲシュタポまがいの空気について詳しく解説していた。その一部
は過去にも記事になった事実であるが、それをビショップ遺産信託受託者が
自ら語ったのはこれが初めてである。

　カワイアハオ・プラザの施錠されたドアの奥では皆の反応はすさまじかっ
た。ジャービスはアドバタイザー紙の日曜版を丸めてステンダーに投げつけ
た。次にピータースは彼を裏切り者と呼んで罵った。ピータースはステンダ
ーに殴りかかろうとしたが、ジャービスが2人の間に割って入り、ステンダ
ーに向かって「出ていけ、この＊＊野郎。あんたはチームの仲間じゃない」
と叫んだ。

　ステンダーは自室に戻り、同僚たちにメモを記す。

　　ジャービスが私に向かって侮辱的な言葉を吐き、新聞を投げつけたこ
　とは許しがたい行為である。このような態度ほど、この組織の受託者と
　してふさわしくないものはないにもかかわらず、実際は、これが今の受
　託者たちの典型的態度である。加えて、この組織の職員たちまでもが、
　このような態度で取り扱われ、被害を被っている。われわれをここまで
　追い詰めたものはほかでもない、人を見下したこのようなやり方なのだ。

変化を求めて人びとが革命のために立ち上がるまで、あとどれほどの痛みに耐えられるものだろうか？

卒業生たちによって行進は行われた。〈ナプア〉と〈ナクム〉は結成された。ステンダーは世間に向けて声を上げた。炎が燃え上がるのは時間の問題であった。

第12章

「もう、たくさんだ」と声を上げる時だ

　1997年8月9日、ホノルル・スター・ブレティン紙は、その社説ページに《信託崩壊》の大見出しで、ある記事を載せる。記事は次の文章で始まっていた。「ハワイ社会はもうビショップ遺産信託受託者たちを信用しない。彼らの任命方法を信用しない。彼らの報酬を当然とは思わない。彼らの仕事を信用しない。『もう、たくさんだ』と声を上げる時が来た」。

　資質を欠いていながら過大な報酬を手にすることとなる受託者たちが歪んだ政治操作で選ばれ、でたらめな財政運営を行い、強欲かつ傲慢に説明責任を軽んじて、臆面もなく利益相反行為に励んできたことを、記事は社説ページのほぼ全面を使い、6,400語を費やして正面から攻撃していた。《信託崩壊》は、ビショップ遺産信託を超えて、このような受託者たちを生み出し、刑事責任を問うこともなくやりたい放題を許したその大本、いんちきの歯車連鎖の仕組みの大本まで告発していた。すなわち、ハワイの政治を動かす大本、司法選考委員会とハワイ最高裁判事たちである。

　実名が挙げられていた。ディッキー・ウォン、ヘンリー・ピータース、ロケラニ・リンゼイ、ジェラルド・ジャービス、最高裁長官ロナルド・ムーン、その仲間の判事スチーブン・レビンソンとロバート・クライン、知事ジョン・ワイヘ、組合リーダーのゲイリー・ロドリゲス、前裁判所任命監督官アルビン・シム、政党員ラリー・メハウその他である。

記事は次のように続いていた。いかにメハウはもう少しで受託者になり損ねたか。いかにワイヘは司法選考手続を操作して自分の息のかかった2人、レビンソンとクラインを最高裁に送り込んだか。いかにロドリゲスはワイヘをビショップ遺産信託受託者にしようとして、ブルーリボン委員会の委員たちに無理を押しつけたか。いかに判事たちはブルーリボン委員会の選んだ候補者を無視し、究極の政党員ジェラルド・ジャービスを選んだか。いかにワイヘは受託者になり損ねた後、知事を辞めてすぐにある法律事務所に入り、ビショップ遺産信託受託者たちの高額報酬を確保するために7桁の謝礼を受け取っていたか。いかにユキオ・タケモトはワイヘの知事時代に捜査を受け窮地に陥った時に、ビショップ遺産信託に拾われたか。いかにロケラニ・リンゼイはビショップ遺産信託職員を自分の私用のために利用していたか。いかにヘンリー・ピータースは利益相反にもかかわらずビショップ遺産信託から不動産を購入する側を代表して交渉に当たっていたか。いかに受託者たちはビショップ遺産信託の石油投資で、違法にもかかわらず自分たちの資金も投入していたか。

　一部はすでに知られていたが、ほとんどが初めて聞かされる事実ばかりであった。一度に全部見せられて、ハワイは雷が落ちたような衝撃に見舞われる。《信託崩壊》の執筆者たちに言わせると、ハワイという州は「他者を静かに受け入れるという、寛容の伝統があるのです。島の流儀では、はっきりと言葉に出してモノを言うことは、関係を分断するので無作法とすら考えられているのです」。しかしながら、ビショップ遺産信託の今の状況は、助けてくれと叫んでいる、と執筆者たちは言う。今の仕組みのままでは、王女の遺志を歪める受託者たちを生み出すだけだ。「王女は神聖な信託を望みました。今できあがっているものは政治的利権です」。

　《信託崩壊》は、ニューヨークのある学校の信託違反の話で終わる。ここでは受託者たちが利益相反にいそしみ、校長は巨額の報酬を得ていた。教員、生徒、卒業生、および以前の受託者たちが怒りの声を上げ、それにより捜査が始まり、1人を除いて全員の受託者の解任という結末となっている。州検事総長は受託者ひとりひとりにつき、その不当な資産運用と受託者義務違反の責任を法的かつ財政的に追及するために訴訟を起こした。「ニューヨーク

でできて、なぜハワイではできないのか？」と執筆者たちは問うている。

　5 人の人びとが《信託崩壊》をスター・ブレティン紙に持ち込んだ。グラ
ディス・ブラント女史はカメハメハ学園の元校長であり、ハワイ大学前理事
会長である。ウォルター・ヒーンは州高裁の元判事、前州議会議員であり市
議会議員である。モンシニョール・チャールズ・ケクマノは引退したカトリ
ック司祭で、女王リリウオカラニ信託の議長を務めている。サミュエル・キ
ングは現役の連邦第一審裁判所上級判事。そしてランダル・ロスはハワイ大
学ロースクール教授である。

　5 人とも市民として積極的に世の中と関わっている。そのうちの 2 人は政
治的にも活動していた。キングはかつて州共和党党首であり、1970 年には
知事選に出馬している。ヒーンは忠実な民主党員であり、判事に転じなけれ
ば州民主党党首になっていたかもしれない。ケクマノは世俗政治からは距離
を置いたが、公的な仕事と無縁ではない。ハワイ大学とチャミネード大学の
理事を務め、ハワイの市民クラブ協会代表であり、米国赤十字ハワイ支部か
ら「今年の博愛主義者」に選ばれたことがあり、警察委員会の長期委員でも
ある。ブラント女史は、さまざまな団体から「今年の女性」、「今年の教育
者」、「今年の卒業生」および「今年のハワイ人」に選ばれている。ロスは 3
校のロースクールの教員を務め、そのすべてから「今年の教授」に選ばれて
いる。

　1 人はカメハメハの元校長、2 人は裁判官、1 人は信託法の教授、そして 1
人はカトリック司祭という構成であった。5 人のうち 4 人すなわちブラント、
ヒーン、ケクマノ、およびキングはハワイ人である。そしてこの 4 人全員が
年長者としての知恵を備えた〈クプナ〉（高齢者）であった。ヒーンは 69 歳、
ケクマノは 78 歳、キングは 81 歳、そしてブラント女史は 90 歳である。4
人とも世間の注目を集めたいとか、ハワイの王女の聖なる信託を傷つけよう
とするような人びとではない。

　ブラント女史は、行進につながる一連の行動と〈ナプア〉の結成に深く関
わっており、ケクマノ、ヒーンおよびキングは、彼女や他のハワイ人からカ
メハメハ学園での耐えられない状況について聞いていた。ヒーンとキングは、

今の受託者選考方法が司法を堕落させているようにみえることを特に心配していた。ヒーンは、司法選考委員会が最高裁判事候補者たちに、将来、ビショップ遺産信託の受託者に空きが出たら誰をそこに指名したいかと訊いていることを知っていた。これは判事の選考と裁判所の質に影響を与えることは間違いないと思われたからである。

一方、49歳のロスは本土出身の白人である。彼は租税、信託および法倫理の専門家としてハワイ大学法学部で教えるために、17年前にカンサスから呼ばれてハワイに来た。法学部での初めの数年間は、ビショップ遺産信託についてできる限り知ろうとした。授業で公益信託の免税の処遇について教える時に、素材として使いたいと思っていたからである。ところが、彼はあまりに情報が手に入らないことに驚く。年次会計報告や監督官の報告書は情けないほど不十分な代物であった。

1990年代半ばには、ロスは受託者たちが深刻な信託違反を犯していることを確信するに至る。信託違反の一部、特に、過大な報酬や信託の公益目的行為が全く不十分であることは、一般の人びとの目にすら明らかであった。それなのに、検事総長も、裁判所任命監督官も、検認判事も、最高裁判事たちも、信託顧問も一切動こうとしていないようである。ロスには、これは信託の免税の地位を危うくする事態とみえた。

彼はまた、ハワイ公共ラジオが放送している日曜日の朝の「楽園の代償」というトークショー番組をボランティアでもっていた。ゲストを呼んで特定のテーマで話をしてもらうのである。1997年5月15日の行進の後しばらくして、彼はこれからの数週間は、テーマをビショップ遺産信託に限定しようと考える。いつものように、放送当日のホノルル・アドバタイザー紙に、用意したそれについての解説記事を載せてもらえばよい。解説記事の掲載は、アドバタイザー紙の編集者ジェリー・ブリスとこれまで何度も一緒にしてきたことだった。

その準備として、ロスは内部事情に詳しい人物数十人から、匿名を条件にビショップ遺産信託について話を聞かせてもらった。前最高裁判事、現在および過去のカワイアハオ・プラザの上級職員、カメハメハ学園の経営陣、同窓会の代表、現在および過去の司法選考委員会委員、現在および過去の州議

員、副検事総長および判事といったいずれも複数の面々である。彼らの多くは、詳しくかつ包み隠さずに話してくれたが、誰ひとり話した内容の録音を残すことを認めなかった。さらにそのうちの 5 人からは、万が一、自分が話したと言われるようなことになったら、自分は発言を否定するから、と言われていた。3 人の引退した法律家は、これは単にビショップ遺産信託に留まらない大きな問題だからもっと調べたらいい、と彼を励ましてくれた。

ロスは 6 月の末、これまで調べたものをブリスに見せた。ブリスは、これは爆弾だよと言い、ここまで重大な内容であれば、自分の上司ジム・ガッティの承認が必要だと告げる。ブリスは、原稿をガッティに見せてからロスが彼に会えるようにかけあって、また連絡すると言った。

ブリスからのガッティとの面談の連絡を待つ間、ロスはキング判事に原稿を読んでもらった。丁寧に読んだ後、キングは、よく書けているが、2 つ気になる点があると言う。ひとつは、これではロスだけが集中砲火を浴びることになること。もうひとつは、白人がひとりだけで行動してもビショップ遺産信託に実りある変化は期待できないこと。この信託は常にハワイ人のものだと考えられてきたからである。そこで、ロスはキングにも執筆に参加してくれないか、と頼んでみたが、実際はあまり期待はしていなかった。何といってもキングは現役の連邦判事なのだから。この立場の人なら通常は、このように議論の余地ある大問題からは距離を置くものだ。ところが嬉しいことに、キングはためらわなかった。「妻がいいというなら、参加するよ」。

キングは、妻のアンと第二次世界大戦中、2 人が米国海軍士官として日本語通訳の訓練を受けている時に出会っている。キングと出会う直前、アンはスミス大学を、各大学の最優秀生で構成される米国最古の学生友愛会ファイ・ベータ・カッパの会員として卒業していた。専攻は古代ギリシア語とギリシア文学である。2 人は 1944 年に結婚した。キングは妻に、大変な事に関わってもいいかと尋ねる。その結果は自分たちの生活、子どもたちの生活、ひいては孫たちの生活にも大きな影響があるかもしれないのだが。妻の返答に彼は驚かなかった。「ええ。そうすべきだと思うわ」。

キングはロスに、もっと共同執筆者が必要だと言い、グラディス・ブラント女史の名を挙げる。ロスはこの原稿のために彼女にも話を聞いていたが、

以来、その人となりに大変に感銘を受けていた。翌日、ロスは原稿を持ってブラント女史の住まいを訪ねる。彼女は原稿をゆっくりとかつ慎重に読んでいった。読み終わった時、一言だけ質問をする。「あなた、サム・キングも参加するって言ったわよね？」。

「はい」とロスは答える。

「それなら私も入れてちょうだい」とブラント女史。

ロスが彼女に、あと1人か2人加われば理想的だと言うと、彼女は即座に、「モンシニョール・ケクマノに電話するわ」と言う。彼女の長年の友人である。その日遅く、ケクマノが原稿を読んでいる間、女史とロスは部屋で静かに座って待っていた。しかしケクマノはためらう。今はこのような爆弾を市民の上に落とす時期ではないのではないか。カメハメハキャンパスでの事態がはっきりするまで待つのが最善ではないのか。それに対し、ロスが反論しようとした時、ブラント女史がそっと自分の手をロスの腕にかけて止める。そしてケクマノに心配な点を詳しく話すように言い、辛抱強く彼の言い分を聴いていた。ロスにはまだこの後、約束があったのでいったん部屋を出たが、ブラント女史はドアまで送ってきてロスに言う。「大丈夫、心配しないで。ケクマノは私に任せなさい」。その数時間後、女史はロスに電話をかけ、ケクマノが署名したと告げる。

その翌日、ロスは3人に、ウォルター・ヒーンも仲間に入れていいかと聞く。ロスは前からヒーンを尊敬しており、原稿のためにヒーンに話を聞いた時には、ビショップ遺産信託と司法に関する彼の知識の豊富さに感じ入っていたからだ。3人ともヒーンをよく知っており尊敬もしていたため、ロスはヒーンの家に行く。時間はかからなかった。ヒーンはキング、ブラント、およびケクマノがすでに参加していると聞くや、早速、署名してくれた。

5人というのは良い数字である。重みがある。それに加え、受託者の数とも最高裁判事の数とも一致する。5人は48時間もしないうちに意気投合した。それに反し、アドバタイザー紙のジム・ガッティとの件は一向に進展しない。ブリスはガッティに原稿を渡したのだが、ガッティは忙しくて読む暇がないと言う。ようやく読んでくれたと思うと、今度は忙し過ぎてロスと会う時間が取れないと言う。やっとのことで面談の予定が組まれたが、ガッティは取

本書の執筆陣。左から、ウォルター・ヒーン、サミュエル・キング、グラディス・ブラント、チャールズ・ケクマノ、そしてランダル・ロス。

　りやめる。再度予定が組まれたが、これもガッティは取り消してきた。

　その間、5人の執筆者たちは原稿の手直し作業に入っていた。はっきりさせる点を明らかにし、それをどう表現すれば一番効果的かを話し合っていたのである。ヒーンは4人の中で最も政治的感覚と法的感覚が優れており、それを最終稿に生かそうとした。一方、キングは独特な法的言い回しを極力避け、わかり易い表現にすべく務める。ケクマノは正確な表現とイメージにこだわった。ブラント女史曰く、彼は「細かい」のだ。女史自身は他の誰より

も注文は少なく、最終稿がしっくりくるように、この単語は別の単語に代えたほうがいいのではないかと、時折、提案する程度であった。

　最終稿ができてくると、ロスは毎日ブリスに電話をかけた。時には日に4回も、である。ブリスは、ガッティが最終稿を飛ばし読みしながら「まずいなあ」と言っていると伝えるのが精一杯であった。ガッティは、この原稿は「報道と意見の両方を目指しており」、「その点が気になる」と言うのだった。遅れに遅れた面談がようやく成立すると、ガッティはロスに、この原稿は長すぎるし、中身のほとんどは「古いニュース」だから、もしもアドバタイザー紙に載せるのであれば、短文の意見としてになる、と言う。削除された情報がアドバタイザー紙の記者によるフォローアップ記事として載るのであれば、皆が受け入れるかもしれない、とロスは言う。問題外だ、とガッティ。意見として載る場合はそれ単独であり、解説も見出しもなしだ。そこでロスが、ライバル紙のスター・ブレティン紙に話をもっていってもいいのだがと水を向けると、ガッティは、スター・ブレティン紙は自分のところよりも読者数ははるかに少ないし、それにそこの編集者も自分と同じ感想をもつと思う、と言った。約束は一切せずに、ガッティは、原稿の一部が今度の日曜日から数えて1週間後か2週間後には載るかもしれない、とロスに伝える。

　ロスは何年も一緒に仕事をしてきて、今回もすでに編集者としていくらか原稿に手を入れてくれているジェリー・ブリスには恩義を感じていた。それに彼は、できる限り多くの人に原稿を届けたい思いもあったので、共同執筆者たちがそれでよいというならという条件で、アドバタイザー紙と引き続き一緒にやっていくことに同意する。

　ロスがこの面談についてブラント女史とケクマノ氏に報告すると、2人の答えは決まっていた。彼らにはアドバタイザー紙が2倍、3倍の読者を抱えていることなどどうでもよかった。2人はロスに、ガッティは「その場しのぎの時間稼ぎ」をしているだけで、われわれにはもう時間がないのだ、と言う。この数日で2人は、ロケラニ・リンゼイが近いうちにマイケル・チュン学長をクビにするのは間違いないと確信していたのである。2人は、リンゼイが行動に出る前にこの原稿が世に出さえすれば、それを止められると考えていた。しかしガッティがなんだかんだ言っているうちはおそらく無理だろ

う。ブラント女史とケクマノは主張を変えなかった。「スター・ブレティン紙に持っていきなさい」。

　キングとヒーンはそこまで強硬ではなかったが、彼らも同意する。そのため、8 月 7 日木曜日の午後遅く、ロスはブリスに電話して皆の判断を告げ、原稿をスター・ブレティン社に持っていく。編集責任者のデビッド・シャピロがちょうど帰宅するところだった。ロスが事情を話すと、シャピロは、今晩自宅で原稿を読んで、明日の朝一番にロスと会うことを約束してくれた。自宅からシャピロは部下のダイアン・チャンを呼び出す。翌朝、ロスがスター・ブレティン社に現れると、2 人がロスを待っていた。

　シャピロとチャンは取材源と執筆者たちの能力についてロスに質問を浴びせる。ロスは 2 人にノートを見せ、どの取材源が必要とあらば名乗り出ることに同意しているかを説明した。シャピロとチャンは、この原稿を発表すれば、経営不振のスター・ブレティン社にとって最良の結果をもたらすか、あるいは最悪の結果を招くかどちらかであることはわかっていた。危険は大きく、かつ運の悪いことには、社主のジョン・フラナガンは出かけていて連絡が取れない。シャピロはロスに、チャンと 2 人だけで話がしたいから少し席を外してくれないかと頼む。ものの 1 分もしないうちにチャンがニコニコしながら出てきた。記事は今直ちに載せます。ブラント、キング、ケクマノ、ヒーン、それにロスの実名を出してよければ、私たちはこれを載せます、と言ってくれた。

　数分のうちに、スタッフたちはトップ記事、見出し、論説、図版、および風刺漫画の準備を始める。シャピロが校正をしながら次のようにつぶやくのをロスは聞いている。「いやー、ブンヤ冥利に尽きるってのはこのことだぜ」。

　数分後、シャピロは記者に命じて、この原稿に対するビショップ遺産信託受託者たちと最高裁判事たちのコメントを取りに行かせる。彼は彼らのコメントをトップ記事に入れたいと思ったのである。最高裁長官ムーンは記者の電話に折り返しかけてくることはなかった。カワイアハオ・プラザへの電話の返答は即座に、しかし直接シャピロにかかってきた。ビショップ遺産信託広報担当エリザ・ヤダオは、原稿を受託者たちと徹底的に検討できるまで記事にするのを延期するよう要求してきた。詳しくひとつひとつ対応を準備す

るための時間が必要だとも言った。シャピロは断る。彼は、《信託崩壊》は今すぐにも人びとに知らせるべき重大ニュースなのに、受託者たちが次々に障壁を投入して公表が無限に遅れることを恐れたのだった。彼はヤダオに、受託者たちは今ならトップ記事にコメントを載せられるし、将来的には彼らの好きな日に好きなだけスペースをとって自分たちの反論を載せることもできる、と伝えた。ヤダオはその両方の申し出とも断った。

翌日、1997年8月9日、スター・ブレティン紙の一面に、《信託崩壊》がトップ記事と風刺漫画および論説付きで載る。論説はこう説いていた。4人の受託者たち、すなわちウォン、ピータース、リンゼイ、およびジャービスは、王女バーニス・パウアヒの遺言によって彼らに託された信託を、王女の信頼を裏切って汚しており、したがって辞任すべきである。

《信託崩壊》がスター・ブレティン紙に現れてから8日後、アドバタイザー紙の日曜版の一面に、次の大見出しが躍る。「炎と嵐の中のビショップ遺産信託」。続いて、やや小さめの見出し。「数ヶ月に及ぶ批判が神々しい信託を打ちのめす」。「判事たちと受託者代表、批判に反論」。

アドバタイザー紙の社説部分は拡大され、ビショップ遺産信託受託者代表、ディッキー・ウォンの署名入りで、《信託崩壊》に対する長文の反論を載せていた。彼はカメハメハキャンパスでの問題の存在も、カワイアハオ・プラザでの受託者義務違反の存在もともに否定した。ウォン曰く、今ほどビショップ遺産信託の財政状況が良い時はなく、その信用格付けは最高水準にある。教育的にもカメハメハは優秀な成績を上げている。受託者として、王女の遺言は神聖な聖書であり、このためにこそわれわれは働いている。王女の贈り物である信託は崩壊していない。信託を脅かすものは、「根拠のない、証明もされていない」「いかれた言いがかり」だけであり、それは「気の触れた」者たちが投げつける泥にすぎない。

同じ場所には、アドバタイザー紙のスタッフによる《信託崩壊》への長文の批評が、ガッティ執筆の酷評とともに載っていた。ガッティは《信託崩壊》は不正確かつ不公正であり、執筆者たちの行動は性急かつ無責任である、と述べている。

　その週の社説は、法服姿の最高裁判事5人全員の大きな写真を載せて膨らませたものであった。すなわち、最高裁長官ロナルド・T・Y・ムーンとその同僚たち、つまりスティーブン・H・レビンソン、ロバート・G・クライン、ポーラ・A・ナカヤマ、およびマリオ・R・ラミルである。写真の下には彼らの《信託崩壊》への感想が出ている。これは「事実として不正確、無責任かつ歪んだ」内容であり、「ハワイ最高裁の面々を個人としてだけではなく、組織としての裁判所全体をも、その高潔さ、誠実さ、倫理感、知性、資質、有能さ、および専門性に関して、陰に陽に批判するものである」と述べていた。判事たちは、自分たちは王女の願いを尊び、「軽視できない歴史的義務感から」厳粛にかつ真剣にビショップ遺産信託受託者を選んでいるとも述べている。

　次に彼らは、数年前のブルーリボン委員会での自分たちの態度について弁解を始め、自分たちの義務への綿密さと忠誠に満点をつけている。彼らが別の動機で動いているという「主張や仄めかし」は、「自分たちこそ正しいとする」《信託崩壊》の執筆者たちの「思慮分別を欠く、根拠のない推測」にすぎず、「彼らの意図こそを真剣に問題とすべきである」と続けていた。

　その月の下旬に出たスター・ブレティン紙の論評は、ハワイ州の人びとが最高裁判事たちをどうみているかを代弁していた。

　　市民は最も白黒つけ難くわかりにくい問題について、何が正しいかを決めてもらうために州の最高裁を頼るのである。それならばなぜ、ハワイの最高裁は、普通人なら誰の目にも見える、ジョン・ワイへの口ひげのように明白なことが見えないのだろうか？　彼らがビショップ遺産信託受託者に権力のある政治家を選び、その政治家たちが今度は司法選考委員会のメンバーを選び、さらにそのメンバーたちが今度は最高裁候補者を指名する……こうして永遠に輪が廻っていく時、われわれの尊敬すべき判事様たちは政治の中に自分自身を貶めていくのである。

　　　　　　　　　　　　　　　　　　　　　　　（1997年8月23日付け）

　判事たちは、それが究極の目的と言いながら、実際は、適格なCEO

をビショップ遺産信託受託者に選ばず、5人のうちの3人に、すなわち司法選考委員会メンバーを選ぶ立場の政治家2人と、選考委員会メンバーのひとりに、受託者の地位を与えている。

（1997年8月30日付け）

《信託崩壊》は、また別な強い反応を引き起こす。受託者の弁護士のひとり、マイケル・ヘアは、「泥を投げつけ」「誇張した言い回しと間違った論理で受託者たちに汚名を着せた」と言って執筆者たちを批判した。彼は、自分が司法選考委員会議長の任期が終わった後にビショップ遺産信託と契約し、数年にわたって1,000万ドル以上の報酬を受け取っていた事実を明らかにしたことは良くない、と言っている。しかしこれが事実ではないと主張しているわけではない。ただ読者がこれを知っていろいろと推測するかもしれないのがけしからんと言っているだけなのである。

ジョン・ワイヘは報道陣に、《信託崩壊》の執筆者たちが「紳士的に事実確認の連絡をくれなかった」ことに失望していると述べ、彼なりのブルーリボン委員会の話とその後のケクマノとの話し合いについて語った。それを後で聞いたケクマノは、「私の明晰な記憶とは違っている」と言っている。

連邦上院議員ダニエル・イノウエは、この状況を「痛ましいし、悲しい」と言ってコメントを断った。もうひとりの上院議員ダニエル・アカカは受託者たちを擁護した。彼は受託者の報酬は高すぎるとは思わない、もっと貰ってもいいくらいだ、と言う。彼の兄、アブラハム・アカカはまだカワイアハオ教会の司祭であったが、説教壇から全く違うことを話した。受託者たちの倫理性を慎重に見極めるべきだと語っている。

ビショップ遺産信託広報部は、この原稿を王女の遺産に対する攻撃とみて、新聞の一面全体に、王女の写真を目立つように配置して、受託者擁護広告を出す。ウォンは、これは米国本土の白人であるロスの仕業だと主張した。受託者お抱え主任弁護士、ネイサン・アイパはこれを活用し、《信託崩壊》の執筆陣を繰り返し、「ロスの仲間」と呼んだ。アイパはさらに、サム・キングは誰も彼をビショップ遺産信託受託者に推してくれなかったから面白くないだけさ、と報道陣に語った。記者たちはキングに電話をして、どう思うか

と聞いたので、キングは喜んで応じた。「ネイサン・アイパはくずだ」。

　成功した実業家であり、家族を通してカメハメハ学園とも強いつながりの
あるロバート・ミドキフは、ビショップ遺産信託の運営構造と財務行動を批
判した。ビショップ遺産信託は構造改革を断行して非営利法人に変わること
が、信託のためにも、ひいてはカメハメハ学園のためにも、最善の利益とな
ると公然と発言する。ミドキフによれば、これにより信託の統治構造が21
世紀型になる。受託者たちではなく、取締役会が運営を担う。ビショップ博
物館がすでにそうなっており、成功している。彼はさらに、ビショップ遺産
信託取締役会には、ハワイ外から優秀な人材を複数呼んでくる必要があると
も言っていた。

　ヘンリー・ピータースはミドキフの遠慮のない言い方に腹を立てていた。
ある時ピータースは、当時80歳に近いミドキフをワイアラエ・カントリ
ー・クラブで見かけ、自分の手にしたパターでミドキフに襲いかかるかのよ
うな素振りで後を追う。ピータースは、ゴルフ仲間が彼の腕を摑んで引き止
めてようやく足を止める。次にピータースがミドキフを見たのはクラブのロ
ッカールームだった。ピータースは彼に、いつでも自分の投資状況を見せて
やると、部屋中に聞こえるような声で叫び、お前はただの「白人の馬鹿野郎
だ」と罵った。

　ピータースはまた、4人のハワイ人執筆陣も「お高くとまったハワイ人た
ち」「ものすごく傲慢なやつら」と呼んで侮辱した。

　〈ナプア〉による5月15日の行進は、カメハメハ学園の問題に光を当てる
ことになったが、《信託崩壊》は注目される範囲を広げることになる。人び
とは今では、ビショップ遺産信託の問題はカメハメハキャンパスでのひとり
の高圧的な受託者の仕打ちに留まらず、それを超えたもっと大きなものであ
ることを知ることになった。

　かつてはメディアにほとんど無視に近い扱いしか受けていなかった話題が、
突如として連日紙面のトップを飾った。アドバタイザー紙とスター・ブレテ
ィン紙は、新しい事実を記事にするためにますます大量の資源を投入し始め、
互いにどちらの「持ちネタ」かで、戦争状態の観を呈した。1953年から

1986年までアドバタイザー紙の編集者を務めたジョージ・チャプリンは、《信託崩壊》とその後に続いた記事について、ハワイを襲った事件として、パール・ハーバー以来の最大のニュースだと言っている。ニューヨーク・タイムズ紙、ウォールストリート・ジャーナル紙、ワシントン・ポスト紙、USA トゥデイ紙、「60 Minutes」、およびその他多くの国内外のメディアは、基本的にあるいは正確に同じことを言っていた。ある本土のメディアとのインタビューで、オズ・ステンダーは、メディアは皆同じことを書いているとうんざりとして言う。すなわち、「ハワイ社会はバラバラになってしまった」。

　誰もがビショップ遺産信託の話をしていた。それも否定的な言葉で。しかし言葉だけではなく、この事件が刺激となって一連の行動につながることになるのだ。それに参加した者たちには生涯忘れることのできないものとなるが、どのような終結を迎えるのかはその時点では全く見えていなかった。

第13章
CIA を調査するかのよう

　知事ベンジャミン・カイェタノとその検事総長マージョリー・ブロンスター（法律上の国 親_{バレンツ・パトリイ}）は公益信託受益者の利益のために働くことになっているはずであるが、信託濫用が明白な時にも、カメハメハの〈オハナ〉が行進した時にも、われ関せずの立場を変えることはなかった。〈ナプア〉と〈ナクム〉が設立され、彼らに支援を求めた時も同様である。しかし、政治の空気はここへきて変わる。《信託崩壊》に対するハワイ社会の反応は、カメハメハの〈オハナ〉を含む市民一般が、調査を支持するというよりむしろそれを要求するものであった。政治の論者たちも次に何が起きるか予想不可能となっていた。カイェタノは民主党員であり、ビショップ遺産信託と民主党とにつながりがあることは否定できない事実である。しかし、彼は民主党べったりではなく、独立の立場でものを考えることのできる人間であり、ワイヘのことも判事たちを含むワイヘの仲間のことも好きではなかった。公益信託を調査するか否かを決めるのは、理屈からいえば知事ではなくて検事総長である。しかしこれはただの公益信託とはわけが違うのだ。

　そこで、1997年8月12日、《信託崩壊》が出てから3日後、知事はあっと驚くような発表をする。いま検事総長に調査開始を指示した、と彼は言ったのである。立派なリーダー諸氏の真剣な告発を無視することはできない、と知事。なぜもっと早くに調査を命じなかったのかと報道陣から問われ、知

事は、ハワイには常にビショップ遺産信託はハワイ人のものだという暗黙の了解があるのだと説明する。知事はハワイ人ではないので、「受益者たちに不満がないのであれば、なぜわれわれが動く必要はあるのか？」というのが彼の言い分であった。

　ブロンスターによる調査だけではない。パトリック・イムが、数週間前からカメハメハ学園での問題について事実探求を始めていた。しかしながら、彼は報道陣に話をすることを拒否していたため、人びとにはこの調査についてはほとんどわからなかった。さらに、監督官の報告書も間もなく、あと1ヶ月で提出される予定である。監督官のコルバート・マツモトは、数ヶ月にわたって受託者たちの年次会計を精査していた。

　《信託崩壊》が出る前であれば、マツモトの報告書がいつもとは違うと予想する理由はなかった。彼は従来のビショップ遺産信託監督官のタイプそのものであるからである。すなわち、信託法の理解がほとんどあるいは全くない、政治の世界で長く生きてきた一法律家である。彼は知事カイェタノの立案スタッフ弁護士であり、カイェタノの知事選では大きな働きをしていた。

　《信託崩壊》を読み、知事がブロンスターに調査を命じたことを聞くと、マツモトは友人たちに次のように言った。「事情が変わった。一からやり直しだ」。彼は調査の延長を要請し、かつバークレーでのかつての恩師であり、信託の専門家でもあるエド・ホールバック教授に支援を求めた。教授は、かつてステンダーが信託法の勉強会を依頼したが4人の受託者の反対で実現しなかったその人である。加えて、マツモトは地元の公認会計士スチーブン・サカマキを雇い、数字を見てもらう。そのうえで、マツモトはハワイ州の公益信託の公的調査に適用される検認裁判所の新規則を丹念に調べた。それにより、この新規則が、受託者たちの承認の如何を問わず、ビショップ遺産信託のすべて、文字どおりあらゆる事柄について調べる法的権限を彼に与えていることを見出すに至る。カワイアハオ・プラザでは、ディッキー・ウォンはマツモトの要求内容を初めて聞かされた時、お抱え弁護士たちに、この複雑な新規則を素人にもわかり易く言い換えてくれと頼む。弁護士たちは、単刀直入にいうと、「マツモトが要求するものは全部出せ、当方は逆らえない」ということだと説明した。

コルバート・マツモトは典型的な裁判所任命監督官である。
政治の世界に長く身を置き、信託法には詳しくなかった。

　マツモトはできる限り深く掘り下げて、ビショップ遺産信託のやっている
ことを調べていたが、メディアはそれについてほとんど報道することはなか
った。これは彼にはむしろ好都合であった。彼は、イムと同様に、明らかと
なった事実を提出して自分の意見を言うのにふさわしい場所は新聞ではなく
裁判所だと強く感じていたからである。

　同様に、公的レーダーに引っかかって始まったのが、信託とその営利企業
に対する米国国税庁（IRS）の厳格監査である。この監査は 1995 年に始まる。
ウォールストリート・ジャーナル紙に、ビショップ遺産信託の取引の一部は
IRS の精査に耐えられないだろうと示唆する記事が載った同じ年である。
《信託崩壊》が出た頃には、IRS 係官はカワイアハオ・プラザですでに 2 年
近く調査に当たっていた。彼らは、人数こそ少ないが目立つ存在である。隙
のない服装でいかにも重大な仕事をしている本土の人間という感じであった。
彼らは周囲に打ち解けず、毎日カワイアハオ・プラザに出入りする時も、軽

く会釈をする程度であった。彼らの部屋のドアが開くのは、書類を持ち込む時だけである。すぐに閉められて再び鍵がかけられた。

　この時期、新聞を眺めていると、ただひとつの調査しか行われていないような印象を受けた。すなわち、検事総長のそれである。そして、この調査がどのような成果を挙げようと挙げまいと、新聞はこれ一色であり、人びとは完全にその虜となって想像をめぐらせていた。マージョリー・S・ブロンスターは全国でも数少ない女性検事総長のひとりである。公的に高い地位にある女性はハワイでは絶対的少数派である。その中でも、高い地位に就く若い白人女性はさらに少ない。今ここにいるのは、ハワイ人のみから成る、権力をもったビショップ遺産信託受託者たちにたった1人で立ち向かう、うら若さの残る30代の白人女性である。この無比ともいえる存在は、彼女の対決姿勢とも相まって、鮮明な印象の比喩を生み出し、活字でも風刺漫画でも、恐れを知らないヒロインとして描かれた。スター・ブレティン紙は、紙面の半分を使い、こんな見出し付きで彼女の顔写真を載せた。「ビショップ遺産信託に堂々と立ち向かうこの人物は誰だ？」。それに続く解説記事では、州の予算責任者、アール・アンザイの発言を引用している。「彼女は脅しには屈しない。それは間違いのないことだ」。さらに続けて、「彼女は『過剰なまでに』原則主義者でもある」。その意味するところを、彼は次の例を挙げて解説した。彼女が知事カイェタノに調査状況を簡潔に説明している時にアンザイに部屋から出るように言った。というのも、彼の妻が、調査の対象となっている時期、ビショップ遺産信託の弁護士のひとりであり、かつ、ビショップ遺産信託の投資絡みの大きな訴訟で、受託者たちと並んで被告のひとりになっていたからである。ブロンスターは法廷その他の場面でも、同様に直接的かつ信念を曲げない人間であった。ある有名なホノルルの検事の言によれば、彼女は「ランボー」である。つまり頭に鉢巻を巻き、マシンガンを取って撃ちまくるというタイプの法律家だそうだ。また別な弁護士は、彼女の訴訟戦術を「焦土戦術」と呼んだ。

　ブロンスターは根っからの訴訟人間であったが、訓練によりますますそうなった。遺言、信託、課税、または公益分野を手がけた経験がなく、そちらの方面にはさほど興味もなさそうである。《信託崩壊》の出る前は、彼女は

自分にビショップ遺産信託を調査する権限があることさえ知らなかった。そのため、知事カイエタノに調査を指示された時には、その分野に経験のある唯ひとりの副検事総長、ケビン・ワカヤマに助力を請う。ワカヤマは、検事総長の「国　親」としての権限と責任の内容と範囲を説明し、コルバート・マツモトが自身の調査で効果的に採用している検認裁判所新規則の下で調査をしたらよいと助言する。さらに、この方法で入手した機密情報を自動的に公開することはできないが、公開の要請が合理的であれば検認裁判所はそれを認めるだろう、とも言った。

　ブロンスターはワカヤマに、自分は別の方法で行く、と告げる。彼女は検認裁判所を相手に時間を無駄にしたくなかったし、その規則に縛られるのも嫌だった。彼女の作戦は、召喚状を活用して協力を強制し、そのうえでわかったことを随時、公表するというものである。ワカヤマは、受託者側はそのような調査を止めるためにありとあらゆる法的手段を投入してくるだろうから、彼女が検認裁判所規則で容易に入手できる情報のために召喚状を強要しようとしても、行き詰まってしまうと考えた。ブロンスターの気を変えさせるために、彼はマツモトとの会談を設定する。マツモトはブロンスターに、あなたの考えは理解できない、情報入手が目的なら検認裁判所を通せばいいだけのことではないか、と言う。しかし彼女はすでに決めていたため、会談はすぐに終わる。マツモトとワカヤマの 2 人がブロンスターの部屋から出ると、マツモトは「一体、彼女はどちらの味方なんだ？」と問う。

　ブロンスターは正面衝突を招く道を採用したが、まさにそうなる。彼女を迎え撃つために、受託者たちはビル・マッコリストンと契約し、大規模な法律事務所 6 箇所から選りすぐりの弁護士を選ばせて大弁護団を形成し、マッコリストンを主任弁護士に据える。法律家たちの間での彼の評判は「勝つためなら何でもする」弁護士というものであった。

　ステンダーは、マッコリストンの評判も、また彼が支援を得るためにすでに 6 箇所の法律事務所に接触したことも知っていた。彼は他の受託者に向けて、事態の進展に関する自分の深い憂慮についてメモを記す。

　　われわれは一個中隊の弁護士を雇用して州検事総長との「戦争」を宣

言したようにみえる。私は弁護士ではないので、この戦術には当惑している。われわれは受託者として、信託を守るという観点から、真実の発見のために検事総長にあらゆる面で協力するのが筋ではないかと思うのだが。そして、これらの疑惑の調査において、信託運用に逸脱あるいは違反がわかった場合には、それを知り、かつそれを正すために必要なことをするべきであろう。

　ステンダーのメモは次の疑問文で終わっている。「われわれがこれらの弁護士を雇うのは遺産を守るためなのか、それとも受託者を守るためなのか？」。

　その当時、法的戦場は受託者側有利にみえた。ブロンスターは検事たちから成るチームに調査を命じたが、信託法を専門とし、かつ経験があるのはワカヤマただ１人であった。そのため、彼女は信託法を専門とする外部の法律事務所と契約した。わずか２、３週間のうちに、彼女のチームは100通以上の召喚状を発行し、次に200通、さらに300通と留まることを知らなかった。しかしながら、予算には限りがある。州の他の部門から、検事総長室から必要な法的支援が得られないという不満が聞こえ始めた。加えて、外部の法律事務所との契約は高くつき過ぎて続かなかった。ブロンスターの部下たちは疲れ果てて、もう壊れる寸前である。財政的にも人材的にも、マッコリストン側がはるかに彼女を凌いでいた。しかしながら、新聞の読者にはそのあたりのことはほとんどわからなかった。

　記者たちに見えていたことは、したがって彼らが報道できたことは、ブロンスターとマッコリストンが公衆の面前で対決する姿だけであった。彼らのやりとりの一言一句が新聞とテレビに溢れ、市民は喜んでそれに接した。マツモト、イム、およびIRSが最終的には事態を一気に終結させることとなる爆弾的情報を静かに集めている間、市民はブロンスターとマッコリストンが互いに小さな手榴弾を投げ合っているのを見ていた。

　両者の言葉のやりとりは熾烈を極め、すぐにそれが個人攻撃へと発展する。ブロンスターがマッコリストンの請求書の提出を要求すると、今度は彼が日曜日の早朝、自分の召喚状を彼女の自宅に送りつける。彼女は部下たちに、自分がマッコリストンや彼のところの弁護士を雇うわけがない、無能だし性

格も悪いし、と言う。これに対しマッコリストンは、数年前、彼女が彼の事務所に加わることに関心をもった時、面接すらしなかったと暴露する。

　ブロンスターとその部下たちは、マッコリストンと彼の顧客である受託者たちの「秘密主義」に苦しむ。彼女は、ビショップ遺産信託の存在そのものが絶対秘の維持にかかっているかのように彼らが振る舞うことに驚いていた。受託者たちのお抱え弁護士ネイサン・アイパがある日、ごく通常の定例会の議事録の入った鞄を自分の手首に括りつけて鍵をかけて法廷に現れたことが、この心理を図らずもよく表している。

　ブロンスターとマッコリストンは毎日、記者たちと話をした。彼は彼女について、「ずるい曖昧表現」を用い、「人格攻撃」にいそしみ、知事カイェタノの再選という「隠れた使命」をもち、そして政治世界での自分の将来のために基礎打ちをしている、と主張する。さらに、彼女の召喚状によってビショップ遺産信託の仕事が不当に増大しており、6 人の選任スタッフが書類のコピーにフルタイムで当たっている、今でもすでに 25 万ページあるが、まだ「トラック何台分」も来るのだ、と文句を言っていた。

　これに対しブロンスターは、マッコリストンが提出したものはどうでもいいものばかりで、重要な情報は全く足りていないと主張した。たとえば、ロケラニ・リンゼイによるバン・ダイクの書物コレクション購入については、誰も関心のない 5,000 枚の表紙の写真コピーは提出したが、肝心の、無権限で信託資金からの支払いを命じた 2 ページのメモは提出していない。ブロンスターはこの事実を、お金を預かっていたエスクロー会社に提出させた書類から知っただけであった。

　巡回裁判所判事ケビン・チャンは、ブロンスターは、少なくとも彼女のこれまでのような召喚状の方法では守秘義務のある書類の提出を強制できず、そして検認裁判所で始めからやり直すには遅すぎる、と判示した。これは彼女の勢いを削ぐ打撃となる。彼女は直ちに最高裁に上告するが、そこでは数年分の訴訟がすでに溜まっており、彼女の助けとはならなかった。チャン判事の採決によってブロンスターの調査は暗礁に乗り上げる。

　ブロンスターは守秘義務の対象から外れているものについては文字どおり

検事総長マージョリー・ブロンスターとビショップ遺産信託主席弁護士ビル・マッコリストン。両者ともに、勝つためなら何でもする人間だと評されていた。2人とも、裁判所にいるよりマスコミの相手をしている時間のほうが長かった。

何トンも入手できたが、それさえも速やかに、あるいは容易には出てこなかった。マッコリストンは召喚状一枚一枚に難癖をつけ、裁判で争った。一枚一枚に物語があるがほとんど些末なことなので、ここには書かない。ある時、マッコリストンは、ブロンスターから要求された書類の箱を 4 箱だけ提出したことがあった。ブロンスターの予想では 12 箱になるはずだった。検事副総長ヒュー・ジョーンズは、残りの 8 箱を提出しないことで受託者たちを法廷侮辱罪とするよう裁判所に要請する。マッコリストンは、実は要請されたものは最低でも 15 箱から 20 箱になるため、時間が必要なのだと言った。ようやく彼が全部で 12 箱を提出した時、彼曰く、実は書類は別の箱に移し変えたために箱数が少ないだけだ。ジョーンズはその言い分をそのまま受け入れるわけにはいかないので、部下に命じ、2 種類の箱とメジャーを持ってこさせた。

　1 時間いくらで決まる高給取りの弁護士の何千時間もが、このような小競り合いで消費された。毎回、判事が採決を下し、そのたびに負けた方が上告した。上告は迅速に処理できたはずであるが、最高裁はそうはしなかった。

　この分で行けば、ブロンスターは仮にすべて入手できたとしても、求める書類を手に入れるにはまだ何年もかかったことだろう。

　ブロンスターとマッコリストンが公の場面で互いに血を流し合いながらも、どちらも相手より優位には立てずにいた頃、別な所では進展がみられていた。11 月半ばには、衝撃的展開が息もつかせぬ速さで次々と襲いかかる。監督官コルバート・マツモトは、まだ任務終了からは遠かったが、予備報告書を出すことを決心する。目的は 2 点あった。1 つ目は、パトリック・イムに圧力をかけることである。マツモトはイムがカメハメハ学園での問題を糊塗することを恐れたのである。2 つ目は、IRS に対し、検認裁判所はビショップ遺産信託の問題を深刻に捉えていることを示して、彼の恐れる重大な連邦制裁行動の発動を回避することである。

　マツモトは 1997 年 11 月 7 日に予備報告書を提出する。119 ページの長さ、慎重に組み立てられ、明晰かつ驚くほど正確な評価で書かれていた。すなわち、ビショップ遺産信託受託者たちは信託法にも王女の遺言にも従っている

とは全く言い難い。投資判断は無計画ででたらめ、利益相反は明瞭、経営戦略は不存在、受託者報酬算出根拠には欠陥があり、受託者会議録は恥ずかしいほどに不十分、そして年次報告書は主要 10 項目で不完全というものであった。マツモトはカワイアハオ・プラザ（本部）の度の過ぎた秘密主義には「ビックリした」と言う。公益教育組織ではなく、CIA の財務状況を監査しているような気がしていた、と言っている。帳簿を丁寧に見て、そこから見えてきた事実に驚愕する。公認会計士サカマキの手助けの下、マツモトは受託者たちが主張するような充実した投資リターンは得られてはいないと確信するに至る。事実、監査の年、すなわち 1993 年 7 月 1 日から 1994 年 6 月 30 日までの間、ビショップ遺産信託は、実際は 1 億 3,500 万ドルの損失を出していた。マツモトは特に主任受託者制度を批判した。彼によれば、信託法の基本原則違反である。この制度の放棄は、マツモトが検認裁判所に提出した 21 の提言のひとつにすぎない。

　報告書を公開する数時間前、マツモトはこのコピーをビショップ遺産信託受託者お抱え弁護士、ネイサン・アイパとブルース・グラハムに読ませるためにカワイアハオ・プラザに持っていった。彼が、何か質問があれば聞こうと 1 時間後に戻ると、2 人には言葉がなかった。こんな監督官の報告書を彼らはこれまで見たことがなかったのである。

　イムによる実態隠しを恐れたのはマツモトひとりではなかった。《信託崩壊》の執筆者たちも同様の危惧をもち、第 2 弾の記事の公表が必要と考えるに至る。今回はリンゼイがビショップ遺産信託の教育の側面に及ぼした悪行の数々に特化した記事となる。

　1997 年 11 月 27 日、スター・ブレティン紙が《信託崩壊 II》を掲載した。見出しは、「カメハメハ学園における甚だしい不当管理を今すぐに止めよ——カメハメハを支配する専制、邪推、お粗末な意思決定」であった。続いて「われわれは、ロケラニ・リンゼイが教育担当『主任受託者』に就いて以来のカメハメハ学園の実態に怒りを抑えきれない」と、本文が始まる。記事の内容は《信託崩壊》同様、酷い事実の積み重ねであった。具体的には、1995 年に行われた拡大プログラム職員 171 人の解雇、カメハメハの教師た

ちは無能であるというリンゼイの公の発言、彼女による密室での生徒会長への尋問、批判の声を上げたことに対する〈ナクム〉代表たちへの解雇の脅し、等々である。

　《信託崩壊》の第 1 弾と同様に、この第 2 弾も執筆者は 5 人であるが、ブラント女史以外はすべて第 1 弾とは別人である。全員、教育の名だたる専門家であり、そのほとんどはハワイ人で、カメハメハとはつながりが深かった。イザベラ・アイオナ・アボット博士はハワイ大学植物学教授で、カメハメハ学園女子校 1937 年の卒業生である。ワイノナ・K・D・ルービンはカメハメハの学長の元助手かつ前州福祉局長である。ノナ・ビーマーはカメハメハの元生徒であり元教師で、行進を推進する力となった、人びとを鼓舞する手紙を書いた当人である。最後に、ロドリック・F・マッフィーはプナホウスクールの名誉学長であり、5 人の中で唯一の白人である。

　受託者たちが選んだ事実究明者パトリック・イムは、3 ヶ月半かけて、〈ナプア〉弁護士ビーディ・ドーソンが見守るなかで 160 人と面談し、1,200 枚の完全なアンケート用紙を回収した。キャンパスのあらゆる所から人びとは名乗り出て話をしてくれたが、すべて圧倒的にロケラニ・リンゼイに批判的なものであった。

　イムとしては事態を内々で穏便に、できればハワイ流調停〈ホオポノポノ〉の利用によって解決したいと考えていた。そこで 11 月 10 日、彼は受託者たちと会ってある申し入れをする。自分としては、詳細な報告書およびリンゼイの受託者からの解任提言を提出する用意ができているが、実はもうひとつ別の方法を取ってもよい。すなわち、報告書を提出する代わりに、検認裁判所判事ヒライに、ただ一言、〈ポー〉（完全に終了）と言うことができる。そうすれば、判事も市民も知ることができるのは、問題は解決したという事実のみである。しかしながら、自分がそうするためにはリンゼイが教育担当主任受託者の地位を降りて人びとに謝罪し、キャンパスに近寄らないことに同意する必要がある。

　イムの条件を聴くやリンゼイは叫び、ウォンは抗議し、ピータースは激高した。大騒ぎになってもイムは全く声を荒げることなく、提案を引っ込める

こともなかった。会談は物別れに終わる。

　その後数日にわたってイムはウォンに電話をかけ続けるが、常に留守電であり、伝言への返事はなかった。ステンダーは何とかウォンを捕まえて、リンゼイが自分から引くことが最良の選択だと説得を試みたが、ウォンは全く聞く耳をもたなかった。ウォンは、イムの要求は高過ぎるうえに、今リンゼイを支援しないのは不実だと言う。

　イムはリンゼイと連絡を取り、一対一で会うことにする。彼女は、自分が彼の申し出を受け入れなければならない理由をじっと聴いていたが、やはり受け入れを拒否した。すっかり腹を立てたイムが帰る際、リンゼイが彼に自分と会ってくれた礼を言うと、「私に礼を言わないでくれ」、「私は貴女にとってこれ以上ない悪夢となるだろうから」とイムは答える。

　イムのこの発言で、リンゼイは完璧な反撃が必要だと確信する。少し前、彼女は職員に命じて、マイケル・チュンがカメハメハの学長になってからの、ありとあらゆる統計を集めさせていた。きちんと整えられたそれらの資料を前にすると、チュンの嘆かわしい失策の証明になるように思えた。すなわち、生徒が1年生から5年生に進むにつれて国語と算数の成績が悪くなること、1995年度の6年生の約半数が7年生進級試験に落ちていること、1997年度の卒業生の半数以上が、SATの成績がハワイ大学入学レベルに到達していないこと、そして成績中央値が、ライバル私立校であるプナホウとイオラニのはるかに下であること。これらの統計が伝えることは、カメハメハは、学校としてどんどん質を落としているということである。後のリンゼイの弁によれば「生徒がカメハメハに長くいればいるほど、成績が悪くなる」。しかし、それだけではなかった。彼女は、チュンとその妻とが無権限で贅沢に金を使っており、その額は何十万ドルにも上るという書類を有していた。

　リンゼイはこれらの資料を3リングバインダーにまとめ、「教育上の転換への緊急課題」という表題をつけて11月末の受託者会合で配る。この日は《信託崩壊II》が出た翌日であり、かつ、イムがその報告書を検認裁判所に提出する予定日の1週間前であった。各バインダーの上部には、秘匿が絶対に必要であるとの2行の文章が太字で書かれていた。リンゼイは声に出してその部分を読み上げ、この内容がメディアに洩れれば、カメハメハの生徒た

ちにとって酷い打撃となると説明した。ディッキー・ウォンの要請で、ネイサン・アイパはそれぞれに「機密—守秘義務」と判を押す。オズ・ステンダーは、常日頃、会合での内容を漏らしていると非難されているため、自分に渡された分を預かって欲しいとアイパに頼んだ。そうすれば、情報が洩れても彼のせいにされないからである。

　それにもかかわらず、そのちょうど 1 週間後、リンゼイの機密レポートがアドバタイザー紙の第一面を飾る。この情報は誰あろうリンゼイ本人から、3 時間インタビューの際にグレッグ・バレットに提供されたものである。ピータースとウォンでさえ、彼女の行動は信じられなかった。インタビューに応じて「自分の話をする」ことについては 2 人の許可を得ていたが、リンゼイが何を目論んでいるのかは全く 2 人にはわからなかった。リンゼイがバレットに渡した資料には、彼女が 1 週間前に強調していた機密の注意書きが抜けていたのだ。インタビューの中でリンゼイはバレットに、カメハメハには深刻な問題が山積みしており、自分としてはそれを正す決心であると話していた。問題は自分にではなく、マイケル・チュンにあるということを人びとに理解してもらいたい、自分はそのことを伝えているのだ、と言う。《信託崩壊 II》で書かれている彼女への批判は単なる言いがかりであり、事実ではない。イムの報告書と同様に、あの記事は全面的に、噂と悪意ある中傷を根拠としている。リンゼイによれば、ステンダーその他の卒業生たちが彼女に対して陰謀を企んでいるにすぎず、それはすべて、チュンのせいでカメハメハ学園が酷いことになっている真実を彼らが市民に知られたくないためなのだ、ということになる。

　パトリック・イムは、おそらくは日の目を見ることはないだろうと予想しながら、自分の報告書を封印して提出した。しかし、リンゼイのレポートがアドバタイザー紙に現れると、検認裁判所判事コリーン・ヒライは、イムの報告書を公表させる。これはまるで告発状のようであった。《信託崩壊 II》再び、という感じである。それも受託者たちが選んだ者による作成なのである。リンゼイの行動を説明するためにイムが用いた言葉の数々は、さながら破滅的な運営の字引きのようであった。「侮辱的」、「気まぐれ」、「支配的」、「無礼」、「強引」、「無神経」、「不謹慎」、「人を怯えさせる」、「圧制的」、「で

しゃばり」、「軽率」、「脅しで言うことをきかせる」。

イムは、執行部がさまざまに痛めつけられている事実、入学合否操作の事実、キャンパスのあらゆる面で絶対的支配を維持するために密告が利用されている事実について詳細に述べていた。さらに、学校は麻薬使用即退学の方針を取っているのに、リンゼイが親族や友人の子どもたちのために、それを歪めていた事実、幼稚園児たちに、毎年クリスマスまでに受託者全員の顔と名前を覚えることを命じていた事実、そして、教師と職員を、個別的にも、全体としても、働かないのに給料取り過ぎで、絶望的に無能などと呼んで侮辱していた事実について述べていた。

イムはマツモトと同様、主任受託者制度を評価していなかったため、カメハメハの実権を学長マイケル・チュンに返し、リンゼイが学校の直接支配から手を引くことを提言していた。

その日の午後、ウォンとピータースは、記者会見でリンゼイが自分は単なるメッセンジャーにすぎないと何度も繰り返して自分自身を弁護している間、彼女の両脇に立っていた。人びとが聞きたくないことを聞かされていると思うのなら、学長に質してほしいとも言っていた。すると、ウォンがマイクの前に出た。わずか4ヶ月前、彼はカメハメハの教育は素晴らしいと主張していたのに今度は全く逆のことを言う。カメハメハの諸問題は本当に酷いものなので、リンゼイがレポートを公表したことは正しいのだと。

次に起きたことに多くの人が驚く。ウォンは目を潤ませ、立場が危ういのはリンゼイだけではないと認め、「ディッキー・ウォンはタダでは降りない、闘う」と言ったのだった。

ウォンの気持ちは理解できた。イムの報告書が出た1997年12月12日の頃には、すでに、その1ヶ月前の検認裁判所でのマツモト報告書発表によって、受託者たちは十分に揺さぶりをかけられていたからであり、加えて、IRS会計監査が受託者たちの望まない方向に進んでいることが見えていたからである。受託者の「多数派」は状況管理には慣れていたが、今回ばかりは、彼らは自分たちへの被害を最小限に食い止めることに必死であった。

マツモトの厳しい評価への受託者たちの当初の反応はいつもと同じであっ

た。彼らおよびその弁護士たちは、すべての項目について事実ではないとマ
ツモトを非難した。マツモトを手助けして信託の財務記録を分析した会計士
スチーブン・サカマキをも批判する。サカマキは 1、2 セントにこだわるケ
チな会計士にすぎない。ビショップ遺産信託はそのようなマイナーリーグご
ときには大きすぎる存在だ。サカマキには信託の複雑さなど到底理解できな
い。受託者たちは彼を、象の一部分のみを触って象という動物の全体像を説
明しようとする盲人に喩えた。

　しかしながら、その 2 日後に検認裁判所で開かれたマツモト報告に関する
公聴会で、サカマキはこの信託全体をよく把握できていたことが明らかとな
る。そこで弁護士たちの助言に従い、受託者側はマツモトの 21 点の提言を、
ひとつを除いてすべて公式に受け入れることに決める。完全な方向転換であ
った。実はこれで少し時間を稼げると彼らは期待したのである。20 点の譲
歩のうちの 1 点は、信託を、大きな組織運営の際に本来採用されるかたちに
戻すという合意、すなわち、信託運営は適性のある優秀な CEO に任せ、受
託者たちは全体の監督に留めるという合意であった。しかしながら、実際に
は内々に、ピータースは自分の資産運用チームに、今後もこれまでどおり自
分にのみ報告するようにと伝えた。しかしそれでは、たった今監督官と検事
総長に伝えられた合意、すなわち主任受託者制度廃止の合意に反するのでは
ないかと上級職員に聞かれて、ピータースは次のように説明した。「彼らは
高潔な人間ではない。尊敬できない人間には誠実な対応をしないものだ」。

　オズ・ステンダーは、イムの報告書公表後に行われたあの感情的な記者会
見には出席しなかったが、これは驚くには当たらない。しかしジェラルド・
ジャービスもその場にいなかったことは目立った。彼はつい最近まで「多数
派」受託者のひとりとして、ウォン、ピータース、およびリンゼイと結束を
固めていたからである。

　実はマツモトが調査をやり直し始めた頃から、ジャービスは、ステンダー
の仲間に加わってもよいというようなことを秘かに言い始めていたのである。
10 月末には彼は実際にそうする。スター・ブレティン紙はこれを「回れ右」
をしたと書く。実際、まさにそのとおりであった。《信託崩壊》が出る 1 週

間前には、ジャービスはステンダーを罵り、物を投げつけていたのだから。それ以前にも、彼は信託資金から金を出して私立探偵を雇い、ステンダーの弱みを探らせていたくらいなのだ。しかしわずか数ヶ月後の今、ジャービスはステンダーの味方となった。

新聞の解説では、ジャービスは日和見主義者として描かれていたが、ステンダーはそれでも歓迎した。4対1の立場は孤独だったから。ウォンは、権力とはつまりは数だ、とよく言っていた。「5人は4人に勝つ。3人は2人に勝つ。2人は1人に勝つ」。この何年間も、ステンダーはビショップ遺産信託受託者たちの中で、4対1の奇妙な存在であった。今はジャービスがいるので、あと1人いればステンダーは多数派になれるのだ。そして彼にはそのための計画があった。

1997年までに、ステンダーは8年間ビショップ遺産信託受託者の地位にあったことになる。そしてその間、彼は他の受託者たちの深刻な信託濫用の事実を仲間内だけでしばしば話してきた。何人かの監督官とはこの危惧を共有してきており、1992年と1995年には検事総長室の検事たちと会って調査に乗り出すよう話もしてきた。彼にはこれらの深刻な信託濫用を秘かに批判する以上の法的義務があることは自覚していたが、有名な弁護士からの助言は、同僚の受託者たちに対する訴訟には少なくとも200万ドルかかるうえに、ハワイのどの裁判所でも勝てる見込みはおそらくないだろう、というものであった。

訴訟の費用負担に加え、彼には自分自身の首もこのままでは危ないという自覚があった。この可能性は年々増大する。初めから信託濫用に気がついていながら、8年間も裁判所に請願してこなかったことをどう説明できるのか？　ステンダーの立場からはさらに悪いことがあった。マツモト監督官の報告書の指摘の中で、他の受託者たちに当て嵌まってステンダーに当て嵌まらないものは何ひとつとしてないのだ。事実、ステンダーはピータースに次いで長くビショップ遺産信託受託者の地位にあるので、それなりに知られた存在でもある。

しかしながら、この法的には他の受託者たちと同様だった立場が、1997

年の 12 月、イムの報告書公表とリンゼイが「機密」レポートを自ら発表したことで変わる。同僚受託者全員の追放を求めなくとも、ただひとりの受託者、すなわちリンゼイの解任を、彼女の教育担当主任受託者としての行動のみを根拠として裁判所に求める道が、ステンダーに開けたのである。世論はリンゼイのみの排除に適していた。カメハメハの〈オハナ〉はリンゼイの行動に非常な怒りを抱えていたため、彼女を排斥するどんな試みも熱狂的に支持するだろう。

　ステンダーとジャービスは、イムの報告書の公開後しばらくしてリンゼイに手紙を書く。自分たちはあなたに直ちに辞任してもらわなければならないという悲しいけれども正しい結論に達した、と書いた。

　　　貴女が、最も神聖な義務を負っているはずの子どもたちと学園に害を
　　　及ぼし続けることを、われわれは支持することも認めることもできない。
　　　貴女は自らの義務に違反しており、バーニス・パウアヒ・ビショップ遺
　　　産信託の受託者としてふさわしくない。直ちに辞任することによって自
　　　らを正して欲しい。そうでなければ、われわれは検認裁判所に貴女の解
　　　任を請願する。

　リンゼイは当然のこと拒否したので、ここに闘いは始まる。

　その年の次々に起きる前例のない一連の驚愕の出来事は、最後の爆弾宣言で幕を閉じることになる。カメハメハ〈オハナ〉の行進から 7 ヶ月後、《信託崩壊》の掲載から 4 ヶ月後、マツモト報告書の公表から 1 ヶ月後、イムの封印された報告書の提出から 2 週間後、アドバタイザー紙がリンゼイの「機密」レポートを掲載し、受託者多数派が一夜にしてマツモトの提言の無視から遵守へとその立場を切り替えたが、今度は何とハワイ州最高裁が回れ右をするに至る。5 人の判事のうちの 4 人が、今後はビショップ遺産信託受託者選考を行わないと宣言したのである。

　ほんの 4 ヶ月前、《信託崩壊》記事への反論として、判事たちは、自分たちの受託者選考の神聖かつ歴史的義務を憤然と弁護したのである。ところが

今は、自分たちの関与を継続することは「不信と冷笑の空気を促進し、市民が司法に抱くはずの信頼を損なう」と言うのであった。

彼らがこの爆弾宣言をする際、判事たちは、自分たちは政治的に行動したことはないし、悪いことは何ひとつしていないと主張したが、スター・ブレティン紙の社説ではこれを否定する。

> 判事たちによる受託者選考は、それが政治的動機から行われていることが明らかであるために長いこと嘆かわしいほどに劣悪であった。自分たちが指名した受託者たちの関わる裁判における判事たちの対応の不適切さは明瞭である。
>
> （1997 年 12 月 22 日付け）

アドバタイザー紙はもっとはっきりと解説する。判事たちの行動は完全に、かつあけっぴろげに、政治の力学で動いていると言う。

> 受託者指名責任を放棄したことにより、4 人の判事たちは、州を支配する民主党を長きにわたって権力の座に就けてきた取り決めの鎖を壊してしまった。今は亡き知事ジョン・バーンズと彼の忠実な部下たちは、自分たちの勢力維持という使命を隠さなかった。目的を追求するために、彼らは主だった組織を支配下に入れる必要があったが、ビショップ遺産信託への影響力もその計画の一部である。そして、その影響力は、堂々と、知事執務室から司法へ、それからビショップ遺産信託受託者へと、実際に行使されてきたのである。
>
> （1997 年 12 月 23 日付け）

4 人の判事たちが爆弾宣言に名前を載せた。ムーン、レビンソン、ナカヤマ、およびラミルである。5 人のうちのただ 1 人のハワイ人であるクラインは強い言葉で反対した。この決断は賢明ではなく、時機尚早であり、そのうえに無計画であると。もしも判事たちの選考に問題があるならば、代わりの判事を用意すれば済むことだとクラインは言う。彼曰く、自分は「1 人とい

う多数派として」受託者選考を続ける用意がある。これはありそうもない話ではあるが、かといって今後どうなるのかは不明瞭である。検認裁判所が管轄を有するが、ということは、検認判事が受託者を選任する公的権限があるということである。しかし、検認判事 1 人で公的にすることが、5 人の最高裁判事の非公式な仕事に勝るとも、必ずしもいえるわけではない。

　知事カイェタノは頑固に拒否した。ビショップ遺産信託受託者選考は「1人の判事に委ねることはできない」。多くの人はこれに同意する。しかし、この仕事を 5 人の最高裁判事の手にも 1 人の検認裁判所判事の手にも委ねられないとすれば、これからの受託者はどのように選ぶべきなのか？

　これが翌年への宿題となる。

第14章
疑心暗鬼

1997年がビショップ遺産信託受託者にとって地球が割れるような衝撃的な年であったとすれば、カワイアハオ・プラザとカメハメハ学園で働く人びとにとっても、また別な意味で同じように不安な年であった。現在の受託者の支配の下で、どの職員も日本人移民がハワイに持ち込んだ、ある「ことわざ」どおりに暮らすことに慣れてしまっていたからである。「出る釘は打たれる」。

1997年5月の行進を受託者たちが注意深く監視していたことによって、恐怖とおびえがすでに蔓延していたカワイアハオ・プラザ内に、今度は疑心暗鬼が加わることになる。しかしながら、それをあえて口に出す者はほとんどいなかった。この疑心暗鬼は、なによりもまず行進参加者を受託者たちが写真に写していたことから一気に生じる。それについて聞かれると、ディッキー・ウォンは、写真は歴史の記録のためだと答えた。しかしウォンがビショップ遺産信託の歴史の記録保持に関心があったとは到底思えなかったし、そのうえ、これらの写真はカメハメハ記録文書保管室に他のすべての歴史的品々とともに収用されてはいなかった。そうではなく、写真が最後に見られたのはリンゼイの部屋である。彼女の机の上に広げられ、情報提供者がいちいち顔を指差して名前を言うのを、リンゼイが黄色い用紙に書き取っていたのである。

《信託崩壊》が世に出ると、カワイアハオ・プラザの雰囲気は一層暗くなる。ある年配の職員は、「まるで墓地か、塹壕の中にいるようだった」と述べている。コンピュータ・ファイルと電子メールが新たに心配の種となった。個人のコンピュータからファイルを削除しても中央管理室で再現できるって本当？　メールはどうなの？　利用者本人が知らないうちに見られているのかしら？　そのため、電子メールの利用を完全にやめる者も出てきた。

　多くの者が電話は盗聴されていると信じていた。通話中、カチッとかブーという音が聞こえるような気がしていた。時に彼らは通話を途中でやめて受話器を置き、またすぐに取り上げて、ツーというダイアルトーンが聞こえないと、これは盗聴器がまだ切れていない証拠ではないかと勘ぐった。

　オズ・ステンダーは当然、自分の部屋には盗聴器が仕掛けられていると思っていたので、何か重要な話をする時には、常にラジオのボリュームを上げていた。

　ある日、職員たちは、盗聴装置がないかどうか電子機器を用いてカワイアハオ・プラザ内を調べる、と聞かされる。これ自体、相当に尋常ではないのに、実はまだおかしな話が続くのだ。この「捜索」は週末の真夜中に行うという。この不自然な予定の理由は、日常業務に差し障りのないようにということだった。しかし、誰もいない真夜中の作業なんて、盗聴器を撤去するのではなく設置するのにうってつけではないかと考える者もいた。また、この「捜索」のための購入命令書が出ていないことに気づいた職員もいる。これは適切な手続ではない。この意味するところは、誰がどのような権限で、また正確には何を購入したのか、後で調べようがないということである。支払いは手書きではなくタイプされたメモ付きの特徴のない送り状を基になされた。「会計へ──秘匿！」。そして判読不能な署名。送り状は「20 電話線調査」のためとなっており、請求元は SS & SI、これはありとあらゆる監視装置を売る、アイエアにある小さなショッピングモール内の店であることが後に判明する。

　カワイアハオ・プラザの外では、陰険かつ卑劣なことがもっと早くから始まり、それが急速に拡大し、しかも今も続いていた。アドバタイザー紙のグ

レッグ・バレットは自宅にやってきた男に脅される。その男は、自分が痛め
つける相手に対し事前に「挨拶する」ことが自分の仕事だと言う。「俺の言
ってる意味、わかるよな」。検事総長マージョリー・ブロンスターは直接の
脅迫を何度も受け、そのうちの 2 件は相当に深刻だったため、自宅に警備を
敷かせた。〈ナプア〉の非公式代理人ビーディ・ドーソンはタイプ打ちの脅
迫状を何通も受け取っていた。ステンダーの自宅には無言電話がかかり、ま
た何者かの仕業により、市内の駐車場に止めておいた車のタイヤのひとつを
ナイフで切り裂かれている。

　検事副総長はある時、リンゼイがカワイアハオ・プラザに週末現れ、執務
室のコンピュータからのファイル削除を命じていたと聞かされる。ビショッ
プ遺産信託のコンピュータ責任者、情報技術者のロリアン・チルダースは検
事たちに、削除されたファイルが絶対に再現されないように確実にやれと指
示されたと話す。彼女は宣誓供述書に署名した。その 60 分後、チルダース
の夫は自宅で匿名電話を受ける。男の声で、「証言したらどうなるかわかっ
てるだろうな、とあの＊＊＊白人女に伝えておけ」。

　リンゼイは、削除したファイルに入っていたのはハワイの歌全集とニュー
ジーランドへの旅行の情報であり、検事総長の調査とは無関係だと主張した。
彼女はなぜそのような無害な内容を、調査の最中に、しかも週末にやって来
て削除し、かつ念入りにサーバーからも消したのかについては説明していな
い。

　チルダースは真実を述べたかっただけであり、その後はほっておいて欲し
かった。しかしそうはいかなかった。脅迫は続く。検事総長ブロンスターは
チルダースの自宅に武装警官を複数配置し、夫妻の 3 歳の娘の幼稚園の送り
迎えはガードマンにさせた。チルダースはビショップ遺産信託での仕事をと
ても気に入っていたが、この状況は耐えられないものだった。武装警官に囲
まれて数週間暮らした後、彼らは自宅を売り、一家はハワイから離れる。チ
ルダースがその後、証言台に立つことはなかった。

　カメハメハ学園での士気はずっと低いままであった。リンゼイレポートに
よって、教師たちと生徒たちの多くは腹にパンチを食らったように感じてい

た。誰もリンゼイ版真実を信じてはいなかったが、しかし本当の真実は何だろうという思いは引きずることになる。

　パトリック・イムが自分の報告書を提出した時、彼はビショップ遺産信託がカメハメハ学園の評価を独立した機関から受けることを強く推奨した。多数派受託者、すなわちピータース、ウォンとリンゼイはこれに喜んで従った。ただちに彼らはピーターソン・コンサルティング・オブ・サンフランシスコ（PCSF）と契約する。入札を行わない契約で、相手が額を言う前から、約40万ドルを支払うと申し出ている。ステンダーにはこれは八百長のようにみえた。彼は、多数派受託者がこの点に関する職員の報告を完全に無視し、適正手続抜きで PCSF を選んでいると指摘した一連のメモを書いている。「これだけの規模と重大性ある仕事をさせるのに、このようなやり方でコンサルタントを選ぶなど、正気の沙汰ではない」と結論づけている。

　ピーターソンに不満なのはステンダーだけではなかった。教師たちには何の相談もなかったし、〈ナクム〉によれば、ピーターソンのウェブサイトに挙げられている 19 の業務分野のどれも教育とは無関係であった。そこの 5 人のメンバーの 2 人のみが教育に関する経歴を有するが、両者とも、カメハメハが支払う金額、これは最終的に 54 万ドルにまで膨れ上がったが、この金額に見合うだけの専門家としての能力はない。

　予想どおり、ピーターソンの報告書はリンゼイレポートの焼き直しであった。すなわち、生徒が長くカメハメハにいればいるほど成績が悪くなる、という例のリンゼイのお題目である。さらに、これも予想どおりマイケル・チュンの悪口である。彼がいい人間で善良な意図をもち生徒たちに愛されていると初めに書いた後で、報告書はチュンに落第点をつけている。「彼には教育の経験がなく、学校が次の世紀に優秀な生徒たちを送り出すために必要な指導力と手腕に欠けている」。彼はまた、受託者たちからのみならず、カメハメハ職員からも「信頼を失っている」。リンゼイの個人弁護士のひとり、マイケル・グリーンはこの機会を利用し、カメハメハを「失敗製造工場」と呼んだ。

　チュンは〈オハナ〉に向けての公開レターで、彼らを安心させる。「私たちの優れて質の高い教育の効果は卒業生の中にだけではなく、私たちの学校

に触れたすべての人びとの誇りと精神の中に生きています。カメハメハは疑いようもなく素晴らしい学校なのです！」。〈ナプア〉の広報担当、ジャン・ディルはカメハメハでのチュンの同級生であるが、これに賛同し、チュンを完璧に信頼していると述べている。ディルはピーターソン報告書の背後に潜む動機とデータに疑問を呈し、結局のところ、この報告書は「受託者たちが生徒たちの利益と王女の遺言を守る代わりに自分たちの個人的利益のために真実を歪め続けている、また別な一例に過ぎない」と言う。

　そうであれば、カメハメハの問題の責任は誰にあるのか？

　パトリック・イム、〈ナプア〉、〈ナクム〉、《信託崩壊Ⅱ》の執筆者たち、ステンダーおよびジャービスは皆、カメハメハに問題があるとすれば、それはすべてリンゼイのせいだと言う。リンゼイとピーターソングループ、ウォンおよびピータースはマイケル・チュンのせいだと言う。チュンは誰のせいにもしないが、誰かのために立ち上がることもない。その間、教師たちは毎日学校へ行き、生徒たちに、なぜ新聞の見出しに自分たちの愛する学校が「失敗製造工場」と書かれるのか、そして幼稚園時代に顔と名前を覚えさせられた受託者たちのほとんどがそれに同意しているように見えるのはなぜなのかを説明しなければならなかった。

　教師たちはロケラニ・リンゼイのために〈ナクム・オ・カメハメハ〉として結束した。今になっていろいろなことがわかってくると、彼らはその視野を広げる。1997 年 6 月 6 日、スター・ブレティン紙の一面に次の見出しが躍る。「カメハメハ教師陣、世間に向けて声を上げる。首をかけて、200 名以上の教師が団結し、受託者たちを批判する 2 ページの書面を公表」。

　教師たちとは異なり、カメハメハ執行部は世間に向けて不平を言わなかった。リンゼイ、ウォンおよびピータースが〈ナクム〉、特にその指導者であるアバド、アイル、ホーおよびオブレヒトを標的にした時すら、（雇用契約の要請に従い）彼らは命令に従い続けた。しかしながら、事態があまりにも異常で常軌を逸しているため、執行部には教師たちをここで公然と支えるべき、より高潔な義務があると確信するに至った者が 2 人いた。この 2 人の反逆者がジュリアン・アコとキャシー・クケアである。

アコは 1979 年からビショップ遺産信託で働いている。初めは拡大プログラムの職員、次にカメハメハキャンパスで社会科主任教員、そして今は生徒活動を監督する学生部長の地位にある。彼の家族は全員カメハメハの出身であり、彼自身もマイケル・チュンの少し前、1961 年に首席で卒業している。彼の卒業生総代としての演説は、聖書の次の一節についてのものであった。「多くを与えられた者は、大いに人の役に立たねばならない」。

　クケアはこれまでの 20 年間のほとんどを、カメハメハ高等部でのカリキュラムの調整者として過ごしている。彼女はビショップ遺産信託受託者に女性が指名されることを長く楽しみにしていたが、リンゼイの指名は大きな誤りであったと考えるようになっていた。

　一方の端にアコとクケアがいて、もう一方の端に彼らの上司トニー・ラモスがいるが、両者の距離はあっという間に広がる。両者の溝が拡大するにつれて、同僚たちはどちら側についたらよいのか苦しむことになる。会議はますます辛いストレスの多いものとなった。ある年配の女性は自分の執務室で祈りの会を始める。ラモスは執行部の配置変えを行い、アコとクケアを排除した。2 人の人事評価はラモスとリンゼイの机の上のどこかに消え、長いこと放置され、会議は 2 人の知らないうちに開かれた。ラモスは、受託者たちの方針を支持しない者はいつでも辞めてもらって結構、と 2 人のいる時に発言する。

　アコとクケアは辞めなかったが、教師数人が辞任し、そのうちの 5 人がプナホウスクールに移る。プナホウの学長を 25 年務め、《信託崩壊Ⅱ》の共同執筆者のひとりでもあるロドリック・マッフィーはこの 5 人について、真に優れた教師たちだと述べている。カメハメハに残った教師の多くもまた別な道を模索していた。

　〈ナクム〉は、教員組合があれば事態が改善されるのではないかと考え、弁護士を雇って可能性を探らせた。これに対して、州の公立学校教員組合から励ましと財政支援の申し出を受けるが、カメハメハの教師たちは大きな労働組合の一部になることには関心がなかった。彼らは自分たちにふさわしい尊厳と保護が欲しいだけだったのである。

　それ以外の事柄では正反対であったけれども、受託者 5 人全員とマイケ

ル・チュンは、教師たちが組合を結成することを阻止したいという一点では
完全に一致していた。彼らは労働専門弁護士と労働「コンサルタント」を雇
う。マイケル・チュンは〈ナクム〉に、この両者は意思疎通を促進し「癒
し」への道筋をつけるために呼ばれたのだと説明した。しかしながら、受託
者たちが雇ったこの弁護士は雇用側を代弁することを専門としており、かつ
「コンサルタント」は、組合潰し屋として地元では有名であることがすぐに
〈ナクム〉にわかる。

　受託者たちは、教師たちはキャンパス内で組織的集会を開くことはできな
いと主張したが、これは連邦法違反であると採決される。次に彼らは、カメ
ハメハの教師は全員〈オハナ〉の一員であるから組合を結成できないと主張
したが、これもまた否定される。チュンは、カメハメハでの教員組合は不和
を生むと主張した。彼は手紙やメモで反対の意思を表明し、1998 年 3 月 13
日の組合を結成するか否かの投票日直前まで、校内テレビで組合に反対する
ビデオを流し続けた。無記名投票の結果は、組合結成に賛成が 186 票、反対
が 36 票であった。

　投票日数日前に、全く別な重大事件がキャンパスに起きていた。高等教育
認定評議会（WASC）のチームがカメハメハ中等部の認定評価のためにキャ
ンパスを訪問していたのである。カメハメハにとって今ほど WASC に来ら
れてはまずい時期はなかった。WASC が再認定を決定したとしても、キャ
ンパスが混乱の最中にあることは見ればすぐにわかることだった。彼らによ
る教師と生徒への批判的評価は、カメハメハの士気にとってさらなる深刻な
打撃となる。WASC チームは精力的に動いた。授業を参観し、生徒の成績
表を見、教師たちやスタッフと話し合い、夜には自分たちの個人的観察結果
を学校側の評価と比較した。

　組合結成投票の当日、WASC チームは教師たちと執行部に対して自分た
ちが提出予定の報告書の内容を 1 時間半にわたって事前解説する。チーム曰
く、教師たちおよびスタッフは、学校の使命と生徒たちの双方に対して有能
かつ熱心に取り組んでいる。生徒たちについては、「この世界に、あのよう
に感じがよく親切で、何事にも精力的かつ熱心、有能で将来が楽しみな若者

たちはいない」。それに加えてチームのメンバーは、受託者支配についての感想を述べる。彼らはこれを「上からの下に対する好ましくない支配」と呼び、「執行部ではないスタッフおよび教員たちの専門性、その能力と仕事振りを、軽蔑とはいわないまでも、あからさまに過小評価するものであり、圧政的、脅迫的かつ恐怖にまみれた空気を生み出している」と解説した。つまり一言でいうと、「機能不全」ということである。

WASC チームの解説が終わると完全な沈黙が支配した。それから、拍手が爆発し、最後にはスタンディング・オベーションとなる。教師たちは自分たちの正しさが証明された気がして希望がもてた。

印刷された WASC 報告書には「機密」と書かれていたが、その主要な内容はすぐにホノルルの日刊紙に登場し、しばらくの間、反響がやむことはなかった。WASC はカメハメハの再認定を 3 年間とした。これは赤信号がついたことを示している。何かがおかしい。ほぼ同じ時期に行われたプナホウは最長の 6 年である。11 の公立学校も同様である。州全体で 3 校のみが 3 年とされた。多くの人には、これはよくない兆候に映る。巨額の財政資源を有する私立学校であるカメハメハが、底辺でもがく一握りの惨めな公立校と一緒くたに、底に沈んでいるのだから。

これに対する受託者たちの反応は調査を命じることであった。といっても報告書で問題ありとされた分野の調査ではない。報告書を機密としたのに、その命令に背いて中身を漏らした犯人探しの方である。チュン学長はラモス校長に調査を命じ、ラモスはその後 3 ページの報告書を出すが、結論ははっきりしなかった。受託者多数派は再調査を要求する。リンゼイが一番強硬であった。今回は、彼女はマッコリストン法律事務所に調査を命じた。ジャービスとステンダーはこれに反対するも、数で負ける。

マッコリストンの関係者が速やかにキャンパスに現れ、教師や執行部の人間たちを呼びつけ始める。予告なく宣誓の下で質問を浴びせ、裁判所記録係がすべてを書き取った。ある時、女性職員が尋問で泣かされたため、短い期間、ステンダーとジャービスは巡回裁判所から一時的調査差止命令を出してもらう。「怖くて死ぬかと思った」。

当時、マッコリストンは言っている。「ひとつだけ確かなことは、調査は

続くということだ」。彼曰く、これは通常の実務である。被雇用者ハンドブックは機密情報を権限なく漏らすことを禁じており、受託者たちがそれをつきつめて正さない方が間違いである。ロケラニ・リンゼイが教育に関する機密報告書を無権限で発表したことをある者が指摘すると、マッコリストンは、それとこれとは異なる、リンゼイは被雇用者ではなく受託者である、ハンドブックは彼女には適用されない、と言った。

　多額の信託財産を用いて、この犯人探しは何ヶ月も延々と続いたが、結局わからないままで終わる。教師たちは公にはほとんど何も語らなかったが、心中は怒りで煮えくり返っていた。よそ者がキャンパス内に侵入し、部屋を徴発し、教師たちを授業中に呼びつけて尋問し、嘘発見機にかけるとまで言って脅した。そして学長はそれをやめさせようともしない。

　教師たちは、チュン学長に、それが首を意味することになろうと、自分たちのために立ち上がって欲しかった。それにより彼は殉教者になり、勇気づけられたハワイ人たちは、当然の正義の怒りをもって彼を支援するにちがいない。教師たちはチュンをそのような行動の取れる人物とみていた。

　チュンは仕事を失う賭けはしないと決めていた。もしも彼が教員たちの信頼を失い始めているのであれば、あるいはピーターソン報告書がいうとおり、もうすでに失っているのであれば、それが理由であった。内々にチュンは外部の助言を求める。ステンダーは慎重と忍耐だと言った。彼によれば、受託者たちのしていることは、世界中に自分たちの首にかけるロープをつるして、その輪に自分の首を入れているようなものだ。あと一息、彼らが愚かにも足元を蹴れば、それでおしまい。そこに立っているのはチュンだけだ。実はこの助言はステンダーがこの 8 年間、自分自身に言い聞かせてきたことなのである。

　チュンの個人的弁護士であり昔からの友人でもあるダグラス・インも、同様に慎重な行動を助言した。チュンのような指導者が自分から首になるようなことをして何のいいことがある？

　しかしグラディス・ブラント女史だけは違っていた。彼女はチュンに、今、キャンパスには指導者が必要だと言う。状況は教師たちにとって耐えられないところまできている。生徒たちに悪い影響が及ぶのも時間の問題だ、もし

まだ悪い影響が及んでいないとしても。女史はチュンに問う、「学長らしく行動しないのなら、何のための学長なのか？」。

　両極端の助言を前にして、チュンは神に向かう。この何年間か、チュンはセントアンドリュー教会に通っていたが、心地よいエピスコパリアン教義は、今の自分には物足りないと感じていた。彼は福音主義派クリスチャンに転向する。彼は妻、執務室の職員とともに祈り、同窓生たちとは電話でともに祈った。彼はWWJDブレスレットを配る。イエス・キリストならどうするだろう？　と書いてあるものだ。この困難な時期に、彼が教師と生徒たちに慰めの言葉をかける必要が生じた時、王女の子どもたちである彼らに何よりも強く伝えたかったことは、自身を神に近づけよ、ということであった。

第15章
信託違反の世界記録

　調査が積み上がるにつれて、ビショップ遺産信託受託者たちが長年にわたって数々の受託者義務違反を犯し、しかも刑事法に触れることすら行ってきたことが明瞭となる。IRS（米国国税庁）が最終的に定義したように、彼らは王女パウアヒの信託遺産を、自分たちで好きなように使える「個人的投資クラブ」のように取り扱っており、信託の公益目的に対する関心はあきれるほどに欠落していた。彼らは一度たりとも全体的投資計画をもったことはなく、投資を決める際の適切な事前調査も、あるいは投資を決めた後にそれを注意深く見守ることもしないことが多かった。マツモト、サカマキ、およびアーサー・アンダーセンの会計士たちは、47件のビショップ遺産信託による投資が1994年から1996年にかけて、最終的にそれぞれ少なくとも200万ドルの損失を出していることを明らかにした。

　慎重な投資の基本である投資の多様化には、ビショップ遺産信託受託者たちは関心がないようであり、まして優先的考慮事由という認識はなかった。信託がハワイ島にすでに26万2,000エーカーの土地を所有しているにもかかわらず、ある業者がヘンリー・ピータースに「世紀の不動産取引」をもちかけてきたことがある。元砂糖プランテーションの所有者「ハマクア・シュガー」が倒産し、ハワイ島に所有する3万500エーカーの土地が競売にかけられる予定なので、それを買えと言うのだ。この何年もの間、投資助言者た

ちは受託者たちに、投資を多様化しろと言ってきたが、ピータースはそれで
もこの収益を生まない土地を信託財産に加えたかったので、購入する気満々
となる。弁護士たちは彼に土地の評価価値以上の値を競売でつけないように
注意したため、彼はその値を調べさせた。ハマクアの土地に詳しいビショッ
プ遺産信託内部の評価担当者は当初、800万ドル相当と述べたが、ピーター
スが実際に見に行くと、相手方は評価を1,500万ドルに釣り上げる。それで
も不満のピータースは外部の評価者を雇うが、この人物はその土地を見もし
ないで2,000万ドルの価値があると言った。

ハマクアの土地を購入する場合は、借金での取得は避けて欲しいとする内
部報告書が後に見つかっている。それによれば、借金での購入になると、毎
年の返済に充てる費用は、それ以外の信託財産収益から出さなければならず、
そうなれば、カメハメハ学園のために使える金額がその分減らされることに
なるからだという。

それにもかかわらず、ピータースは自分の独断で、その土地を2,100万ド
ル、ほぼ全額借金で購入する。議事録には購入の事実すら一切記載されてい
ない。その後、この土地は毎年100万ドルを超える損失を出し続ける。これ
にはラリー・メハウの会社が提供する警備保障費も含まれていた。

マツモトのリストに挙がった47件の投資、すなわち1994年から1996年
にかけて、それぞれ少なくとも200万ドルの損失を出していた投資は、クク
イ（4,939万5,947ドル）に始まり、モントローズ・グループ（4,720万5,472ド
ル）、ソーカル・ホールディング（3,445万9,800ドル）、JBMキャディラッ
ク・フェアビュー（2,900万ドル）、ロック・リール・エステイト（2,253万
5,000ドル）と続く。マツモトがこの情報を見つけ出して公開する以前は、ほ
とんどの人は、上手くいっている投資か（受託者たちはこういう投資について
は話したがる）あるいは失敗してハワイの外で訴訟となっている投資（裁判
所が記録を隠すことはめったにない）を知るのみであった。後者の例としては
前に第6章で触れた石油やゴルフコースのほかに、KDPテクノロジーと呼
ばれるインターネット新興企業がある。

KDPによれば、同社ではコンピュータによるいわゆる出会い系サービス
のほか俳優、芸人、およびモデルがネット上に自分たちの才能を展示できる

ソフトウェアを提供している。この投資物件はカリフォルニアのベン・ブッシュ 3 世なる人物からビショップ遺産信託に持ち込まれた。この人物とは、リンゼイがフィリピンに隠匿されていた「金」をアラブ人富豪に転売して巨利を得る目的で購入するという投資話に関わっていた時に知り合っている。リンゼイは他の受託者たちに、自分とブッシュとが関わる個人的取引について何も話さなかったし、ビショップ遺産信託のスタッフもブッシュの身体検査をしなかった。KDP との取引に当たって適切な手続を踏む責任のあるスタッフは、ブッシュがリンゼイからの紹介なので、彼の信用性を問題視してはいけないと考えたという。前述のメタンガス開発や贅沢なゴルフコース開発よりも危険なものがあるとすれば、このインターネット事業であった。ビショップ遺産信託は当初 50 万ドルのみの参加であったが、すぐに 1,300 万ドルに跳ね上がる。ブッシュは紹介料、ローンの弁償、および 9 万ドルの報酬を得た。ディッキー・ウォンの義理の兄ランディ・ストーンは年 15 万ドルのコンサルタント料とストックオプションを受け取っている。

　後に、ブッシュは、また別な投資助言活動においてマネーロンダリングと詐欺行為に関わっていたことが判明する。彼は起訴され、裁判で罪が確定して収監された。ビショップ遺産信託は KDP に投資した全額を失う。KDP で扱っている商品は、検事総長室の検事によれば、「ソフトなポルノ」だそうだ。ブッシュとリンゼイが「金」投資で投入した自己資金も、ブッシュが 80 万ドル、リンゼイが 40 万ドル、それぞれ同様に消えた。

　それでも、ひとつの投資だけは例外的に上手くいった。ゴールドマン・サックスである。しかしながら、それさえも通常の「慎重な」投資ではない。この話は 1991 年 12 月、ジョン・コジーンがマツオ・タカブキに、ゴールドマン・サックスにビショップ遺産信託資金を投資する気はないかと訊いた時から始まる。ゴールドマン・サックスは世界規模の展開を図るためにビショップ遺産信託をパートナーに迎えたかったのだ。タカブキとコジーンは、2 億 5,000 万ドルの投資では信託が受け取る利息はどれほどになるかを交渉し、それほど時間をかけずに取引が成立する。

　しかしながら、その 2 年後、コジーンが戻ってきてさらに 2 億 5,000 万ド

ルを要請する。その当時、ゴールドマン・サックスの経営戦略は失敗しており、パートナーたちは自分の金を持って会社を辞め始めていた。これは初めてのことで、不吉な展開である。ビショップ遺産信託が当初の投資を倍増したとたんに会社が破綻する可能性は相当にあった。幸運なことに、そうはならず、ゴールドマン・サックスは危機を脱し、世界経済が膨張を始めると業績は好調となる。1999年に会社が株を公開すると、ビショップ遺産信託の5億ドルの投資は150億ドルの価値となった。これは課税前の数字であり、かつ公開発表時には半分の売却しか報告されなかったが、それでも大きな利益といえる。

　新聞やテレビなどのメディアは、これは税金がかからない利益だと考えたようだが、実はゴールドマン・サックスへの投資から生まれる収益は、税法が「非関連業務からの収入」と呼ぶものであり、その収益には完全に税金がかかる。実際に、受託者たちは営利法人を用いてゴールドマン・サックスへの投資を行っていたため、会社が公開された時の利益にはキャピタルゲインにかかる比較的低い利率は適用されず、州と連邦の最高法人税率がかけられることになる。要するに、1992年と、再度1994年には、受託者たちはゴールドマン・サックスからの全収益が、専門家による多様化された運営計画から得られる収益よりも、あるいはそれ以外の受身の、したがって免税の投資からの収益よりも、少なくとも40％（適用される税率）以上は多いものとなる方に賭けていたわけである。今回ばかりはこの大博打は上手くいったといえる。

　ディッキー・ウォンは1994年の2億5,000万ドルの追加投資に初めは反対していたが、最終的には他の受託者とともに賛成に回る。数年後、彼はゴールドマン・サックスへの投資はリスクの高いものであったと証言調書で認めている。その投資を認めた時に自分自身に言ったことを彼は思い出す。「ディッキー、お前はこれからサイコロを投げるんだ。どう転ぶか、まあ、見ものだな」。証言調書の別のところでは、彼は「時々、私は自分のしていることが正しいかどうかよりも運に恵まれる方がいいと考えていました」と述べている。

　受託者たちが 1992 年にゴールドマン・サックスに投資した理由は単純である。タカブキがそれを望んだからである。1994 年にはしかしながら、タカブキは引退しており、ヘンリー・ピータースが資産運用の主任受託者であった。コジーンが再度 2 億 5,000 万ドルの投資を要請してきた時、ピータースは自分で細部の交渉に当たることにした。最終交渉会談の話はゴールドマン・サックス内では伝説となっている。コジーンはその当時ちょうど会社の取締役会トップかつ CEO になったばかりで、会社の方向性を先々で共有するために世界中を飛び回っていた。ゴールドマン・サックスとしては、組織のトップが「ビショップの人たち」との最終交渉に臨むためにハワイに飛んで行くということは、会社にとってそれだけ重要な取引であるからだと考えていた。コジーンは決められた時間に部下を連れて会議室に入る。すぐに済むと思っていたため、彼のプライベート・ジェットは空港で待機状態にあった。

　ピータースはビショップ遺産信託を代表して話をするはずであったが、今や全員の目が彼を注視する中、彼はただ無言でじっと座ったままであった。長い、気まずい沈黙の後、ようやくピータースは口を開く。「実は俺にはよくわかってないんだ」。ゴールドマン・サックスの人間たちはあっけに取られて言葉もない。あわててピータースは「助手から説明させるよ」と言う。受託者たちの方針はタカブキがいた 1992 年から変わっていないと助手が説明するのを、全員が注意深く聴いていた。15 分のうちに契約は成立する。ビショップ遺産信託は再度 2 億 5,000 万ドルを拠出し、ゴールドマン・サックスの 9% 強を所有することが決まった。

　ゴールドマン・サックスの人間たちはマツオ・タカブキを高く評価していた。彼らは彼がビショップ遺産信託のために行う投資の内容を理解していると考えていた。しかし、ピータースには荷が重すぎるように彼らには思えた。

　ビショップ遺産信託が 1992 年にゴールドマン・サックスで最初にパートナーとなった時の副社長であったロバート・ルービンとの交渉でも、ピータースは自分が何をしているのか全くわかっていなかった。ルービンがゴールドマンを辞めてビル・クリントン政権の執行部に加わる時、彼は自分のパートナーの権利を会社の約束手形で受け取る。額は 5,000 万ドルといわれてい

た。ルービンは次に、この約束手形の満額プラス利息を、ゴールドマン・サックスに何が起きようとも自分が確実に受け取れるようにビショップ遺産信託が保証してくれれば、信託に毎年20万ドルを支払うと申し出る。電話1本で取引が成立し、その後5年間、ビショップ遺産信託は毎年ルービンの小切手を受け取ることになる。

ゴールドマン・サックスはこの手形を返済不能にすることはなく、ビショップ遺産信託も、幸いにしてルービンに弁済する必要は生じなかった。事実がわかった後で、オズ・ステンダーは言っている。「保証の恐ろしさをわかっておらず、ただでカネが入ってくるくらいに考えていたのです」。

ゴールドマン・サックスでの5億ドルの投資と同様、この小さな取り決めも上手くいった。信託は、手形を保証して100万ドルの純益を得た。しかしながら、このような意思決定は到底、慎重とはいえない。全体的計画があるわけではなく、単なる場当たり的行動の連続であり、受託者たちには投資のリスクを計る能力も、適正価格を設定できる高度な専門知識も全くないままなのであった。

監督官コルバート・マツモトによる監査期間である1994年から1996年にかけて、ビショップ遺産信託は投資によって全資産の1％を失っていることが判明する。この同じ時期、ダウ・ジョーンズ工業平均は72％上昇しているのにだ。1995年、受託者たちが171人の職員を解雇した時、彼らは、拡大プログラムは効率が悪いからだと説明していた。

ビショップ遺産信託広報部は、この時期、受託者たちが大いに資産を増やしたとPRする全面広告を新聞に出している。ピータースも彼流の言い方で同じことを言っていた。「一日の終わりに、正味の利益と損失を全部計算すると、カネができているんだ。自慢するわけじゃないけど、これが真実さ」。

ピータースと広報部が言わなかったことは、彼らの挙げる数字には、昔の借地権からの賃料や強制土地売却による収入が含まれていたことである。この金額のお陰でビショップ遺産信託は黒字となっているが、このカネは現在の受託者たちの金融の才とは無関係である。ビショップ遺産信託が大金持ちの巨人になったのは、王女パウアヒの土地の価値が上がったからにすぎない。

　信託法は、受託者たちに、所有する資産の市場価値を明らかにする相応の努力を要求しているが、ビショップ遺産信託受託者たちは 1970 年代、1980 年代、および 1990 年代と、信託が所有する土地の評価を行わなかった。財務書類には彼らは 1965 年時での価値を載せているが、これは現在の価値よりも甚だしく低いものである。これについて聞かれると、彼らは現在の価値を知る必要などないと答えている。1990 年に、ステンダーは、信託財産は市場価値で少なくとも 100 億ドルあると計算した。彼はこの数字を、「極めて控えめの数字である」と言っている。

　1990 年代、ハーバード、イェール、スタンフォードといった一流大学は、概してその資産の 4 ～ 5%を毎年教育に支出していた。同様なことは、プナホウやイオラニといった地元の名門校にもいえる。ビショップ遺産信託受託者たちが現在の価値を明らかにしないため、毎年、信託資産の何%をカメハメハに支出しているか、知るすべはない。現在の価値が知られていれば、市民には、カメハメハ学園が騙され続けていることがはっきりとわかっただろう。ステンダーの「極めて控えめ」の数字を基にしても、彼が受託者であった時期にカメハメハに支出された金額は、一度たりとも 1%にも届かなかった。これが、後に IRS が、ビショップ遺産信託は公益組織というよりも投資クラブであると結論づけた大きな理由のひとつである。

　1987 年、土地の強制売却により津波のようにカネが入ってくると、受託者たちは王女の遺言に従ってその時その時で支出する代わりに、多額の現金を貯め始める。10 年のうちに、カメハメハ学園に使うはずの 3 億 5,000 万ドル近い金額、1 年の総予算の 5 倍の金額を、自分たちの手元に残す。5 人の受託者たちはこのことを、監督官にも、検事総長にも検認裁判所判事にも告げなかった。たとえこれらの「番犬たち」が何らかの行動を取ろうとしても、1987 年に会計方法を変えたために、受託者たちが実際に何をやっているのかを知ることは困難となっていた。

　これ以前は、ビショップ遺産信託の財務報告書には、収入と主要口座が別々に記載されていたため、内部留保の存在とその額を利害関係者は容易に知ることができた。1987 年の変更は重要な意味をもつにもかかわらず、信

託の外部監査役であるクーパース・アンド・ライブランド会計事務所は、その変更についても、また、増大し続ける内部留保についても、開示を主張したことはないようである。

　もしもの時に備えて銀行に預けるように、収入を溜め込むことは慎重な行為にみえるが、公益信託はそのような行動を取ってはならないことになっている。公益信託の存在およびその免税の地位は、金融帝国になるためではなく公益目的を追求するためにあるからである。信託法、税法、および王女の遺言文言はすべて、ビショップ遺産信託受託者が子どもたちの教育に専念することを要請している。それなのに、受託者たちは私かに収入を何億ドルと隠しながら、財政が苦しいと言って、カメハメハ学園への入学希望者が12人いればその11人以上を追い払い、かつ、あらゆる拡大プログラムを廃止していた。

　全米のほとんどの私立学校は、たとえ大きな基金を有するところでも、その公益目的を拡大するために、税金控除できる寄付を集めている。受託者たちはこの努力をしたのかと宣誓の下で聞かれ、ディッキー・ウォンは答えている。「していません。そういうことを自分たちが考えたことはないと思います」。

　受託者たちがカメハメハ学園を騙し続けていた同じ時期、信託資金は惜しげもなく別の人間たちのところへ流れていた。受託者たちは学校執行部に指示して、規定にはない地位を与えるために、また外部のコンサルティング業務をこしらえるために、自分たちが選んだ個人を雇用させたとされる。これらの仕事は何ら実体のないものであった。検事総長の解任請願書にその例が載っている。匿名の前ビショップ遺産信託受託者3名が「その仕事——その仕事がもし実際あったとすればだが——に全く釣り合わないほどの」コンサルティング報酬を得ていた。ジョージ・K・リンゼイ・ジュニアは「もし実際あったとしても、取るに足らない、信託への法律的助言」の提供に毎月3,120ドルの顧問料を受け取っていた。ハワイ人問題事務局議長、クレイトン・ヒーは文化問題研究者として、「取るに足らない仕事」で非公開の報酬を得ていた。ラリー・メハウの会社は入札によらない口頭での契約で、カメ

ハメハの正門警備として毎月 4 万ドルを受け取っていた。ピータースが州議会議員であった時に彼に資金援助していたデュラ建設会社は、何百万ドルもの契約を入札なしで得ていた。ピータースの甥が社長を務める会社リノ・ルーフィングは、入札なしの下請け仕事で百万ドル以上を受け取っている。アルバート・ジェレミーは、バン・ダイク・コレクションの鑑定のような雑用以外で「何をしたのか不明であるが」毎月 7,000 ドルを受け取っていた。

　ピータースは、情実ではないかとの批判に対し、常に「でっち上げだ」と反論し、次のように付け加えた。「知っている人間に仕事を与えて何が悪いんだ？」。

　このような対応を、ピータースの友人たちも何も悪いとは思わなかった。ヘンリー・ピータースが友人として彼に好意で仕事をくれたと思うか聞かれ、ジェレミーは即答している。「もちろんそうだと思うよ」。

　公益信託が政治活動に関わることは違法であるが、ビショップ遺産信託の職員は大勢の政治家のために資金集めのチケットを売っており、その中にヘンリー・ピータースの子分マーシャル・イゲがいた。それだけではない。ここからが本題となる。検事総長室の検事たちの話によると、1994 年のイゲの州下院議員再選挙は成功裏に終わったが、その選挙活動のために選挙ポスターなどを作製してもらった印刷会社ライアンズ・グラフィックスに対してまだ 1 万 8,262.71 ドルの借金があった。イゲには支払う金がなかったので、ユキオ・タケモトがライアンの事務所に電話をかけて、ある取り決めをする。すなわち、ライアン側が偽の請求書を、ビショップ遺産信託から入札なしで契約を貰っている会社「カジオカ、オカダ、ヤマチ設計」に送るというものだ。その会社のパートナーのひとり、アレン・カジオカは、かつてディッキー・ウォンの選挙対策本部長であった。その請求書は彼らが受け取っていない物やサービスを買ったとするものであるが、カジオカの会社は全額を支払い、イゲの借金をゼロにした。カジオカの負担は 1 万 8,262.71 ドル、ビショップ遺産信託から受ける仕事の代金のほんの数％にすぎない。

　議員時代にビショップ遺産信託の政府対応部で働いたカメハメハ卒業生のひとり、州上院議員ミルトン・ホルトの選挙資金報告書も同様に注意を引い

た。「小口現金」で支払った 9,800 ドルとか、私用のための選挙資金からの「借金」1 万 1,000 ドルとか、異常かつ違法な取引が散見されたからである。ビショップ遺産信託が、イゲにしてやったのと同様な創造的財政支援をホルトにもしたことが調査からわかっている。

ホルトは、ビショップ遺産信託との仕事とは無関係なことで、1994 年に別な連邦刑事捜査の対象となっていた。マイケル・ヘア・オブ・ケイズ法律事務所からの法的助言を受けて、ビショップ遺産信託弁護士ネイサン・アイパは、ホルトの弁護士費用を信託資金から支払うことを許可する。総額は 1 万 4,948 ドルであった。汚職で捜査されているスタッフの訴訟費用を払ってくれる雇用者は多くはいまい。その雇用者が税金を免除されている公益信託とくれば、常軌を逸しているといわざるをえない。

その一方で、ビショップ遺産信託の行動に疑問を呈した職員は、このような良い待遇は受けなかった。ボビー・ハーモンがその最大の被害者である。ハーモンは 1988 年にビショップ遺産信託の危機管理部門で働き始める。彼は信用できる申し分のない人間であり、熱心に働いた。8 年間にわたり、彼の人事評価は素晴らしく、その結果、P and C 保険会社の社長に昇進する。この会社はビショップ遺産信託全額出資の子会社である。ハーモンの仕事は、リスクの程度を見極め、保険をかける範囲を決め、それぞれの会社の仲介者と最適な価格を交渉することであった。多額の金銭が介入する重大な仕事である。

ハーモンが P and C を率いた 1994 年から 1996 年の 2 年間は、ヘンリー・ピータースが財産管理の主任受託者であった。ハーモンとピータースの間にはネイサン・アイパがいる。ハーモンは、ここで深刻な信託違反が行われており、ビショップ遺産信託に将来的に大きな訴訟が降りかかり、加えて、税金免除の地位も危険に晒されると信ずるに至る。たとえば、信託の税金に関する助言者はハーモンに、ビショップ遺産信託は P and C のような、その営利子会社と距離を置いて、信託の免税の地位を守るべきだと強調していた。しかしながら、ハーモンは経験から、自分は P and C の社長ではあるが、実際に動かしているのはピータースとアイパであるとわかっていた。

ハーモンはまた、彼らの意思決定が、P and C の利益にもビショップ遺産

信託の利益にもならないと心配していた。彼の提案に反して、ある大きな保険契約が、自分なら競争入札によって確保できる費用の倍以上の価格で彼らのお気に入りの業者に与えられた。またある時には、受託者たちが、自分たちが入っている保険を訴訟費用に利用しないことに気づく。この意味は、必要もないのに信託がその弁護費用を支払うということであり、保険会社が支払いを拒否するあらゆる損害を信託資金を用いて支払うということである。これは、ハーモンからみれば、信託遺産を何らの補塡もなく大きな危険に晒すことになる。しかし、この当時、ハーモンが知らなかったのは、受託者たちには、特定の投資の詳細を隠しておきたい彼らなりの理由があったことである。4 人の受託者が秘かに個人的利益を図っていた「マッケンジー・メタン」の一件のように。

　1996 年 11 月、ハーモンは自分が見て意味不明な事柄と誤りに見える事柄を拾い出してリストを作成し、アイパとピータースに見せる。両人は、こんなことに関心を抱くな、言われたことをやっていればいいと言う。しかしハーモンは、P and C の社長として自分の役目はそれだけではないと思っていたうえに、IRS の新規則では、彼のような地位にある者が公益信託に不必要な費用を負わせた場合には、罰金が課せられると知っていた。彼としてはこのような個人的責任を負うわけにはいかなかったのである。

　ハーモンは、信託の外部監査事務所クーパース・アンド・ライブランドに自分の懸念を報告する。その直後、ハーモンは勤務で初めて正式な叱責を受け取った。その次の月末には、彼は「不当行為」により解雇され、解雇の事情を他人に話すことを禁じる裁判所の指示命令まで受けてしまう。これは《信託崩壊》が公表される約半年前であった。

　ハーモンはハワイで仕事を探すも、上手くいかなかった。雇ってくれそうな雇用者は彼がなぜビショップ遺産信託を去ったのかを知りたがったが、彼としては契約文言（それ自体に「守秘義務」と見出しがついていた）に違反するため、それを話すことはできなかったからである。このような状況下では、彼を責任のある地位で雇ってくれるハワイの会社はなかった。加えて、彼は不当行動で解雇とファイルに記載されているため、失業給付を受けることもできなかったのである。

217

ハーモンは8軒の地元の法律事務所を訪ねて、ビショップ遺産信託を訴える気があるかどうかを尋ねる。彼にはささやかな貯金のほかに収入はないため、法律事務所が訴訟費用を先払いする必要があるが、それはハーモンが訴訟に勝った場合のみ、返済できるものである。ビショップ遺産信託を相手に勝てる見込みはないと考えた8軒すべてから断わられた。次に、彼は長いメモを政府高官数人とメディアのレポーターに送り、彼らに、ビショップ遺産信託で何が起きているかを知ってもらいたいと告げる。その数時間後、ビショップ遺産信託の弁護士たちが彼を雇用契約の守秘義務条項違反および禁止命令違反として、裁判所に引っ立てていった。担当した判事バンビは、ハーモンから送られたもの（告発メモ）を受け取った者は全員、ビショップ遺産信託にそれを返すように命じる。広報担当責任者エリザ・ヤダオは、ハーモンは「信託の財産を無断で持ち出したために」（実は嘘）禁止命令を受けたとだけ発言した。

　ハーモンは、自分が信託内で目撃した事実は、深刻な不法行為であると確信していた。そのため、初めは信託内部から、その後は外部の監査役から、告発の支援を得ようと試みた。そのために信託から処罰された時、最後に彼は裁判官なら彼を励ましてすべての話を聞いてくれると期待した。現実は、裁判官は彼に口枷を嵌めてしまっただけであった。

　ハーモンは危険を知らせる笛を吹いたために孤立無援のまま自宅も貯金もすべてを失ってしまった。彼は破産を宣言し、米国本土に移っていった。

　ヘンリー・ピータースは、ビショップ遺産信託を痛めつけることができるのは政府だけだと常々言っていた。そのため、受託者たちには、政府が自分たちに不満を抱かないようにカワイアハオ・プラザ本部全体を挙げて全力を尽くすという歪んだ感覚が生まれる。政府関係担当部（the Government Relations Department）というものまでできあがる。内部の者たちはGRDと呼んでいた。ピータースは、政治家が喜ぶように取り計らって支援するのは当然のことだと言う。彼曰く、「われわれがやっていることは、この街のどの組織とも違わないと思うよ」。しかしながら、ここには大きな違いがある。ビショップ遺産信託は公益信託なのだ。

　GRD は 1990 年代初期、ヘンリー・ピータースの右腕、ナムリン・スノウ
をその責任者として始まった。スノウは、ピータースが政治家になる以前、
ワイアナエでのモデルシティ計画時代からの部下である。GRD は瞬く間に
6 人のスタッフを抱える規模になる。カワイアハオ・プラザの他の部署の者
たちは、GRD が何をするところなのか、よくわかっていなかった。スノウ
は重要な資料を自分の部屋の金庫に鍵をかけてしまっていた。その数年後、
特別捜査官たちがそれを入手した時、彼らは発見された資料からわかったこ
とを非公開の詳細な報告書にして検事総長と政治資金委員会に提出している。

　報告書によると、GRD のスタッフは政府関係者へのロビー活動に造詣の
深い人間たちで構成されていた。その者たちは、ビショップ遺産信託のため
に、一見信託とは無関係にみえるが実際は GRD が支配する活動家組織を造
って、政府に影響を与えようとしていたことがわかっている。さらに、
GRD は情報収集活動を行い、意に反する者たちに関する悪意ある情報を、
報道関係者、議員たちその他に流していた。特に、受託者報酬減額法案など
の特定の立法に対しては、積極的に反対活動を展開させている。

　特別捜査官のひとりはスノウのやり方を、CIA がバナナ共和国（外国資本
に支配されている政情不安定な中南米の小国のこと）で秘かに展開する戦略に
比している。すなわち、GRD は仲介者を通して静かに地元の人間に接触し、
情報を集め、それを基に手下を配置して、GRD とのつながりがわからない
ように、彼らに独立に活動させるというやり方である。

　捜査官から質問されて、あるひとりの GRD スタッフは、自分はビショッ
プ遺産信託の使用人としてではなく、個人として、カメハメハ卒業生として、
政治活動を行ったと主張した。曰く、はい、そうです。私はハワイ人のグル
ープに参加し、そこで指導的立場となり、受託者たちの目的達成のために働
きましたが、個人としてであり、仕事としてではありません。人びとを鼓舞
して公聴会で発言させ、彼らを集会に車で送っていき、新聞に載せて貰うた
めに編集部に手紙を書き、政治家のために資金調達をしましたが、ビショッ
プ遺産信託のためではなく、すべて、あくまでも個人として、市民の義務を
果すためです。しかしながら、後にスノウの金庫から発見された資料からは
別の事実が見える。このスタッフのさまざまな活動は、「高度に慎重を要す

る機密事項」との見出しで、彼女の年次勤務報告書に書かれていた。

　また別な GRD スタッフは、自分のしていたことはロビー活動ではないと主張した。曰く、はい、そうです。私は多くの政治資金調達パーティーに出席していますし、頻繁に政治家をもてなしてもいます。ですが、これはすべて、「親密な関係を作る」ためだけの行動です。いつか見返りに何かを期待するのでなければ、なぜ政治家の勘定を公益団体がもつのかを訊かれて、彼は、ハワイではそうではないのだと答える。次は、彼の言葉である。「もし私と貴方が友人同士であれば、私に仮に実現したい課題があるとして、貴方はそれに関係していたり、その委員会に入っていたり、あるいは議員だったり、まあ何でもいいんですが、そういう立場にあったとしたら、私はあえてわざわざそのことを持ち出して依頼する必要はないのです。何て言ったらいいのかな？　阿吽の呼吸というか、もうわかり合っているんです。貴方が私の友だちなら、貴方はそうしてくれるんだ、わかります？　口に出して頼まなくてもいいんですよ」。「友人」と考える議員の名を挙げてくれと言われると、彼は上院議員 25 名のうち 22 名の名前と、下院議員 51 名のうち 39 名の名前を挙げた。

　3 人目の GRD スタッフは、自宅に電話してきたスノウから、2 時間後の政治資金調達パーティーに出るように言われたり、特定の候補者たちのために選挙活動するように言われたことを捜査官たちに証言した。これは自分の自由時間での行動かと宣誓の下で訊かれて、次のように答えた。「いいえ。参加は義務でした。これは私の仕事の一部だったのです」。

　後に判明するのであるが、GRD のスタッフたちはビショップ遺産信託のクレジットカードを 1992 年から 1997 年にかけて、少なくとも 780 回利用している。そしてそのほとんどは、州の議員たちや市議会議員のような政治家との関係で使われたことがわかっている。

　政治活動は GRD のスタッフだけに限定されてはいなかった。宣誓の下で、ビショップ遺産信託の弁護士のひとり、コリーン・ウォンは、彼女の上司であるネイサン・アイパから彼の支持する候補者の選挙運動に行かされたことを話した。断ろうとは思わなかったのか？　と訊かれると、「ネイサンは本当に切羽詰まっていなければ、こんなことを私に頼むはずはないことはわか

っていましたから、自分の内心（ためらい）を口にすることはありませんでした。正直にいって、自分に選択肢があったとしても、断ることはできなかったと思います」。

　1991 年 8 月 28 日、オズ・ステンダーはナムリン・スノウに次のようなメモを書く。「信託として政治献金をするためには、きちんと予算を決めて体系的な計画の下に行うべきである」。彼は、「政治資金調達パーティーへの出席と政治活動へのスタッフの参加」の指針も示している。スノウは明らかにこの指示に従ったようだ。彼女の金庫から発見された書類の中に、政治資金調達に関する方針と手続について記載されたものがある。そこでは、政治資金調達パーティーのチケットはすべて、スノウのところへ送ることとされていた。これらのチケットはしばしば大きな塊で届く。ホノルル市長ジェレミー・ハリスからの分厚いマニラ封筒には、1 枚 25 ドルのチケットが 1,200 枚入っていた。

　スノウは候補者ごとにチケットを一塊にして分け、それを今度はその販売を担当する職員ごとに振り分けた。献金者が決まると、小切手や現金がスノウのところに集められ、記録され整理された後、それぞれの候補者の選挙基金に送られた。小切手のコピーはバインダーに入れられ、毎晩、金庫に鍵をかけて仕舞われた。

　候補者の報告書のどこにもビショップ遺産信託の名前は出てこない。チケットを買わせる相手は、ビショップ遺産信託と入札なしの取引をしている企業であった。すると、その企業内の担当者がそのチケットを、その企業に世話になっている会社や人間たち、すなわち下請け業者や従業員たちに売却する。売りつけられた者たちは、今度は、家族や友人など、自分たちが買わされたチケットの費用を一部でも払ってくれそうな者なら誰にでも、可能であれば、回そうとするわけである。

　大量に売りつける相手は、主として開発業者、土建業者、エンジニア、設計会社および弁護士たちである。サム・ハタはビショップ遺産信託の設備管理の責任者であったので、スノウは彼には不動産屋と土建業者にチケットを販売させた。ネイサン・アイパは信託の法律関係を外部の事務所にさせていたので、スノウは、彼には弁護士相手にチケットを売りつけさせた。

ビショップ遺産信託だけが政治資金調達パーティーチケットの売買をしているわけではない。ハワイでは、これらのチケットの購入は、ここで仕事をするための政治的代償となって久しい。それは誰もが知っていることである。ビショップ遺産信託はそれを新しい次元に引き上げただけにすぎない。

　受託者報酬はビショップ遺産信託では常にデリケートな問題であった。ヘンリー・ピータースは、財産運用主任受託者としての自分の役割を楽しみ、信託に入る金は1ペニーに至るまで自分で稼ぎ出したものだと主張しているが、そのほかに14企業の取締役もしていた。そのひとつ、ミッドオーシャン保険は、その取締役全員にそれぞれ20万ドル以上の報酬とストックオプションを与えているといわれていた。批評家たちは、ピータースはすでに受託者報酬として年に100万ドルを受け取っているのだから、それ以外に他企業から受け取る取締役としての報酬とストックオプションはすべて、ビショップ遺産信託に戻すべきだと言っていた。ピータースはこれに対し、自分がビショップ遺産信託受託者だからではなく、自分に専門知識があるからミッドオーシャン社の取締役をしているのだと主張して断る。

　報酬の話題が出ると、ピータースは、ビショップ遺産信託受託者たちは自分で健康保険料を支払わなければならないし、引退後に備える必要もあるし、自営業収入にかかる4％の州消費税の支払いもあるのだと説明することもあった。彼曰く、ビショップ遺産信託受託者という仕事の大変さを考えれば、自分たちの報酬は少ないくらいだ。

　1994年、受託者たちがその前年に規定の計算式をどう解釈しても正当化されないほどに過分な報酬を受け取っていたと職員に指摘されたピータースは、数字をもう一度よく見て「創造的」に考えるようにと言う。結局、受託者たちは、計算式をキャンパスに充てる費用にも適用することで、最終的に61万5,844ドルも多く貰うことになる。このやり方は、まさに、時の裁判所命令で禁止されていた行為である。当然ながら、この再計算の結果は「機密——守秘義務」とスタンプが押されていた。

　1995年、ビショップ遺産信託資産運用グループの前チーフのグイド・ジャコメッティは、ウォールストリート・ジャーナル紙に、これと同様な「創

造的」税金対策について話をしている。これは資産を、免税の信託とその
100％所有営利会社との間でやりとりするというものである。彼はこれを
「売れ行きの悪い商品の保管庫」と呼んでいた。同じ記事の中で、ある中立
的立場の税の専門家の発言が引用されている。「この行為は『創造的である
ことを超えており』、IRS の監査には耐えられないだろう」。

　IRS はまさにこの年、ビショップ遺産信託に対して、掘り下げた監査を始
めたのである。

　1990 年代末には、アメリカ合衆国には 150 万以上の免税組織が存在し、1
兆ドル以上の資産を管理していた。IRS はこれらの組織のうち、ほんの数千
件を毎年監査している。濫用が見つかっても、彼らに取れる方法はひとつし
かなかった。その組織の免税の地位の取消しである。どの年であれ、IRS が
この思い切った行動を取るに値するほどの深刻な違反は、監査した中のほん
の数十件にすぎない。しかし公益団体の免税の地位の取消しは、実際の悪者
よりもその公益団体に依存する人びとを処罰してしまうことになるため、
IRS がこの唯一の武器を使うことはめったにない。

　1995 年、非営利団体の指導者たちと IRS の幹部たちは、公益団体の中で
その権力の地位を濫用する個人を処罰できる選択肢を IRS に与えてくれる
ように議会に依頼した。その結果生まれた立法提案により、IRS には、免税
の地位の取消しに加えて、実際の悪い奴に「中間制裁」を下すという選択肢
が与えられることになった。具体的には、たとえば、ある団体の受託者たち
が、その実際の仕事は年に 10 万ドルの価値しかないのに自分たちに 90 万ド
ルを支払っているとすると、その「過大な利得」である 80 万ドルの 25％ を
罰金として徴収できるとするものである。この例では、罰金は受託者各自、
年に 20 万ドルとなる。それに加えて、各受託者は、その過大な利得の残り
を公益団体に返却しなければならない。最後に、もしも受託者が、この両方
の支払い命令を受けてから 60 日以内に支払いをしない場合には、制裁の罰
金は 25％ から 200％ に上がるというものであった。

　ひとつの有名な組織を除き、国中の公益組織がこの中間制裁法案を絶賛し
た。この公益組織は、濫用した個人を処罰できるとするのは酷い考え方だと

述べ、中間制裁法案の成立に反対するロビー活動を展開し、そのために信託資金から100万ドル近い金を使った。この組織こそビショップ遺産信託である。

受託者たちのロビー活動とハワイ州議員たちの裏での支援（下院議員パッティ・ミンクだけは受託者たちに立ち向かった）にもかかわらず、連邦議会は1996年に中間制裁法案を成立させる。しかしながら、失望したビショップ遺産信託受託者たちにもひとつだけ慰めがあった。すなわち、新法は1995年9月以降に適用されるのである。つまり、現在IRS係官が監査中の年度のほとんどについては、新法は適用されないということである。彼らが監査している年度については、IRSの取れる唯一の制裁は取消しのみであり、IRSはまず絶対にこのような思い切った手段は取らないと、受託者たちは高をくくっていた。しかし、事態は予断を許さなかった。もしIRSがビショップ遺産信託の免税の地位を1989年まで遡って取り消したとしたら（IRSにはその権限がある）、信託ひいてはカメハメハ学園全体で10億ドル以上の被害を受けることになるのだ。

第16章
これがハワイ流

　ハワイの最高裁判事たちは長年、自分たちが私人として一市民として受託者たちを選ぶ一方で、法服を身に纏えば今度は公人として、当の受託者たちが関係する裁判を担当することに何の問題もないと主張してきた。しかしながら、《信託崩壊》の5人の執筆者は、市民であれば選考に関わることを了承するのも拒否するのも全く自由であるが、いったん公益信託の受託者の選考を了承したからには、判事たちには、信託の公益的使命を追求する受託者を選ぶ信義則上の義務があると考えるのが筋であると述べる。1997年9月、ホノルル・ロータリークラブの昼食会で、モンシニョール・ケクマノは、判事たちは信義則に則って行動してはいないと宣言している。曰く、彼らの行動には「政治的駆け引きとごまかしの悪臭がする」。

　最高裁判事たちがこれほどあからさまに政治的に行動することは、たとえ彼らが「非公式に」行動しているとしても不適切である。しかし、問題はそれだけではない。判事たちが非公式に行動していると主張しているため、もしも彼らが無責任に選んだ受託者たちが信託を害することになった時には、個人として訴えられる可能性があるのである（裁判官特権の恩恵を受けられない）。ビショップ遺産信託受託者たちが関わる訴訟ではすべて、個人として危険が及ぶ。典型的な利益相反に当たるからである。

　何年もの間、法律家協会の指導者たちはこれについて、少なくとも公的に

は、何も語らなかった。ある法律家協会会長経験者は次のように言う。「これは単なるミスにすぎない。私は明瞭な事実を見逃してしまった。最高裁判事たちは、自分たちが選んだ受託者たちが関わるあらゆる訴訟を担当している。これは本当に由々しき問題だ」。また別な会長経験者は、自分はこの問題を認識していたが、彼らが司法倫理規定に違反していることを指摘する最初の人間にはなりたくなかったのだ、と言っている。

知事カイエタノが検事総長ブロンスターに《信託崩壊》執筆者たちの告発を調査するように指示した時、特に受託者選考手続を調べるようにと命じている。しかし彼女が判事たちに会ってどのように調査を進めたらよいかを話し合おうとした際、彼らは、5人一緒にグループとしてなら面談に応じると言った。曰く、そうでないと検事たちは「われわれの話が食い違うように巧みにもっていく」かもしれないから。

ブロンスターが、判事ひとりひとりから話を聴くために、必要とあらば召喚状を出す用意があると述べると、レビンソン判事はこれに特に反発する。彼曰く、自分たちは受託者選考で非公式に行動しているが、依然として裁判官には違いない。調査への協力を強制することは不適切である。裁判官の高潔性に関わる問題だ。判例法がそう言っている。彼が言い終わった時には、その顔は真っ赤だった。

ブロンスターによると、判事たちの彼女へのメッセージは明瞭であった。「お前の召喚状の効力がどれほどのものか見てみようじゃないか。それを決めるのがわれわれなら（おそらくそうだろうが）、召喚状はわれわれには及ばないと考える」。検察が最高裁で審議中の他の重要な訴訟にこの争いが及ぼす影響も含めて、召喚状を出す利点と欠点とを秤にかけた結果、彼女は判事たちを召喚することを断念する。

判事たちは係わり合いを避けることに成功したようにみえた。彼らはこの騒動から距離を置くことができ、それは彼らの望むところであった。しかし、その過程で、判事たちはビショップ遺産信託調査での召喚状の効力について検事総長と個人的な、「一方当事者だけ」での（相手方当事者不在のまま）話し合いをしてしまっていたのだ。司法倫理はこのような状況下では非常に明快である。すなわち、「一方当事者だけ」での話し合いに参加した裁判官は

誰でも、それに関する事件の担当から外れ、別の裁判官に担当を代わってもらわなければならないのだ。しかし、この5人の最高裁判事は、すでに溜まっているブロンスターの調査からの多くの上訴を含め、ビショップ遺産信託関連訴訟を、すべて担当し続ける気満々に見えた。ブロンスターはこの状況を彼女の視点から次のように解説している。

　　もしかしたら彼らは、当事者一方とだけすでに話し合いをしてしまったことについて裁定したくないのかもしれないと私は考え、彼らに手紙を書き、この問題の担当を忌避したらどうかと提案しました。彼らの返答は次のようなものでした。「われわれを忌避させたいのなら、動議を出したまえ」。彼らは、おそらく私が賢明にも手を引くと考えたのでしょうが、私はその動議を出しました。彼らはそれを2ヶ月ほど放っておき、最終的には司法行動委員会に、「不適切にみえるため」忌避が正当化される、あるいは必要となる、という意見をつけて送りました。委員会はそれに同意しています。ですが、誰もこのような会話が実際になされたという事実には触れていないようにみえます。

　そうなのだ。判事たちがビショップ遺産信託調査から生じた諸事例を裁定しないと宣言した時、彼らは自分たちが忌避せざるをえなくなった「一方当事者だけ」での会話について何も述べていない。そうではなく、彼らは「過熱した状況」を挙げている。加えて、判事たちはかつて一市民として行ったと繰り返し主張した選考手続の公的調査で、州の検察トップに協力を拒んだ事実についても、何も語っていない。

　判事たちは、裁判官としても一市民としても、その行動を説明する責任はないとする立場をとり続けた。しかしながら、皮肉にも判事たちは訴訟当事者として彼らの前に現れたか、現れる予定の人間たちと法廷外で話をしていた。調査官たちは判事たちと受託者たちとの数多くの「一方当事者だけ」での会話の証拠を掴んでいた。その中には、受託者の秘書たちが受けた電話の伝言メモがある。たとえば、5月の行進数日前、ジャービスの秘書は、彼に次の伝言を残している。「判事スティーブ・レビンソンがどうしてもお話し

たいそうです」。その数日後のリンゼイの手書きメモからは、ジャービスが少なくとも判事たちの2人と会って法律問題を話し合ったばかりであることがわかる。また、レビンソンからジャービスへの多数の電話の伝言からは、両者の緊密な個人的関係がみてとれる。「明日電話くれるように彼に伝えてください。仲間同士で学校のことやらそれ以外のことを話し合いたいからと」。「折り返し電話する義務があると言ってくれ」。「水曜はリンゼイは留守だ。男同士で楽しい夜を過ごそうぜ」。そして、「電話をくれないことの弁解は一切認めないよ、君が死んだというのなら別だけど！」。

倫理問題を抱えていたのは最高裁判事の面々だけではなかった。何十人という弁護士がビショップ遺産信託資金から「信託」のための報酬と称して、何百万ドルもの金を受け取っていた。彼らはこれを「企業」理論と呼んでいたが、伝統的な信託法では、信託というのは受託者と受益者との間でつながった人間関係であり、個別な事業ではない。

しかしながら、ハワイでは、「信託」の弁護士とは、実はひとつの信託についてではなく、5人の受託者をそれぞれ個別に代理する存在であった。この違いは言葉以上のものがある。弁護士は法律が許す最大限度にその顧客の利益を代理する義務があるが、顧客ひとりひとりの利害が分かれ始めると、その全員を代理するとされる弁護士には問題が生じる。たとえば、ひとりの受託者顧客に対する弁護士の守秘義務は、それ以外の受託者顧客の各々に対して十分に意思疎通を図るという、同様に重要な信託の弁護士としての義務と一致させることは不可能となるからである。

ビショップ遺産信託の場合、これは、いわゆる信託の弁護士とされる者たちが、実際には5人の受託者のうちどの受託者の利益をそれ以外の受託者の犠牲の上に守るのかを選ばなければならないことを意味した。たとえば、ステンダーが受託者義務を果たすために必要なある情報をアイパに出すよう依頼すると、アイパはしばしばステンダーに、その情報は「守秘義務」に当たるため、提供できないと伝えている。弁護士が顧客に対し、必要な情報を故意に拒否することは弁護士義務に違反するのだが、それでももしアイパがその情報を提供していたら、今度は別の本来の顧客、すなわち5人の受託者の

うちステンダーを除くだれかへの守秘義務違反になるのである。

　ビショップ遺産信託受託者たち相互で利益衝突が深刻になるにつれて、マッコリストン、ヘア、グラハム、およびアイパといった（信託の）弁護士たちは、実際に、ありえない状況に追い込まれていく。マッコリストンは外部の３箇所から法律意見を受けたとして、ビショップ遺産信託はひとつの企業体であり、自分の顧客はその運営主体である受託者会であると主張した。それでは、なぜ、彼が裁判所に提出した書類には自分の顧客として５人全員の受託者の名前が挙がっているのかを訊かれて、次のように答えている。「それがここのやり方なんです」。

　受託者たちもまた、それぞれが個人的に自分だけの利益を代理する弁護士を何十人も雇っていた。それらは皆、全く私的な雇用にもかかわらず、その費用のほとんどは、全体で何百万ドルにも上るが、ビショップ遺産信託の財布から出ていた。

　1998 年 8 月、ビル・マッコリストンが検事総長の調査を立ち往生させたかにみえていた。《信託崩壊》の登場から１年が過ぎ、ブロンスターが見せられる自分の成果は、裁判所で審議中の何百という召喚状と、彼女の本当に必要とする書類は何ひとつ含まれていないようなトラック何台分もの資料だけであった。すると、9 月になって、新聞に、劇的な新しい展開の見出しが踊る。「受託者問題、大陪審へ。刑事捜査につながる可能性」。手続に詳しい取材源を挙げ、新聞はブロンスターが捜査のための大陪審［起訴するかどうかを陪審員が決める手続］を召集したことを告げていた。ビショップ遺産信託 113 年の歴史上初めて、受託者たちへの刑事捜査となるのか。

　検事総長室はこれを肯定も否定もしなかった。ビショップ遺産信託広報部も何も発表しなかった。引用できるものが何もないので、スター・ブレティン紙は、これは受託者たちの大きな計画の一部かもしれないと書く。「過去には、受託者たちは、州の捜査は政治的な動機から出ていると発言しており、今回も、このタイミングは、知事ベン・カイエタノの再選を応援する意図からである、と言っている」。この当時、カイエタノは 2 期目の運動中であったが、投票予想では出遅れていたからである。

ビショップ遺産信託へのブロンスターの調査は民事の問題として始まったが、ここへきて、犯罪にも当たるのではという話になってきた。犯罪捜査のために民事の調査を利用することは、あるいはその逆も、不適切であるので、両者は法的に分けて考えなければならない。ブロンスターは、刑事捜査の方をホノルル市検察官に任せることによって、これを容易かつきれいに達成できたし、その検察官も喜んで引き受けると言っていた。しかし、ブロンスターはその両方を手元に置く方を選ぶ。両者を分けるために、彼女は形だけの壁を作り、民事調査チームはこちら側、刑事捜査チームはあちら側と決め、自分で双方の指揮をとった。

　刑事捜査の対象となった者たちの弁護士は口々に、ブロンスターの壁は金網のフェンスみたいなものだと不満を漏らす。彼らは、同じ部屋にいる検事同士がそれぞれの調査についてお互いに会話しないことを期待するなんて非現実的であり、しかもブロンスターがその双方を指揮するのはおかしい、と主張した。そのため彼らは、ブロンスターに対してホノルル市検察官へ刑事捜査移送を命ずるようにと、判事マイケル・タウンに依頼する。タウンはこれを却下した。

　検事総長室の「壁」の民事調査側では、ブロンスターは最近になってようやく、受託者5人全員の即時解任を求めることを決める。一方、刑事捜査側では、彼女は、ウォン、ピータースその他に対する証拠を集めていた。問題の行為は、ディッキー・ウォンの義理の兄弟、ジェフリー・ストーンが関わるグループへのビショップ遺産信託の土地売却である。ストーンとそのパートナーたちは、ハワイカイにある高級な229部屋あるカレレ・カイ・マンション計画の土地を購入した際、「不公正に優遇された取引」をしたという疑惑である。この物件から彼らは4,000万ドルの利益を得ている。ストーンはその見返りに、ピータースとウォンのマンションを本来より高い値で売ることで、これに報いたとされていた。ピータースは自分のマキマンション（2階にあり、2寝室付き）をストーンの友人が所有する会社に57万5,000ドルで売却し、同時に同じマンションの最上階のペントハウス（12階で、3寝室）を同額で購入している。ストーンはそれからピータースの売った以前の2階の物件を友人から同額で買い戻し、39万5,000ドルで売却した。これは、

検事総長の刑事捜査チームの目には、ストーンが個人的に金を出してピータースのマンションの「アップグレード」をしてあげたように映った。その同じ頃、ウォンは自分のマキキマンションをストーンに61万3,800ドルで売却したが、ブロンスターによると、その物件の当時の評価額は48万5,000ドルにすぎなかった。ブロンスターの目には義理の兄弟への親切を超えていると映る。彼女はカレレ・カイとの関連を疑う。

　ブロンスターの大陪審は、ピータースを第一級窃盗罪で起訴する。ストーンについては贈賄罪と共謀罪、および窃盗共犯と偽証罪、ウォンは第一級窃盗罪、共謀罪、および偽証罪、ウォンの妻、マリ・ストーン・ウォンも共謀罪と嘘の供述による訴追妨害について、それぞれ起訴された。これらは皆、カレレ・カイに関するものである。

　ピータース、ストーンおよびウォンは公正かつ偏見のない大陪審を受けられなかったと確信した判事タウンは、これらの起訴をすべて却下する。タウン曰く、陪審員たちはビショップ遺産信託法務部代表ネイサン・アイパとストーンの元弁護士リチャード・フランチの証言を不適切に聴いている。アイパとフランチが大陪審に話した内容は、弁護士と顧客の守秘義務で守られるべきものである。その当時、誰もこの守秘義務特権を主張しなかったとしても関係ない。さらに判事は、検事総長はフランチはもはや弁護士ではないことを大陪審ではっきりと伝えるべきであったとも言う。証言の当時、フランチは弁護士資格を剥奪され、ドラッグのマネーロンダリングで連邦刑務所に収監されていたのだ。大陪審でのもうひとりの証人はパトリック・ケラーである。ウォンのマンションの査定のためにストーンに雇われていた男だ。ピータース、ストーン、およびウォン夫妻が起訴された時、ケラーは脱税で刑務所の中だった。彼にはほかにも詐欺と悪意不実表示の前科があった。

　検察側の大事な証人2人までもが悪党であったことは不運である。しかし他方、ストーンの弁護士と土地評価者がともに、それぞれ今回とは無関係な犯罪で現在刑務所の中にいるという事実が、ストーンがまともな専門家を選ぶことができない立場であったことも語っていた。

　判事タウンが本案についてではなく、手続上の不備を根拠にして起訴を却下したため、検事総長には再度、起訴し直すという選択肢があったが、まさ

にそうなった。しかしタウンが再び手続上の理由で起訴を却下した時、検事総長は三度目の大陪審を招集する。ここでも起訴が相当と結論づけられた。

ウォンには起きていることが信じられなかった。不名誉ながらある人物と自分を比較して、アル・カポネだって自分の妻を起訴させることはなかったぜ、と記者たちに語っている。

ピータースとウォンの弁護士たちは、ブロンスターは受託者たちを辞任に追い込むために刑事起訴を利用して圧力をかけており、それもすべて、知事カイェタノを再選させようとする必死の計画の表れだと主張する。彼らはまた、彼女の「高圧的なやり方」と「メディア向けのスタンドプレー」を批判した。ヘンリー・ピータースのマキキマンションペントハウスの正確な価値を測るため、ブロンスターは、捜査令状、鍵屋、査定者、およびビデオカメラ付きで、予告なしに4人の捜査官を派遣したが、ピータースの弁護士はこれを「ゲシュタポ戦術」、「捜査の名の下の強盗」と呼んだ。ウォンの弁護士は、ブロンスターは「錯乱」していると言っていた。

ブロンスターの動機が何であれ、彼女は明らかにやり過ぎである。彼女は勝つためなら何でもするという点で、マッコリストンといい勝負となっていた。

第17章
潮目が変わる

　ブロンスターと部下たちは、ミルトン・ホルトに特別な関心を抱いていた。彼はビショップ遺産信託特別プロジェクト担当官であり、数年前、彼が収賄容疑で連邦捜査対象となっていた時に、信託がその訴訟費用を払ってやっている。

　若い頃、彼は将来を約束されたようにみえていた。1970年にカメハメハを卒業した後、1年間、フィリップス・アカデミー（マサチューセッツ州、アンドーバーにある、富裕層向け名門私立学校）で過ごし、その後、ハーバード大学に進み、そこではフットボールチームのクォーターバックを務めた。ハーバード卒業後は、ハワイに戻り政治家となる。26歳で議員に当選すると、彼は瞬く間に州の上院で勢力を確立し、将来は知事になると噂された。

　1987年、ビショップ遺産信託がホルトをカメハメハの体育担当副主事として雇うと、カメハメハ学長ジャック・ダービルは驚愕する。学長にはそのような職が必要なわけも、そもそも何をする仕事なのかも皆目わからなかった。さらに驚いたことは、ホルトがキャンパス内に無償で住まいを貰ったことである。当時は、この種の住まいの恩恵は漸次廃止されていたからである。ホルトはその後、カワイアハオ・プラザに特別プロジェクト担当官としてやってくるが、この肩書きも彼のためにのみ創られたものである。彼の部屋に近い部屋にいるスタッフたちも、彼が終日何をしているのか全くわからな

った。

　1990年代初めになると、しかしながら、彼の生活は少しずつみえてくる。1992年、彼は妻へのDVで2日間収監されている。1993年、ニューオーリンズでは公衆の面前での泥酔の罪で逮捕されている。だらしない格好での姿がしばしば目撃され、ラスベガスやレノで過ごす時間が増えていた。そこでの滞在中、自分の個人的楽しみのためにビショップ遺産信託のクレジットカードで何千ドルも使っていた。

　ホノルルに戻ってくると、彼は同じカードを、いわゆる「ホステスバー」で使っていた。こういったストリップクラブでは、ビール1杯に通常の価格の2～3倍の値を請求する。それ以外のサービスにはもっとかかる。クリスタルパレスでは、ホルトは一晩で540.50ドルの請求書に署名した。また別な晩、モンテカルロでは751ドルである。ニューシークレットでは、一晩で1,500ドルに上った。ホルトのクレジットカード明細に、カワイアハオ・プラザの下級会計職員は眉を顰めたが、ヘンリー・ピータースがその辺は上手くやっていた。何年間も彼は会計職員に、黙って支払いをし、他の受託者たちにはこのことを言わないようにと指示していたとされる。

　この事実がついに明らかになると、受託者たちは信託へ弁償させることに決める。しかし、問題がひとつあった。ホルトにはそれだけの金がないのである。そのため、創造的な解決が図られた。ホルトには、彼が弁償すべき金額と同額を、ボーナスとして、そのボーナスにかかる州と連邦の税金も含めて、1ペニーに至るまで正確に計算して、与えられることになったのである。これはすべて紙の上でのことであり、実際には金の授受はない。これにより、信託へのホルトの弁償責任は簡単に消えてしまった。

　捜査官たちがホルトのクレジットカード明細を押収しにやってくると、明細はどこにも見つからなかった。後でわかるのだが、それらはヘンリー・ピータースの指示により、その前日に処分されていたのであった。ピータースは、いろいろな書類提出の要請があるので混乱してしまい、明細もどこかへ行ってしまったのだと説明した。ピータースによれば、ホルトによる、ビショップ遺産信託のクレジットカードでのストリップクラブやラスベガスのカジノの支払いは、全体からみれば小さいものだという。ピータース曰く、

「何が問題なんだ？　彼は弁償したじゃないか」。

　体育担当副主事、特別プロジェクト担当官、地域関係担当官と、さまざまな名前でミルトン・ホルトは呼ばれていたが、彼がビショップ遺産信託で何と呼ばれていたかは実は問題ではない。彼の主たる仕事は、政治的な情報を集め、ビショップ遺産信託に有利なように政治家たちに影響を与えることにあった。彼のクレジットカード明細からは、彼が政治家や政府高官を何度も、会合を設けて接待していたことがわかる。これにはストリップクラブでの「会合」も含まれていた。スター・ブレティン紙がこの問題を追及して詳細を紙面に載せると、一騒動巻き起こった。新聞やテレビでクリスタルパレス、ニューシークレット、ミスティⅡ、およびサイゴンパッションの紹介と同時に、議員たちの名前が出た。下院議長ジョセフ・ソーキ、下院財政委員会議長カルビン・セイ、下院司法委員会議長テランス・トム、上院議長ノーマン・ミズグチ、上院議員かつ前マウイ市議ジョー・タナカ、および州代表ロバート・"ボビー"・ブンダである。何日も政治コメディが続く。議員たちは、そのような会合に出た記憶はないと主張した。カレンダーにもそのような予定は書かれていない。ホルトは自分たちの名前をごっちゃにしているのだ。もし彼に会ったとしても、それはレストランであり、ストリップクラブではない。ジョー・タナカは、もし自分がホルトと一緒にストリップクラブに行ったとすれば、それは盲目のテランス・トムの面倒をみるためだと言い、カルビン・セイも同じことを言った。トムは、自分は何度も記憶を探ったが、そのような会合の記憶はないと言った。

　これらのことからは、ある重大な疑問が生じる。政治家諸氏をビショップ遺産信託のカードでもてなすことは、ホルトが昔の同僚たちと楽しい時を過ごしているだけのことなのか？　そうならば、ホルトはその費用を自分の雇用主のカードで決して支払うべきではなかった。あるいは、彼はこの面々をもてなすことで、ビショップ遺産信託にとって重要な問題について、彼らに影響を及ぼそうとしていたのか？　その場合は、ホルトと受託者たちは、公益信託のロビー活動を規制する法律に鑑みて、きわめて薄い氷の上でスケートをしているような、恐ろしく危険なことをしていることになる。

　ビショップ遺産信託にとって、ロビー活動、すなわち政府機関に影響を与

えることが最終目標の私的活動は、慎重を要する事柄である。他の公益団体と同様、ビショップ遺産信託は法的に、限定的にのみ政治家に働きかけることが許されている。間違った働きかけ、あるいは許されている働きかけでもやり過ぎは問題となる。その違反が深刻なものであり、特にそれらが計画的で、かつ繰り返されると、信託はその税金免除の地位を失う可能性があるからだ。ホルトの過度の接待は、ちょうどIRSが信託を積極的に調査し出した頃に明るみに出始める。

接待を受ける側にも決まりがある。一般的に、政治家は政治献金と贈与を報告することが要求されている。しかし、ホルトの証拠書類で名前が挙がった政治家たちの年次報告書には、ストリップクラブの記載は全くなかった。

3年前、ジョン・ワイヘが1994年に知事室を去ってから間もなくして、下院議員エド・ケースはビショップ遺産信託を変える時期が来たのではないかと考える。彼はある法案、すなわち、もし成立すれば、ビショップ遺産信託受託者選考方法の変更、彼らの報酬額の制限、および受託者たちの責任を問うための訴訟でのカメハメハ卒業生の当事者適格の確保が可能になる法案を起草した。1995年の議会会期に先立つ数ヶ月間、ケースは同僚たちに、一度に1人ずつ会って、熱心にこの法案とその必要性を説明し続けた。この努力が報われ、下院51名のうち31名が共同発起人として署名してくれた。完全多数である。

ビショップ遺産信託は反撃に出る。卒業生の一部に反対させ、受託者側は下院のお友だちと密談にいそしむ。GRDスタッフは法案に反対する証言を用意し、この証言を自分の証言だと言ってくれる人間たちを雇い、バスを用意して議会に送り込んだ。ケースの委員会で当法案が審議される日、王女パウアヒの遺産への「攻撃」に怒ったハワイ人たちが傍聴席になだれ込む。法案に反対する感情的な証言が何時間も続いた。

その頃は、ヘンリー・ピータースはもう下院議長ではなかったが、彼の後継者ジョー・ソーキ自身、ビショップ遺産信託と関係をもっていた。彼は、受託者たちがマウイ島奥地の土地を購入した際、「コンサルタント料」として13万2,000ドルを受け取っている。ソーキは議長として、当法案を本会

《信託崩壊》の掲載される 2 年前、エド・ケース下院議員は、
ビショップ遺産信託受託者たちの選考方法と報酬の改革およ
び彼らの責任追及を議会で図ろうと孤軍奮闘した。

議の投票に持ち込むことも、あるいは委員会の中で没にすることも、どちら
でもできる力を有していた。彼は、議員たちが拒否できないような取引を持
ち出して彼らを懐柔する手に出る。当人が成立させたい法案に協力するとか、
委員会議長席を用意するとかである。

　ケースは、自分の法案の共同発起人たち 31 名が、1 人また 1 人と懐柔され、
とうとう 1 人もいなくなるのを黙って見ているしかなかった。

　法案を没にするだけでは十分ではなかった。受託者たちはケースにお仕置
きをしたかったので、議会内のお友だちを使って、受託者選考手続は今のま
まで問題ないとする決議を提案させる。ケースは今のやり方は有害だと主張
した。「ビショップ遺産信託中心部には、私などよりよっぽど権力に慣れた
人間たちがいて、最高裁内部に直結するパイプラインを熱望している。この
パイプラインは、今の手続によってのみ可能になるものであり、ハワイで彼
ら以外の誰にもない、彼らだけに与えられる機密情報ルートなのである」。

　この新しい決議案は、31 名の議員が発起人となった法案の真逆の性質の
ものであったが、圧倒的多数で通過することになる。

受託者報酬の法的指針は実際、存在する。ハワイの判例法では、受託者報酬は常に合理的なものでなければならないとされている。加えて、その上限を決める計算式も法律で決められていた。しかし、その法律が決める「上限」が、自動的に「合理的」とされるのかは明らかではなかった。

法律の文言が不明確であることも曖昧さを生む理由である。ある法律は報酬の上限を、「収入または所得として受け取ったすべての金銭」の2%とする。また別な法律は、「信託開始後に受け取った現金元本」の2.5%まで認めている。前者は純益なのかそれとも税金などを除く前の数字なのか？　そして、後者では、資本的資産の売却がその帳簿価額を下回ったときに、その逆の上回って生じた利益からどの程度相殺すべきなのか？　あるいはそもそも差し引けるのか？　小さな違いのようにみえるが、実際は最終的な数字に大きな影響がある。さまざまな意見があった。コルバート・マツモトを手助けした信託法の専門家、エドワード・ホールバック教授はこれらの計算式を批判し、「理解不能」、「ビショップ遺産信託に適用するのは無意味」と言っている。

下院議員エド・ケースの、受託者報酬を統制しようとした試みは、1995年には惨めに失敗したが、1998年の会期が始まった時に、彼は再度挑戦することにする。1997年5月15日の行進とその後に続いた一連の事柄によって、政治の風向きが明らかに変わったためである。

ケースには改革への条件は熟したと思えた。法的計算式の改正には、今では広い支持が広がっていた。数ある声の中で、知事カイェタノの声は、受託者たちは州知事より多く貰うべきではないというものである。知事の報酬は、受託者たちが自分に払っている額の10分の1以下であった。連邦法や州法で多く採用されている文言、「その状況下で合理的な」報酬、とする法案を、ホールバックその他の中立的専門家たちは選んだ。この文言は、ハワイでも、遺言執行者への報酬に関して使われているものである。

5人の受託者の中で、ヘンリー・ピータースだけがこの法案の公聴会で証言した。当然ながら、彼はこれまでの計算式を残すことを強く推す。彼は、これが仕事への励みとなると言う。「報酬を問題視する人間たちは、私たちの成功に対して謝れと言っているようなものです。もし運用結果がゼロだったら、報酬はどうなるんですかね」。専門家たちの証言は違っていた。ある

者は、現在の計算式の下では、100 億ドルを口座にただ貯金しておくだけで、ほかに何もしなくても、受託者一人あたり年俸 200 万ドルとなると指摘した。また別な者は、受託者たちの現行計算式の解釈によれば、正味の投資損失が 2 億 5,000 万ドルを超えても、なお年俸 1,100 万ドルを受け取れたはずだと言う。

　ピータースも言い返す。「私も専門家に聞いたうえでここに来ているんだ」。実は、報酬に関する専門家の結論は、最終的には彼にとってあまり好ましいものとはならなかった。1993 年、受託者たちは、米国本土のある会社に 10 万 5,000 ドルを払って報酬について調べさせた。しかし彼らがこの結果を IRS に提出して 1990 年から 1992 年の報酬の合理性の問題に決着をつけようとすると、IRS はこの結果は不十分であると回答する。そのため、さらに 26 万 9,000 ドルを支払って、また別な会社に調査を依頼したが、この報告書もまた IRS の基準では欠陥ありとされた。両方とも、他の非営利組織の報酬水準を全く考慮に入れていないうえ、IRS が精査している報酬を受け取っている受託者たちの実際の業績が何も書かれていない、というのがその理由であった。

　ピータースは IRS には偏見があるとする。「ビショップ遺産信託が白人だけで運営されている組織なら誰も報酬を問題になどしない。俺はおとなしく座ってこの嫌がらせを散々聞かされてきたが、もううんざりだ」。

　その頃、議会では次の点が問題となっていた。すなわち、改正案は通過して法律になるのか？　それとも受託者たちのお友だちがそれを止められるのか？　予想される障害物は、テランス・トムが議長を務める下院司法委員会であった。彼はミルトン・ホルトとともにストリップクラブを訪れたとされる政治家のひとりである。彼はまた、ビショップ遺産信託から法的助言のためとして、毎月 4,000 ドルを受け取ってもいる。これは何年も前からの取り決めであるが、議員トムがそのために信託に呼ばれたという記録は全くない。トムは、自分は議員としての仕事とビショップ遺産信託とを完全に分けることができると主張したが、この法案については副議長に任せることにとりあえず同意する。副議長は法案を委員会の中で封印していた。後に判明するのだが、トムはビショップ遺産信託のナムリン・スノウと「機密」と書かれた

ファックスを通じ、直接、意思疎通を続けていた。彼らの計画は、合理的報酬法案が委員会から出て本会議場に行くのを阻止し、代わりに、この問題をさらに調査するプロジェクトチームを作る法案を通すことだった。しかしながら、上院での受託者批判勢力が合理的報酬法案を上院で生かしておいてくれたため、エド・ケースが下院本会議場での投票にもっていくことが可能となった。これは受託者たちとその支援者たちには不意打ちとなる。彼らは混乱した。

メディアはこの動きを、注視していた市民にすべて報道した。受託者たちの議会内での力は否定できないものがあったが、それでも、間もなく行われる投票では、この法案が通る可能性は十分にあった。

投票日を控えて、賛否の票読みが盛んになされる。賛成、反対ともに接近していた。法案が通るか否かは、本当に1票か2票差で決まりそうであった。具体的には、ビショップ遺産信託から正規に報酬を得ているトム、ソーキ、およびロバート・ハークス議員の票にかかっていた。ビショップ遺産信託から毎月定期的に報酬を、あるいはそのたびにコンサルティング料を受け取っている人間がこの法案に投票することは利益相反には当たらないのか？　利益相反に当たると言って、議長としてソーキは自分自身とトムおよびハークスの3名に投票させない選択肢もあったにもかかわらず、ソーキはそうしなかった。彼らが3人とも反対票を投じた結果、法案は1票差で不成立となる。26対25であった。

〈ナプア〉を代表したジャン・ディルは、「これほど多くの議員たちが、良心に従って投票しなかったことに失望と嫌悪を禁じえない」と語っている。グラディス・ブラント女史は下院議員たちを奨励して「この問題を議会閉会までにもう一度取り上げるように」と働きかけた。彼女はまた、議員たちに、「どちらに投票するか、よくよく考えてください。ハワイの有権者は、議員の誰が勇気をもって立ち上がり、誰がそうではなかったかを、決して忘れることはないから」とも言った。2大日刊紙は、反対票を入れた議員たちの電話番号を紙面に載せたため、彼らのところには選挙区からの電話が殺到することになる。チャンスありとみて、ケースは数日後、議長を迂回できる、めったに利用されない手続を用いて再度の投票を強行した。ソーキはこれを、

無秩序状態だと批判したが。

　今回は、法案は 50 対 1 で通った。世論の声があまりにも大きくなっていたため、ソーキでさえ賛成票を投じたのだ。ただひとりの反対者、カルビン・セイは、ソーキに代わって下院議長を務めることになる。

　受託者報酬制限法案は 1998 年 5 月 10 日に成立した。その 5 日後は、カワイアハオ・プラザへの行進から 1 周年となるため、これを記念して〈ナプア〉は二度目の行進を計画していた。

　実は、グラディス・ブラント女史には、友人たちと秘かに恐れていることがあった。もしも、ロケラニ・リンゼイが行進の日に現れて、大勢のカメハメハ〈オハナ〉の前で涙ながらの謝罪をしたとしたら？　あるいはただ単にこれまでのやり方を変えると約束するだけでも、どうなるだろうか？　こうなると、すぐに許してやるのがハワイ人なのだ。そしてそれは、これ以上改革が進まないことを意味する。

　女史の心配は杞憂に終わる。行進前日、受託者たちは、〈ナプア〉が 200 万ドルの保証を積まない限り、カワイアハオ・プラザのビショップ遺産信託敷地内には行進者たちを入れないと宣言したのだ。この要求に行進組織者たちは激怒するも、ブラント女史は喜んだ。これは、リンゼイその他の受託者多数派が抵抗を続けるつもりであることの明らかな証拠であり、お陰で〈オハナ〉は結束を固めたままでいられるからである。

　翌日、検事総長ブロンスターは知事カイェタノと一緒に、行進者たちが知事公邸を通過するのを見ていた。〈ナプア〉の代表トニ・リーは両者と抱き合う。議事堂では、行進の指導者たちは、議員たちが合理的報酬法案を通してくれたことに感謝の意を表した。上院議長ノーマン・ミズグチ、下院議長ジョー・ソーキ、2 人への贈り物が用意されていたが、両者とも不在であった。最高裁判所前で、《信託崩壊》共同執筆者のひとり、ウォルター・ヒーンは演説し、ハワイ州が再びまともな方向に向かい始めることができたのは〈ナプア〉と 1997 年行進者たちのお陰だと語る。最高裁判事たちへの贈り物も用意されていたが、彼らもまた不在であり、受け取ることはなかった。

　カワイアハオ・プラザでは、〈ナプア〉の指導者たちとカメハメハ教師新

組合代表たちが中庭に集まった。間もなく、ディッキー・ウォン、オズ・ステンダーおよびジェラルド・ジャービスの3人がそこにやってきて儀式的贈り物を受け取る、すなわち、タロイモとパンの木の実、ククイの実とプルメリアの花で作られたレイ、そして聖書である。2人以上の受託者が改革運動の指導者たちと面と向かって話をしたのは、1997年の行進以来初めてのことである。お互いへの敬意を表したやりとりも、〈オハナ〉がやらなければならないと信じることをやめさせるには遅すぎた。ジャン・ディルによれば、〈ナプア〉およびその他の組織は、受託者5人全員の解任に目的を絞っているとのことであった。

　受託者たちへ言いたいことがあるかと記者たちから訊かれて、トニ・リーは明快に発言する。「真実を隠すのをやめ、法廷闘争をやめ、真実への扉を開けてください」。

　ウォンも記者たちに次のように話した。「行進者たちは前年の行進から少し学んだようだ。今回はこの前ほど傲慢ではなかったと思う」。

　行進の2週間後、ロケラニ・リンゼイの発言が雑誌『ホノルル』に載る。その内容は、ビショップ遺産信託はハワイから別の場所に移転する予定だということであった。「私たちは嫌われている所で仕事をしたくありません」。これはとんでもない発想である。ビショップ遺産信託は2つとない、ハワイになければならない存在である。これは単にリンゼイの感じている不満の彼女流の表現に違いない。受託者たちはまさか本気で、ハワイから出ていくことなど考えてはいないだろう。しかし実際には、彼らは、王女パウアヒの信託本部をシャイアン川スー族居住地に移すことを真剣に考えていたのである。この居住地は、連邦法により1889年に確立された、アメリカという国の中のひとつの国家である。この居住地は、サウスダコタ州、ピエール北西50マイルにある280万エーカーのなだらかに起伏する大草原であり、約1万2,000人のアメリカ先住民が暮らしていた。そこでは自前の独自の法律、独自の裁判制度、および独自の政府がある。失業率は約60％に上るため、新雇用が生まれることは喜んでもらえるだろう、というわけである。しかしながら、この信託の受益者にはスー族の人間はいないので、スー族側にも聞き

たいことはあったに違いない。

　後にディッキー・ウォンはこの移転計画について、宣誓の下で認めている。さらに、受託者たちはジョン・ワイヘ法律事務所に 30 万ドルを支払って、この移転の法律面を調べさせたとも付け加えた。ウォン自身、当時、移転など「爆弾を落とすような大問題、政治的に大混乱となる」とわかっていたとも言っている。それにもかかわらず、彼は弁護士たちに、「移転に必要な書類をすべて用意して、われわれが実際に移転を決断するまで棚に仕舞っておくように」と指示していたのである。

第 18 章
包囲される受託者たち

1998 年の夏も終わろうとする頃、知事ベン・カイエタノの再選は困難な様相をみせていた。選挙予想では、彼は対立候補のマウイ市長リンダ・リングルに相当な遅れを取っており、これはハワイの人びとが変化を求めている現われでもあった。ワシントンに拠点を置く『クック・ポリティカル・レポート』の編集者は、当時のカイエタノの仕事振りを、「起訴されていない現職の中で最低の部類」と解説した。

しかし、この頃、ビショップ遺産信託では、さまざまな事象が起き始める。まず、監督官コルバート・マツモトが最終報告書を提出した。続いて、検事総長マージョリー・ブロンスターが、検認裁判所に対して受託者 5 人全員の解任を求めたこと、およびそのうちの何人かを刑務所に送る可能性を模索していることを明らかにする。さらに、《信託崩壊》共同執筆者のひとりであるグラディス・ブラント女史がテレビに出演し、必要な時にハワイ人に手を差し伸べてくれたカイエタノを支持するよう市民に訴えた。もうひとりの執筆者ウォルター・ヒーンは、ビショップ遺産信託側に立つ対立候補リングルの言葉は「全く空疎」だと公言した。〈ナプア〉広報官は、リングルに調査を積極的に進めようとする姿勢があるかどうかについて疑問を呈した。これにより、カイエタノに有利な風が吹き始める。

これをみて、ピータース、ウォンおよびリンゼイは、カイエタノを再選さ

せようとすることは自分たちに集団で「制裁」を加えようとしていることの圧倒的な証拠だと非難する。さらに彼らは、判事コリーン・ヒライが監督官マツモトを解任することを要求した。選挙広報の一番下に、6人ほどの高名な法律家の名前とともにマツモトの名前も入っていたことがその理由だった。広報では、ビショップ遺産信託調査をカイェタノの選挙公約に挙げていた。判事ヒライの前で弁論したマツモトの弁護士ジェームス・ダッフィは、多数派受託者を、マツモトの報告書に真摯に向き合うかわりに、彼を殴る方を選んだ「学校のいじめっ子」にたとえた。判事ヒライは受託者たちの動議を却下する。

　すると今度は、ヘンリー・ピータースが巡回裁判所に、受託者たちに対する令状なしでの悪意ある攻撃を理由として、検事総長ブロンスターの解任を正式に要請する。これに対しブロンスターは、ピータースは自分への火の粉を避けたいだけなのだと応じる。裁判所に提出した書類で、彼女はピータースの行動を、「哀れ」、「支離滅裂」、「必死」と表現している。裁判所は彼の訴えを却下した。

　コルバート・マツモトが1997年11月に予備報告書を提出した時——これは彼がIRSとパトリック・イムに先んじるために急いで出したものだが——彼にはまだまだすることが残っていた。しかし、彼の調査の完成にはさらなる資源を要する上に、個人的な危険もある程度予測できた。後に彼は語っている、「私は非常に危ない立場に置かれることがわかっていましたから、こう自問しました。判事は守ってくれるだろうか？」と。

　マツモトは判事ヒライと会って調査の拡大の必要性を話し、さらに、判事の支援を当てにできるかを尋ねた。不安があるのにはわけがあった。ヒライの父、セイチ・“影”・ヒライは、ディッキー・ウォンの下で上院の事務官として長く務めていたからである。ホノルル・アドバタイザー紙はかつて、ヒライの父について、「あまりにも政治と密接につながっているため、しばしば『26番目の上院議員』と呼ばれていた」と評している。

　判事ヒライ自身も個人的なつながりがあった。彼女は裁判官に任命される前、最高裁長官ムーンの昔の法律事務所でパートナーをしていたのである。

しかし、ヒライはマツモトに告げる。「ご自分の仕事をするまでです。結果がどうなろうと気にしないで」。マツモトはこれを、自分が「見殺し」にはされない保証と受け取った。

　マツモトの予備報告書に対するビショップ遺産信託受託者とその弁護士たちの最初の反応は、マツモトが頼りにした会計士スチーブン・サカマキを、小さな仕事しか受けない街の二流の人物扱いすることだった。マツモトは同じ批判を避けるため、今回は国際的な大規模会計事務所であるアーサー・アンダーセンと契約し、最終報告書の作成を手伝わせた。1998 年初め、アンダーセンチームは財政と資産運用について全面的監査を終了させたが、その結果、かなり常軌を逸しているとの判断がなされる。すなわち、5 人の主任受託者支配の下で、行動に計画性はなく、バラバラであること。投資の意思決定はいい加減で、しばしば注意義務違反があること。投資行為を計る基準が全くなく、特に、多額の投資を行った特殊な投資下ではこれが顕著であること。アンダーセンはさらに、IRS（米国国税庁）が間違いなく問題視する項目も明らかにした。すなわち、受託者報酬と各種費用の過大さ、免税のいわれである信託目的への支出の少なさ、政治活動への違法な関与、免税の信託とその所有する営利法人間での疑問の残る取引、信託自体よりも受託者個々人のために仕事をしているようにみえる高給弁護士たちの雇用。マツモトとイムの以前の報告書と同様、アンダーセンチームは主任受託者制を批判した。これにより、生産性は著しく下がり、そこから混乱とマイクロマネジメントが生じ、スタッフは萎縮して何ら意味のある意思決定ができなくなる。

　コルバート・マツモトは、サカマキの意見をも裏づけたこれらの結果をもとに、1998 年 8 月 7 日、最終報告書を提出する。その中で、彼は、受託者たちが信託の公益目的に従わず、収益を使用に回さず蓄積し始めた時から、王女パウアヒの指示と信託法の基本原則とに、ともに違反している点を特に強調した。彼はさらに、この内部留保としての蓄積は受託者たちが言うような誤解ではなく、計画的かつ組織的なものである、とも付け加えた。「彼らが自分たちの決めたことを『機密』とか『守秘義務』として偽装している事実こそが、彼らの行動を率直に語っている」。

　ピータース、ウォン、リンゼイおよびジャービスは即座に反応した。彼ら

は、マツモトの最終報告書は「不備な分析の産物であり、これは主として、信託のスタッフと監督官の会計士との間の意思疎通の悪さに起因するものである」と言い、そのうえで彼らは、以前の監督官たちが問題点を指摘しさえしていれば、自分たちはずっと前に収益の蓄積をやめていただろうと仄めかした。マツモトはこんなことを言い出す彼らの厚かましさが信じられなかった。受託者たちが「自らの隠し事を過去の監督官たちが見抜けなかったからといって、それを監督官たちのせいにするなど、恥知らずにもほどがある」と述べている。

　マツモトの報告書に対する受託者側のコメントのいくつかは、理解が困難である。たとえば、信託がすでにハワイ島に26万2,000エーカーの土地を所有しているにもかかわらず、さらに同島に3万500エーカーの土地を購入した理由を「多様化を進めるため」と言う。同様に異様なのは、彼らが収益を蓄積していることを外から見え難くしている点についての彼らの説明である。財務書類を、「信託会計に不慣れな人間にとってもわかりやすいように」したというものであった。1991年から1996年までの投資で4億ドルの損失および損失引当金を出したことを認めたが、その時期、正味の資産は減っていないと強調した。マツモト曰く、「受託者たちはポイントがずれているか、それを直視したくないかのどちらかだ」。マツモトの言う「ポイント」とは、過去の強制土地売却による収入と大昔のリース収入を、彼らの恐ろしいほどに劣悪な投資結果を隠すために利用してはいけない、ということである。普段は控えめなマツモトだが、受託者たちの自分への反応については、彼らしくもなく強い言葉で解説している。「尊大」、「不十分」、「見え透いた」、「軽率」、「つじつまの合わない」、「誤解を招く」、「修正主義者」、「不適切」、「見当違い」、「もっともらしい」、「救いようない」、「馬鹿馬鹿しい」、「目に余る」、「驚かされる」。

　マツモトの報告書は、それまで欲求不満を募らせていた副検事総長ケビン・ワカヤマに、上司の意向に反する行動を取らせることになる。彼はこれまで何度も検事総長ブロンスターとぶつかっていた。仕事の守備範囲、仕事のやり方、および忠誠を尽くす相手について、両者には違いがあったからで

ある。ブロンスターは、ワカヤマは自分ではなく、マツモトのために働いているようだと周りの人間に不満を漏らしていた。ワカヤマ自身は、副検事総長の第一の義務は一般市民に対してだという立場を崩さなかった。

　両者の関係は限界にきていた。ワカヤマは、マツモトの調査結果によって、受託者たちの即時解任に必要なすべての証拠が揃ったと考えた。しかし、ブロンスターは、自分自身の調査が完了するまでは裁判所への要請はしたくないと言う。ブロンスターの調査にはまだ何年もかかることがわかっていたので、ワカヤマは自分の首をかけて大胆な行動に出る。マツモト報告に対する検事総長室の声明を準備する振りをしながら、彼は受託者5人全員の解任請願書を起草した。彼はマツモトの明らかにした事実をひとつひとつ書き出し、そこに信託法の特定の条文を当てはめていった。それによる不可避の結論は、受託者たちは驚くほど多くの深刻な信託違反を犯しており、どの違反ひとつをとっても、それだけで彼らの即時解任に値するというものであった。彼はさらに、今回のような極端に酷い場合は、検認裁判所は自ら主導権を取って行動する責任があるとも書いていた。要するに、彼の言わんとする点は、裁判所にはブロンスターの調査終了を待つ法的・論理的理由は存在しないということである。

　ブロンスターはワカヤマの起草文を見た時、ワカヤマが予想したとおりの反応を見せた。「ケビン、私を崖から突き落とすつもりね」。自分の行動によってブロンスターの調査が無意味となることもワカヤマはわかっていた。彼曰く、するべきことをしなければという思いから出た行為です。ブロンスターは彼に、自分はあなたの行動を評価はしないが、書面を検認裁判所に提出することを止めはしないと告げる。しかし、提出を2週間待つようにと命じた。

　それから14日間かけて、ブロンスターと民事調査チームの部下たち、すなわちドロシー・セラーズ、ヒュー・ジョーンズ、およびダニエル・モリスは「信託受益者たちを代理して」請願書を起草して提出する。請願書は、受託者5人の即時解任と、裁判所がどの受託者を永久追放するか決定するまでビショップ遺産信託の運営を代わって行う財産管理人の任命を要請していた。さらに、受託者5人全員に罰金を課すことも裁判所に要請している。

信託資金からの過大な報酬、信託資金を使って得た自分自身と家族・友人たちの利益、信託資金からの政治家たちへの賄賂と違法支出、信託資金からの受託者個人の裁判費用・弁護士費用支払い、信託資金を使っての受託者個人を利する広告支出、および信託自体とその受益者たちの幸せのために本来支出されるべき金銭の不当搾取に対して、罰金を課すべきである。

　これらの書面、すなわち、ワカヤマの文書とブロンスターの文書がすべてを変えることになる。これらは受託者たちの解任を、初めて公的に要求するものであった。ワカヤマの文書は監督官マツモトの報告書に共鳴する内容であり、判事ヒライに対し受託者たちの解任を奨励できるだけであったが、ブロンスターは「国　親」（パレンツ・パトリィ）として、理論的には判事ヒライに決断を強制できる立場にあるからである。

　〈ナプア〉は速やかに、草の根からの声を通じて、これらを支持し、「これから取るべきステップ」の一覧を発表する。ステップ1は「受託者5人の排除」であった。

　　〈ポノ〉（正義と善）は、現在の受託者が1人でも残った場合には得られない。王女パウアヒ・ビショップの受益者たちは、これらの同じ受託者たちが権力の座に居座り続けることになる長々とした手続を受け入れないし、信託財産を脅かす法廷闘争にも同意しない。これらの受託者たちはもう十分長きにわたり王女の遺産を濫用してきた！　信託の負担の下で、彼らの個人的な保身のために信託資産が浪費されてきたのを見ている。ハワイの人びとへの王女からの贈り物に対するこの理不尽な浪費は止めなければならない。

　受託者たちは包囲された。市民もカメハメハ〈オハナ〉全体も、彼らに対して一致団結し、最高裁判事の面々は彼らを見捨てた。そして議会のお仲間連中は、1人を除いて、実際に彼らの報酬を制限する方に投票した。さらに、4方向から彼らを追い込んだのは、マツモトとその会計士チーム、ブロンス

ターおよびその調査官と法律家から成る民事・刑事チーム、選挙資金委員会の調査官、そして一番恐ろしい IRS であった。

　裁判所のカレンダーはビショップ遺産信託関連で埋まっていた。検認裁判所における 3 つの別々の年次会計報告の審議；ブロンスターの刑事捜査についての大陪審審理と断続的な巡回裁判所審議；召喚状の効力をめぐって延々と続いている審議と上訴裁判所での闘い；リンゼイを排除しようとするステンダーの訴訟；選挙資金違反とそれに関連した犯罪についての起訴、司法取引、および事前審理動議；選挙資金委員会を訴えるという脅迫や監督官と検事総長の解任の企て等、受託者側からのあの手この手の訴訟妨害、などである。その他にも、不当解雇されたと訴える元従業員もいれば、受託者の違法行為によってさまざまに被害を受けたと主張する元ビジネスパートナーたちもいた。

　受託者側の大勢の弁護士は、自分たちの依頼人（もしくは依頼人たち）が各々の事例でどのような立ち位置にいたかを、まず知る必要があった。受託者会での表決は、3 対 2 の時があるが、その場合は、少なくとも 2 組に分かれた弁護団が対立した位置に立ち、一方は多数派ウォン－ピータース－リンゼイを代理し、もう一方は少数派ステンダー－ジャービスを代理した。また別の場合は、4 対 1 で、1 はステンダーである。さらには、5 人全員の利害が一致するときもあり、このような稀な事例では、1 組の弁護団となって受託者全員を代理した。受託者個々人につく弁護士たちも、いつも大勢で法廷に現れ、目立っていた。

　ステンダーとブロンスターは、ある重大な点で衝突する。ブロンスターは、受託者 5 人全員の解任の妨げとならないように、ステンダーのリンゼイに対する訴訟を無期限に延期したいと考えた。ステンダーは自分の訴訟の方が先に来るべきだと主張し、両者ともに譲らなかった。

　法廷闘争が続く中、受託者たちはひっそりと自分たちの報酬を上げ、各自、100 万ドルをはるかに超える額まで増額している。

　この同じ頃、選挙資金委員会は、ミルトン・ホルトとマーシャル・イゲの 2 人を、刑事訴追が相当と全員一致で州裁判所に付託し、かつナムリン・スノウとユキオ・タケモトにも手紙を送り、彼らもまた刑事訴追の対象となる

251

可能性があると伝えている。委員会はまた、ホルトとイゲの選挙の負債の違法な支払いに関わったとして、5つの企業に同様な手紙を送っている。それとは別に、連邦検察庁も、ホルトを選挙資金窃盗の疑いで連邦裁判所に起訴している。

オズ・ステンダーと彼の個人的弁護士クリスタル・ローズとダグラス・インは、ビショップ遺産信託に対する多数派受託者の支配を、カードで作った儚い家に喩えている。「カードを一枚引き抜けば、残りすべてが崩れ落ちる」。しかし彼ら3人はカードの一枚は残したいと考えた。1998年9月末、ある日曜日の午後、3人はカメハメハ〈オハナ〉の指導者たちと会って協力を求める。ステンダーは、リンゼイを排除する自分の訴訟への支援と、受託者5人全員の解任を求めるブロンスターの請願への反対を要請した。以前、ステンダーは、他の受託者たちを排除するために必要であれば、自分は受託者の地位を失ってもよいと言っていたのだが、ここへきて、残りたいと言い出したのである。彼曰く、自分は問題の一部ではなく、解決のコマである。

皆にお願いした後、ステンダーは部屋を出たが、ローズとインは残った。感情的な話し合いとなる。両人曰く、〈オハナ〉がステンダーに背を向けるのは間違っている。彼は他の受託者たちとは違う。カメハメハの卒業生でもあるし、この点は大きな意味をもつと思う。検事総長の意図はわかるが、彼女は間違っている。ステンダーを解任する必要はないし、それは恥ずべき行為だ。

ビーディ・ドーソンはこれに対し、みんなステンダーには感謝しているけれども、リンゼイだけに的を絞った訴訟では問題点がずれることになり、かつ判事ヒライに、ブロンスターの請願を採決しない口実を与えることになると答えた。さらに、リンゼイだけを排斥する訴訟では、ローズもインも、自分たちの依頼人が困るような問題は当然避けて通るだろう。

そこに居た35〜40人ほどの者たちは、それぞれ意見を言ってドーソンに同意する。彼ら曰く、ステンダーに背を向けたくはないが、自分たちの組織はすでに受託者5人全員の解任を公に求めている。ステンダーには大いなる愛を感じるけれども、自分たちは確固としていたい。そして何よりも、自分

たちは信託にとって最善のことをしたいのだ。

　話し合いは5時間近くに及んだ。最終的に採決を取ると、ステンダーの負けであった。その翌日、ステンダーの妻クウレイと、娘リーアンは、〈ナプア〉から脱退する。悲しみ半分、怒り半分の手紙を残して。グラディス・ブラント女史への別なメモでは、クウレイは、こうなったのも《信託崩壊》の執筆者たちのせいだと言い、受託者5人全員の解任要求はランダル・ロスが言ったに違いないと非難した。「白人の臭いがする」。

　その4日後、数百名のカメハメハ〈オハナ〉が巡回裁判所の外の芝生に集まった。巡回裁判所では間もなく、判事ヒライが重要な審理を担当するのである。〈オハナ〉の中のグループ、すなわち、〈ナプア〉、〈ナクム〉、カメハメハ学園教員連合、およびカメハメハ学園卒業生学長連合による合同声明文が発表された。そこには、検認裁判所判事は次の場合には受託者を解任する権限があると記載されていた。(1)自分たちの行動を規定する書面に故意に従わない。(2)裁判所命令に承知のうえで従わない。(3)正確な会計報告を故意に提出しない。(4)同僚受託者の行動を知っていて監督しない。(5)故意に、同僚受託者と協力して仕事をしない。(6)承知のうえで、「慎重に投資」を行わない。(7)承知のうえで、利益相反を行う。(8)承知のうえで、信託の公益使命を信義則に則って追求しない。そして、マツモトとイムの報告書から判明した事柄を挙げ、ビショップ遺産信託受託者たちはこれら8点すべてについて当てはまるとして、判事ヒライの迅速な行動を要求する。さらに、カメハメハ〈オハナ〉はステンダーを見捨ててはいないことも書かれていた。

　　オズ・ステンダーを他の者たちと同様に扱うことは、多くの点で公平ではないようにみえるが、しかし今、裁判所に、他の受託者すべての解任に動いてもらうためには、これしか方法はないのである。個人のレベルでの功績と非難の程度を明らかにするには時間がかかる。私たちは受託者ステンダーを敬愛しており、彼が最終的に再び受託者に復帰することを期待している。

〈ナプア・ア・ケ・アリ・パウアヒ〉の仲間たちは審議中の裁判所の外で輪になって祈った。裁判所では5人の受託者の即時解任は判事ヒライの判断にかかっていた。

いつものように祈りを捧げ、歌を歌った後、〈ナプア〉のジャン・ディルは「政治的ごまかし、貪欲と傲慢」を非難し、仲間の同窓生たちに「善良かつ勤勉な市民として行動する」ことを呼びかけ、「〈ポノ〉（正義と善）が回復されるために」判事ヒライによる受託者即時解任を主張した。

〈ナクム〉のシャーレーン・ホーは、〈オハナ〉が、テイの葉のレイを掛けて裁判所に来た理由を説明する。「レイが私たちを包み込んで力と保護を与えてくれるように、私たちは今日、王女パウアヒの遺産を包み守るために、ここに来ました。私たちこそが王女の学校、王女の夢を守るレイなのです。その夢のために、私たちは、彼らの責任を問わなければなりません。ヒライ判事殿、どうか行動を」。

次は、また〈ナクム〉のデビッド・アイルだった。「明日、あるいはその後、何が起きようとも、受託者多数派へのわれわれの信頼は、修復不能なまでに壊れてしまった。信頼は永遠に失われた。彼らの力も永久に消えた。残されたものは、深い、永遠に消えない羞恥心だけである」。ホーと同様、ア

イルもまた判事ヒライへの直接の訴えで話を終える。「われわれはもう十分に長い間、囚われの捕虜でした。どうかわれわれのキャンパスをその両手に抱いて、彼らにわれわれをこれ以上、触らせないでください！」

その脇では 100 人ほどの、また別のハワイ人の一群が、受託者たちを支援する看板を持って立っていた。彼らは、ヘンリー・ピータースの母親ホアリク・ドレイクに率いられ、ワイアナエ地区から貸切バスでやってきたのだ。彼らは歩道に一列に並び、駐車場に向かうカメハメハ〈オハナ〉に向かって叫んだ。「よくも、自分を食べさせてくれる人の手に噛みつくわね！」。最低の侮蔑の言葉は「この白人め！」であった。これは、ここにいるカメハメハのハワイ人たちは自分たちの民族を裏切ったという意味である。

〈ナクム〉のケハウ・アバドには辛すぎる言葉であった。彼女はワイアナエで育っている。10 代の頃からハワイの活動家であり、墓地に開発の手が及んだ時は、墓地を守るために一晩中立って祈りを捧げている。そして、ビショップ遺産信託の拡大プログラムがリンゼイによって閉鎖されるまでは、その責任者であった父フレッド・カコラと一緒に仕事をしていた。アバドは、受託者の支援者たちの横を通過する際には威厳を保ち、罵声にも気づかない振りをしようと決意していたが、我慢できなかった。気がつくと、彼女は、貴女たちは無知で金の奴隷で、彼らに利用されているだけだと叫び返していた。

1998 年 10 月は、受託者たちと王女パウアヒの信託が同じものだとの考えにしがみつくには遅すぎた。それでもなお、受託者たちを批判するなんて邪悪な動機からに違いないと考えるハワイ人は少ないながらも存在し、かつ、その邪悪な動機は人種差別からきていると信じていた。

多数派受託者の弁護士たちはこれを利用し、彼らを煽る。レニー・ユエンは報道陣に、受託者たちを批判する連中は「ハワイ人を究極的になくそう」と企んでいる非ハワイ人の手先であると話した。ブルース・グラハムは裁判所で、信託を運営させるための一時的財産管理人の任命は、王女の聖なる遺産を本土の〈ルナ〉に差し出すことになると主張する。〈ルナ〉とは、プランテーション時代の言葉で、黒蛇の鞭を持った白人監督のイメージを呼び起

こした。ハワイ人問題事務局（OHA）の受託者のひとり、フレンチー・ド・サトーは、「奴ら」すなわち白人は 100 年前、ルナリオ信託を破壊し、今度はビショップ遺産信託と OHA を狙っていると発言し、ブロンスターは飛行機に乗って本土に帰るべきだと言った。ヘンリー・ピータースは、ブロンスターについて、現在の受託者たちが彼女の「宣教師的精神」を共有していないため、王女の信託に対して一人十字軍として聖戦を仕掛けているニューヨーク・アイビーリーガーだと語った。ここではピータースは、「宣教師」という言葉を、白人の抑圧者を一言で表す侮蔑の言葉として使っている。

　これらすべてが、突き詰めれば、かつて何度も効果的に用いられた、ひとつの単純かつ力強いメッセージと重なるのである。すなわち、非ハワイ人は、まだ盗まれずに残っているハワイ人のわずかなものを、ここで盗もうと狙っていると。

　〈オハナ〉の行進の翌日、判事ヒライは、受託者たちに、即時解任への反対理由を記した法律書面の準備に 4 週間の猶予を与えた。そして、1998 年 10 月 30 日、ブロンスターが満を持して、判事ヒライの法廷に現れる。法廷内は緊迫していたが、静かであった。5 人の受託者全員の弁護士たちが解任に反対し、彼らはいずれも、少なくとも「適正手続」の恩恵が受けられるまでは在職が許されるべきだと強調した。その狙いは 5 件別々の本格的な裁判であり、それぞれまず準備に 1 年以上かかり、かつ審理に最低でも 3 〜 4 ヶ月かかることを想定した引き伸ばし作戦である。

　〈ナプア〉は裁判所便りを発行し、受託者たちの立場を誰にでも理解できる言葉で説明した。

　　裁判所が未成年者のために、ある人を法定後見人に指名したと想像してください。次に、当の後見人がこの未成年者のお金を盗み、その財産を危うくし、精神的にも傷つけ、さらにそれ以外にもさまざまな不正に手を染めたとして訴えられたと想像してください。訴えたのは、未成年者本人とその両親および教師たち、後見人に雇われている従業員たち、調査のために裁判所から任命された監督官、国際的な会計事務所、検事

総長、現役の連邦判事、引退した元上訴審判事、その他数多くの専門家と高名な有力者といった人びとです。おまけに、後見人は未成年者のお金を濫用したとして州から起訴されているだけでなく、未成年者の資産を使って自分に過大な報酬を支払ったとして、さらにはほかにも税務上の違反行為の疑いがあるとして IRS の監査を受けていると考えてください。

このような状況下では、問題の後見人に対して未成年者とその財産の管理をやめるよう要請することは、理に適っているでしょう。少なくとも、これらの訴えが真実であると裁判で明らかになるまでの一時的な処置として。この後見人に、未成年者の世話とその財産の管理を任せせたままにして、未成年者を危険に晒すことは合理的ではないでしょう。一時的な解任につながらないのですから、「適正手続」とか後見人の「権利」を声高に叫ぶことは見当外れです。

ここまで述べてきた状況こそ、この裁判で延々と続いていることの本質なのです。違いは、未成年者は1人ではなく、何千人という子どもたちだということです。〈ナブア〉は、裁判所がその衡平上の権限を行使して、信託とその受益者たちにさらなる危害が及ぶ前に、一刻も早い受託者5人全員の暫定的解任をお願いするものです。

判事とライの法廷での弁論では、プロマスターは以上の事柄を法律用語で話す。彼女は、イムとマツモトの両報告書は法律により正確と推定されるが、そのどれかひとつにとっても、即時の暫定解任が相当であると強調した。恒久的排除の裁判で新しい証拠が出て、1人か2人の受託者には良い光が当たるかもしれないが、今答えを出さねばならないのは次のことだである。すなわち、信託とその受益者たちにとって何が最良なのか？

審議終了後、判事とライはその場で判決を出すこともできた。しかしながら、彼女はこの事例を「考慮案件」とした。その意味は、彼女にはまだ判断できないということである。基本的事実と適用する法律は明らかなので、傍聴していた法律家の何人かはライの優柔不断に驚く。この結果を不予想し

ていた者もいた。ヒライは、その結果如何にかかわらず、なかなか決められない裁判官として有名なのだ。それなのに、今回彼女に要求されている決断は、大変な影響が出てくる。ビショップ遺産信託と裁判所だけではなく、45年間にわたる民主党王朝の命運がかかっているのだ。彼女が直面している事態の重さは、他の判事たちが一生かかってもお目にかかれないようなものなのであった。

　判事ヒライ自身はいつ判決を下すかについて何も述べていない。公的に、検事総長付き広報担当者は報道陣を相手に、ヒライがすぐに判断を下さないのは、「慎重に過ぎる」ことの表れと述べている。他の検事たちは、ヒライは「ヘッドライトに照らされてビックリしている鹿」のようだと噂していた。

　その頃、11月の第2週に予定されているリンゼイ解任裁判に向けて、いろいろな動きがあった。彼女の弁護団は、パトリック・イムを証言台に呼んで、彼と話をした者の名前をすべて言わせるつもりでいた。ステンダーの弁護団も同様にイムを証人に呼ぶ予定でいたが、彼らはイムが面談した者の名前を聞き出すことには反対であった。ブロンスターは、この点についてはリンゼイ側につく。曰く、市民に情報を隠すことは望ましくない。しかしながらイムは、ブロンスターに召喚される前に、自分がもっていた記録をすべて破棄してしまったと宣言する。

　この1年、リンゼイ解任訴訟では、ジャービスの名前がステンダーの名前の次に書かれていた。これは何年間も1人だけの少数派に甘んじてきたステンダーには、少しは慰めになるものであったが、彼らの関係は決して良好なものではなかった。ジャービスは気難しくすぐにカッとなるタイプであり、さらに、この訴訟の始めから訴訟費用を一部でも負担する気は全くなかった。

　多くの人びとは、この裁判をステンダーとリンゼイの2人だけの公開対決とみていた。ブロンスターとマッコリストンの対決と同様に、これもすぐに感情的な個人攻撃となっていく。リンゼイはしばしば、ステンダーは受託者としては欠点が多いと述べる。曰く、受託者会議には欠席が多いし、秘密を維持できない。さらに彼女は、ステンダーは自分を排斥する陰謀の黒幕なのだと主張した。これに対しステンダーは、リンゼイを「パラノイド」、「頭が

おかしい」、「邪悪」だと言う。彼はリンゼイについてのさまざまなエピソードを語った。たとえば、彼女の執務室に誰かが電話を入れると、彼女は自分の携帯にかけ直すようにと——あたかもそちらの方がより安全だとばかりに——相手に言うとか、彼女は自分の部屋のカーテンを普段閉じており、ある時など、男が外の樹木に登っていて、中を窺いながら誰かのデスクの上の書類を読んでいると言っていたとかである。

　ステンダーによると、リンゼイは彼の後をつけているらしい。彼は仕事で米国本土に渡る時は、常に現地の同窓会支部に行って話をするのが好きだった。しかし、彼が本土の都市に着いて支部に電話すると、リンゼイがすでにここに電話してきていて、同窓生たちに彼と話をしないようにと言われたと告げられた。また、彼女は他人に関する情報をもっているかのように思わせることが好きで、ある日ステンダーに、彼にとって致命的な証拠を握っていると告げる。彼が判事たちに書いたという手紙だそうだ。白状した方が身のためだと言う。ステンダーにはそのような手紙は存在しないことがわかっているので、リンゼイに手紙を見せてみろと言うと、これは「秘密」だから見せられないと言った。

　リンゼイの方でもまた、ステンダーについて、いわくありげな話をいろいろと用意していた。そのひとつは、1995 年にビショップ遺産信託に持ち込まれた、マウイ島の土地とパイナップル会社への投資話である。最終的にここには投資しないことに決まったのであるが、ステンダーは自分で投資グループを募ってこの件を検討させたという。リンゼイは元 FBI 工作員を雇ってステンダーの行動を調査させ、ケイズ法律事務所のマイケル・ヘアに秘密裡に法的意見を聞く。ヘアの手紙は、読む者に疑惑を抱かせることになった。「受託者オズワルド・ステンダーが、ビショップ遺産信託受託者として何らかの重大な受託者義務違反を犯したか否かは、今の時点では確定的なことは言えない」。リンゼイはこれをスキャンダルとしてテレビニュースのレポーターに話した。

　また、ステンダーがリンゼイにほとほとうんざりして、彼女を受託者から排斥すると告げた時には、彼女はそんな日が来た場合には、彼が孫娘をカメハメハに入れるために、入学手続を捻じ曲げたことを「漏らす」と言った。

こんなことは真実ではなく、彼は怒りのあまり適切な言葉遣いを選ぶ暇もなく、思わず、家族をこの泥沼に引きずり込むようなことをしたら、お前を殺してやる、と言ってしまう。

第**19**章
闘いの終わり

1990年代、ビショップ遺産信託の上級スタッフたちは立派な肩書きと高給を貰っていたが、権限はほとんどなかった。そのため彼らは、受託者たちに刃向かっても失うものが大きいだけで得るものはほとんどないと考えるようになっていた。ある時、受託者たちに呼ばれるのを外で待ちながら1人がもう1人に、こう話す。「俺たちが中に入っていっても、そこで俺たちにできることは何もなく、ただ怒鳴られるだけだ。俺たちの話を聴く気なんて、ハナからないんだから。だから、彼らの聴きたいことだけ話せばいい」。

受託者たちが、ますます自分たちの個人的法律問題にかまけるようになっていくと、カワイアハオ・プラザでの意思決定が滞るようになる。受託者たちの関係は完全に壊れていた。普段からそういう傾向はあったが、さらに侮辱的な言葉遣いが飛び交い、それが一段と酷く、かつ大声になっていった。ある時などは、あやうくピータースとジャービスの殴り合いになるところだった。緊張と将来への不安がカメハメハ学園のあらゆるレベルにまで及んでおり、生徒たちすら、報復を恐れていた。

シド・ガスパーが高1だった頃、彼女自身も友人たちも、チュン学長が辛い時を送っていると感じていた。彼らだけでなくみんな彼のことが大好きで、チュンの方も生徒たちのことが大好きなのだと彼らは感じていた。彼の苦しみをわかち合いたいと、生徒たちは小さなサイン帳に一言、励ましの言葉や

絵を画いて、ある朝、教会にいるチュンに手渡したりもしている。

　高2になると、ガスパーはチュンをもう少し客観的にみるようになる。彼女は相変わらず彼が好きではあったが、カワイアハオ・プラザへの行進の時、チュンは生徒たちに行進を禁じた。行進に参加した場合は、欠席した授業すべてについて評価が下がるとも告げた。この態度は、彼女には何か正しくないように感じられる。カメハメハと受託者たちの間で何かが非常におかしくなっており、行進はそれを正すために行われるはずなのだ。彼女には、なぜチュンが行進を支持しないのか不思議だった。彼女は、教師アイルが職務不服従でクビだと脅された日に、彼のハワイ語の授業に出ていた。彼や他の〈ナクム〉の指導者たちが、ひとりの生徒カマニ・クアラオのためにあえて声を上げてくれた。アイルやその他の多く教師の顔には、苦しみと疲れが見えていた。彼女が大好きだった教師のひとりは、すでに学校に見切りをつけて、米本土に引っ越している。

　カメハメハでの問題は家族の集まりでも話題となり、キャンパスの外でも、知らない人が彼女のカメハメハの制服に気がついて、受託者たちとの関係はどうなっているのかと聞いてくるのだった。ビショップ遺産信託とカメハメハ学園のニュースは、もう1年以上も新聞の第一面を飾っており、人びともこの問題について大いに関心があった。ガスパーや他の生徒たちの疑問は、今、何か行動を起こすべきなのか、それとも学校でただじっとしていればいいのか、ということであった。カメハメハキャンパスは広大で、生徒たちはあちこちに散らばっている。彼らが揃って一緒にいることは稀である。生徒たちが団結できたとしても、いったい何をしたらよいのか？　自分たちが動いたところで何らかの効果はあるのか？　さらには、自分たちに災いが降りかかるおそれもある。彼らは、生徒会長カマニ・クアラオが教室から呼び出されてカワイアハオ・プラザのロケラニ・リンゼイの部屋に連れていかれたことを今でも覚えていた。誰もそんな目には会いたくない。大学入学を控えて奨学金交付決定を待つ高3生は特にそうだった。

　それでもガスパーは何か行動したかった。教師たちが生徒のためにあえて危険に身を晒してくれているなら、生徒の方でも彼らを支援をするのが正しいと思った。3学期前、カレン・ファリアスが駐車場で生徒たちを呼び止め

て話をしていたことを思い出し、彼女は、受託者たちの解任のために闘っている教師たちに、生徒側から支持を表明する請願書を用意することを思いつく。彼女はそれについて教師たちと話し合った。彼らはどのような文面にしたらよいかを彼女に教え、かつコピーを取ってくれた。

　ガスパーの仲間は真っ先に署名する。それから彼らは請願書のコピーを、クラスの他の友人たちに届けた。教師の中には、頑張りなさいと励ましてくれる者もいれば、請願書が回っているのを見て見ぬ振りをする者もいた。しかし、生徒たちにやめなさいと言う教師はいなかった。ガスパーたちは請願書を図書室や、昼食時の食堂に持っていった。体育トレーナーをしている友人は請願書を陸上競技場に持っていってくれた。

　心配はあった。学校管理部門に知られたらどうなるだろう？　また、両親が自分たちの子どもがカメハメハでの教育を危ういものにしていると知ったら？　それも当人のみならず、弟や妹の入学にも影響するとしたら？　しかしいずれにしても、請願書は広まってしまった。これがカメハメハである。誰かに何か言うと、あるいは何か興味を引くことをすると、すぐに全員が知ることになるのだ。たった数日で800以上の署名が集まる。全高校生の半分である。用心のため、活動の先頭に立つ女生徒たちは——先頭に立っているのは全員女生徒であった——署名入りの請願書を、鍵をかけてしまっておいた。

　請願書は後に、〈オハナ〉の行進の際に裁判所に届けてもらうべく〈オハナ〉に託された。行進の翌朝、ホノルル・アドバタイザー紙に数枚の請願書の写真が載る。それぞれの一番下に、シド・ガスパーの名前があるのが読み取れた。新聞でそれを見た彼女は息を呑む。

　新聞に名前の出た日の午後、ガスパーは〈フラ〉祭りで、〈フラ〉をソロで踊ることになっていた。この日のために、彼女はレイを入念に用意していた。このレイは、今までで最高のできだった。レイの審査員長の女性はガスパーの知らない人であったが、彼女の名札を見て、こう言った。「ああ、シド・ガスパーね。あなたのこと、知ってるわよ」。それを聞いたガスパーが瞬時に思ったことは、「やだ！　どうしよう。困ったことになった。この人、私のレイに最低の点数をつけるに違いない。あの写真のせいで、いい点数は

絶対につかないわ」。しかしながら、審査員長はにっこり微笑んで次のように言ったのだ。「大丈夫、心配しないで。私はあなたの味方よ」。控え室に戻ったガスパーは、涙が止まらなかった。

　1998年11月、判事ヒライは、受託者の誰であれ正式な裁判を与えることなしには、暫定的にであれ、解任することはないと宣言する。判事はさらに、これらの裁判はステンダーのリンゼイに対する裁判が終わるまで待つことになると付け加えた。ステンダーの裁判は4〜5ヶ月はかかるとみられている。2ヶ月前、ブロンスターは受託者5人全員の即時暫定解任を求めていたが、ここへきてヒライが当面何の行動にも出ないとわかると、戦術を変える。彼女はステンダーの解任を、暫定的にであれ永久的にであれ、求めないことにした。つまり、残る4人の受託者、すなわちピータース、ウォン、リンゼイおよびジャービスの暫定的解任を求めることにしたのだ。しかしそれも、少なくとも4ヶ月は始まらない。おかげでステンダーは、しばらくの間は命拾いした観があった。

　同じ11月、知事ベン・カイエタノは5,000票の差をつけて再選される。その次の月曜日の朝、判事バンビ・ウェイルの下でリンゼイ解任訴訟が始まった。これは陪審員のいない裁判であり、後にベテランの信託弁護士は、これまで経験したことのない奇妙な裁判だったと述懐している。法律問題は後ろへ追いやられ、感情論だけが支配していた。どの証言も、マツモトが明らかにした深刻かつ継続する信託違反に関連するものではなかった。そうではなく、入れ替わり立ち替わり登場する証人の証言はいずれもリンゼイの傲慢さと無神経さに集中していた。スター・ブレティン紙は、これを「現代版道徳劇」と呼んだ。

　ビショップ遺産信託の元広報責任者エリザ・ヤダオは、リンゼイには「数え切れないほど」泣かされたと証言する。〈ナクム〉の指導者、シャーレーン・ホーは、美術室に天井から吊り下げて飾られている生徒たちの絵を見てリンゼイが、「洗濯物を干してるみたい」と放言して「美術教師を侮辱した」と話した。複数の教員が、リンゼイはキャンパス内で「伝統的」ハワイ語のみを使用することを命じたと証言する。彼らは、自身は一言もハワイ語

を話せないリンゼイがこういうことを命じることにとりわけ怒っていた。カ
メハメハ芸術部門の責任者、ランディ・フォンは、リンゼイの抑圧的管理に
抗議して辞任しようとした人物であるが、彼女の数々の気まぐれな命令のた
めに、人びとが「馬鹿で無能」であるかのような気にさせられていると証言
した。この証言の途中でフォンが、リンゼイと話している時に彼女がある禁
止用語を用いたことがあったと付け加えた。その時、中継中のテレビカメラ
は、リンゼイが彼に向かって「この嘘つき」と声に出さずに口にしたのをし
っかりと捉えていた。その晩、4 件のテレビニュースすべてのトップニュー
スがこの映像であった。その後も、4 ヶ月にわたる裁判を報じるテレビニュ
ースでは、この映像が繰り返し放映されることになる。

　また、別の者たちは、リンゼイがカメハメハでの教育の質を不当に貶める
ような内容の報告書を流して生徒たちの自尊心を傷つけたと証言した。ステ
ンダーの弁護士クリスタル・ローズはこれについて、リンゼイが「誘導ミサ
イルを学校に撃ち込んだ」みたいなものだと言う。〈ナプア〉のロイ・ベン
ハムは、リンゼイのミサイル発射の翌日、自分と他の卒業生とでキャンパス
に出向き、生徒たちに向かって、「君たちは大丈夫だ。われわれは君たちを
支える」と書いた看板を掲げたと証言した。

　こうした実に異様な法廷戦術の理由は明らかである。双方の弁護士たちが、
自分の依頼人に当てはまるマツモトの多くの指摘について議論することを避
けようとしたためである。すなわち、合理的に説明のつかない高額報酬、中
間制裁法案成立阻止のための運動に信託資金を用いたこと、王女の遺言に違
反して収入を内部留保していたこと、公益信託として採用すべき「分別ある
投資者法」に違反して投資を行ったこと、虚偽の財務報告、政治活動への関
与、そしてさまざまな裁判所命令違反である。このどれひとつを取っても、
受託者 5 人全員の解任の法的根拠となるからである。

　リンゼイ解任訴訟の始まる 1 年ほど前、ステンダーは彼女に、もし辞任す
れば 100 万ドル支払うと申し出ている。リンゼイの反応は、「絶対に辞任し
ない」というものであった。彼女の弁護士たちは勝訴判決に自信があるよう
だった。彼女がこの数年信奉している霊能者も同様の意見だった（もっとも、

この霊能者は信託とは無関係な事柄で相談にのってもらっていた人物にすぎない）。

　裁判が始まる少し前、判事ウェイルは両当事者に、もう一度、裁判外での和解を試みるよう命じる。そのための両当事者の重要な集まりが、リンゼイの主任弁護士マイケル・グリーン宅で行われた。判事マリー・ミルクスは、こちらの部屋にいるステンダーの弁護士たちと、あちらの部屋にいるリンゼイの弁護士たちの間を行ったり来たりする。数時間にわたって往復を繰り返した結果、なんとか一応の合意に達する。リンゼイは直ちに50万ドルを受け取り、それに加えて向こう5年間にわたって毎月1万ドルを貰うというものであった。彼女が受託者を降りるのは解任ではなく辞任として発表され、お別れパーティーも開かれる。さらに、リンゼイは自分の肖像画をキャンパスの一番いいところに永久に飾らせることも要求した。

　ステンダーは金銭を用意する。彼には裕福な友人が何人もいてほとんどの額を払ってくれると言うし、ビショップ遺産信託の責任保険会社も支払いに同意した。

　しかしながら、この合意が最終決定される前、ウォンがステンダーにリンゼイを残してくれと頼む。ウォンは、自分が責任をもってリンゼイをキャンパスに近づけないようにするし、自分とステンダーの2人で、リンゼイがこれ以上面倒を起さないように監視したらいい、と言う。ステンダーはリンゼイのお守りはしたくないと言い、自分が望むことは、リンゼイを即時、完全に、かつ永久に受託者から排除することだと言った。これを聞いて、ウォンは立ち上がり、非常に興奮して言う。「いい加減にやめないとマイク・チュンを首にするぞ」。ステンダーはこれをウォンのいつものハッタリだと思い、彼に告げる。「この件でマイク・チュンを首にしたければすればいい。首にしてみろよ」。

　ウォンとの会談の後しばらくしてステンダーは、リンゼイから気が変わったから辞任はやめるとの連絡を受ける。おそらくは、リンゼイの後釜がステンダーとジャービス側について、自分たちが少数派になることを恐れたウォンとピータースが、リンゼイを説得したのだと思われた。

　裁判がかなり進んだ頃、リンゼイは、以前申し出のあった金銭の話を二度までも拒絶したことを考え直していた。判事ウェイルが、判事クラインとレ

ビンソンを証言台にという彼女の要請を却下しており、少し弱気になったのであろう。そのため、彼女は弁護士を通してステンダーが和解の再開に関心があるかを聞く。ステンダーはあると言い、ここに三度目の交渉が始まる。しかしながら、双方の主張がこれまでにないほどかけ離れていることがすぐに明らかとなる。今回リンゼイはステンダーに、自分が辞任したら検事総長とIRS（米国国税庁）が自分を放っておくことを保証しろと要求してきたからだ。しかし、彼にはそのような権限はない。

最終弁論でリンゼイの弁護団は、彼女がこの法廷で「フン族のアッティラ王」として描かれてきたと述べる。彼らは当法廷を「セーラムの町の魔女裁判やスペインの宗教裁判をたきつけた熱狂にも似た市民の狂気」に駆り立てられて「最高潮に達した赤狩り」と呼んだ。

ステンダー側の最終弁論では、ダグラス・インが、信託の名誉、精神的損失、および緊急な行動の必要性に焦点を当てる。「カメハメハは受託者リンゼイが永久に排斥されない限り、名誉は回復されない」。インは、カメハメハの生徒たちが毎年王女パウアヒの墓前で朗唱する祈りの言葉で弁論を終える。彼が祈りを捧げ始めると、傍聴席のステンダーの支援者たちもカメハメハの生徒時代にしたように、祈りの言葉を口にしているのが見てとれた。

すると、リンゼイは弁護士のひとりを肘でつついて囁く。「ごらんなさいよ。彼女、泣いてる」。弁護士が顔を上げて見ると、クリスタル・ローズが泣いていたので、リンゼイに言う。「心配しなさんな。クリスタルはよく泣くんだ」。リンゼイ答えて曰く、「違うわよ。クリスタルのことじゃないの。判事のことを言っているのよ。判事を見てみなさいよ」。実際その時、判事ウェイルは、両目の涙を拭っていた。

劇的な出来事があったのは法廷内だけではなかった。判事ウェイルの法廷にジャービスの出席は要請されていないのだが、彼はほとんどの期日に出席しており、時には妻のアビスも一緒だった。その際ジャービスは休憩中に記者たちとホールで会話を交わすこともよくあった。

ところが、裁判が終わりに近づいた3月初旬になると、ジャービスの姿は見られなくなる。そして3月12日、新聞、テレビが、ジャービスが自殺を

図ったと報道する。しかもそれだけではない。彼の自殺未遂は、その9日前にあった39歳の女性レーヌ・オジリ・キタオカの自殺に関係していたのである。彼女はビショップ遺産信託不動産開発部門である「カメハメハ投資会社」の弁護士であった。キタオカの夫が、閉めきった自宅ガレージ内で、エンジンをかけたままの乗用車の中から彼女の遺体を発見している。捜査員たちは彼女の財布の中から、その前の晩、ワイキキのハワイプリンスホテルで200ドルの夕食代を支払ったクレジットカードレシートを見つけた。ジャービスの署名もあった。捜査員たちがホテルの支配人に話を聞くと、信じられないような事実がわかる。ホテルでの豪華な夕食の後、ジャービスとキタオカの2人がトイレ内でセックスにいそしんでいるところをホテルの警備員に見つけられていたというのである。

キタオカの葬儀の数日後、その事実を知ったあるテレビニュース記者が、ホテルでの一件をジャービスに尋ねる。彼は何も答えず、自分の車に乗り込んでカイルアの自宅へ帰り、睡眠薬を飲んだ。いくつ飲んだかは誰にもわからない。彼の妻がトイレの床に倒れている彼を見つけて、救急車でキャッスルメディカルセンターに運び込み、そこで彼は完全に回復した。

これらすべては、カメハメハ学園の学期も終わろうとする時期に起きた。試験結果は間もなく出てくるし、合唱コンテストも数週間後にやってくる。そんな時期だったが、生徒や教師たちの間でも管理部門でも、話題に上るのはジャービスのことばかりだった。

オズ・ステンダーは心底驚く。彼はジャービスとキタオカの関係を全く知らなかったからである。実は秘書たちは知っていた。ある者は、関係は2年ほど前からだと証言した。キタオカはケイズ法律事務所からビショップ遺産信託に移ってきた。ジャービスはカメハメハ投資会社の取締役会議長におさまっているのだが、その会社の法律トップに彼女を自ら据えている。2人は出張に一緒に行っていた。カメハメハ投資会社のスタッフのひとりは、彼女がジャービスに頼まれたと言って、ジャービスのクレジットカード明細、それもコピーではなく、現物（オリジナル）を取りに来たことを覚えていた。他人にオリジナルを渡すことは業務上、手続違反であるが、受託者が望むことは言うとおりにするのが常であった。

　キリスト教の理想に基づき、子どもたちの教育という使命をもって創設された公益信託の受託者として、ジャービスは恥知らずの極みであるうえに、ある者は、彼は信託そのものの面汚しだとも言っていた。しかし、ジャービス本人はそうはみていないようだ。同僚の受託者に、辞任するのかと聞かれて、彼は次のように答えている。「何で俺が辞めるんだ？　この手のことは、よくあるだろ」。

　ジャービスの自殺未遂の少し後、学長マイケル・チュンは、テレビ回線を通して全キャンパスに話しかけ、カメハメハは家族であり、われわれは人びとに家族として接し、共感と許しをもたなければいけないと説く。彼は皆に祈るようにと言った。

　ジャービスは彼自身の暫定解任訴訟が始まる 18 日前に自殺を試みている。そのため、彼の弁護士は、ジャービスが裁判で戦う状態にはないとして延期を要請した。これは皮肉なことである。自分の暫定解任に対して闘うことで、彼は他の受託者の利益も現在は守れると主張していたからである。そこで、弁護士は今度は、ジャービスが自分自身の利益すら守ることができないという理由での延期を求めようとした。

　副検事総長ドロシー・セラーズは、ジャービスの自己破壊行動こそ解任に十分な理由となると主張する。最高裁長官ムーンによって検認裁判所に再任されて間もない判事ケビン・チャンはセラーズの言い分を認めず、延期要請を受け入れる。

　関連する裁判は増える一方であった。判事ウェイルの法廷で終了する予定のリンゼイ裁判、判事ヒライの法廷でこれから始まるピータースとウォンの裁判、本人の快復を待ってチャンあるいはヒライの法廷で始まるジャービスの裁判である。加えて、この先、多ければ 4 人の受託者の永久解任訴訟もある。これは 1 年後か 2 年後に始まるだろうし、彼らが負ければ間違いなく上訴するので、この調子ではすべてが終わるには少なくとも数年はかかることになる。

　しかし、ここで事態が大きく動く。1998 年の大晦日のことである。ギロチンの刃がゆっくりと降りてくるように、IRS がフォーム 5701 として知ら

れる提案を発表したのだ。これらの書面はこれ以上ないほどに厳しい内容であった。簡単にいうと、ビショップ遺産信託での信託濫用の程度は前例のないほどに酷いものであるため、IRSとしては、信託の免税の地位を取り消すほかに選択の余地はないとの結論に達したということである。

　通常であれば、IRSは受託者側と5701について話し合うことにやぶさかではないのであるが、今回だけは違った。曰く、ここの受託者たちは妥協の余地のないほどの利益相反を行っており、信用できない。彼らには「検認裁判所命令、監督官報告書提言、検認裁判所規定、および中立的立場の専門家の意見を、ことごとく無視し続けた過去」がある。要するに、IRSは受託者たちやその代理人たちと話し合うことを、きっぱりと拒否したわけである。

　受託者たちの個人的利益は信託の利益と直接ぶつかる。なぜならば、IRSは受託者各自に、報酬として過大に受け取った何百万ドルもの金銭を、信託に弁償することを要求しているからである。IRSは受託者たちが信託資金を用いて自分たちの裁判費用をまかない、過大な報酬を自分たちに支払い、その他の個人的利益を図っていることを問題視していた。

　判事チャンはIRSに同意する。1999年2月初め、彼は受託者たちが「IRS監査に関する事柄について実際に、酷い、重大な利益相反を犯している」と判決した。チャンはそれに続けて、信託を代理してIRSと今後の相談をするために5人の「特別目的」受託者を任命する。受託者たちの利益相反へのチャンの対処の仕方は、全米の専門家数人から「驚くべき」とか「前例がない」と言われたとメディアは伝えている。専門家たちは、これでは機能しないと言う。どうやって、2組の受託者たちが同時に、かつ別々に仕事をするのか？

　新しく任命された特別目的受託者5名の顔ぶれは次のとおりである。最高裁長官ムーンのかつての法律事務所の元共同経営者ロナルド・リックマン、貯蓄銀行役員コンスタンス・ロー、引退したイオラニスクール校長デビッド・クーン、元ホノルル警察長官フランシス・ケアラ、および引退した米国海軍提督ロバート・キフネ。

　彼らは速やかにアーサー・アンダーセン会計事務所の会議室に集まる。彼らの最初の仕事はフォーム5701と2,500ページに上る付録を読み込むこと

であった。その内容は深刻であった。IRS は、全体で何百万ドルにもなる信託とその 100％所有子会社間での「創造的」取引について、これを脱税であると指摘している。しかも、これが最悪な点ではないのだ。真のショックは、1989 年 7 月 1 日に遡って信託の免税の地位を取り消すという IRS の決定であった。アーサー・アンダーセンの税務担当会計士は、これにより今すぐに、信託に 10 億ドル近い出費が生じ、今後さらに増えると予想した。

　しかしながら、間もなく希望も生まれた。IRS はめったにない素晴らしい提案を出してきたのだ。すなわち、全米レベル、州レベル、および地区レベルの IRS の責任者たちが、特別目的受託者たちおよびその助言者たちと一緒にロサンゼルスに集合して、カメハメハ学園を傷つけずに問題の解決を探る話し合いをする用意があると言ったのである。この会合は 1999 年 4 月 19 日、時候の挨拶も抜きに始まった。特別目的受託者のひとりは、後にこの時のことを「映画のワンシーンのようだった」と述べている。長いテーブルの一方に大真面目な顔をした 12 人ほどが座り、もう一方の側に座ったやはり大真面目な同数の顔と向かい合っているのだ。当時の IRS 免税団体部門の長マーカス・オーウェンスは自分が話すので、特別目的受託者たちは聴く側に回って欲しいと言って会議を始めた。

　オーウェンス曰く、ビショップ遺産信託の免税の地位を取り消すことは誰も望まないけれども、信託濫用の程度と大きさは匹敵するものがないほどである。IRS はそれでも交渉する用意はあるが、それもビショップ遺産信託が根本的に変わることが絶対的な条件である。彼は今後取るべきステップの一覧表を持ち出すが、彼の一覧表の一番上は、現在の受託者 5 人全員の辞任または解任であった。オーウェンス曰く、この条件は絶対的なもので「交渉の余地はない」。

　特別目的受託者たちはこれを持ち帰り、判事チャンにすべて報告する。判事は、ステンダー、ウォン、ピータース、リンゼイ、およびジャービスに、1 週間以内に辞任するか、解任されるべきではないと思うのなら「その理由を示せ」と伝える。さらに、チャンは彼らに、自分たちに報酬を支払うことをやめるように命ずる。これは判事ウェイルの法廷でのリンゼイ解任訴訟の終了から 5 週間後、および判事ヒライの前でのピータースとウォンの解任訴

271

訟の最終弁論の2日後のことであった。ウェイルもヒライもまだ判決を出しておらず、いつ出るかも全くわからなかった。

その4日後、ゴールドマン・サックスの株式の取引がニューヨーク株式市場で始まる。ビショップ遺産信託は、当初900万株を一株53ドルで売った。その代金4億7,700万ドルは受託者たちが最初に投資した額とほぼ同じであるが、信託はまだ2,200万株を所有しており、近いうちにこれも売却する予定であった。

ヘンリー・ピータースは記者たちに、こんな時に自分の報酬は止められ、また別な大陪審が召集されるなんて皮肉だと言う。「よそではどこでも、みんな、俺のためにパレードしてくれるのに、ここではみんなが俺を蹴っ飛ばして起訴するんだ」。

フォーム5701の中で、IRSは、ビショップ遺産信託は本質的に公益団体として機能していないと述べている。えげつないほどの過大な報酬、内輪だけを贔屓する態度、度の過ぎたロビー活動、そして州および連邦選挙への違法な関与により、IRSには「私的投資クラブ」のように映っていた。信託に、賃貸土地の強制売却によって多額の現金が流入し始めた時から、「全支出の大きな部分を占めていた学校にかかる費用が、半分をはるかに下回るわずかな金額になった」と5701は指摘する。王女パウアヒの遺言に違反して収益を内部留保し始めたことに加え、受託者たちは、友人、親族、取引相手、および議員たちに不適切な支払いをする一方で、信託に返済されるべき何百万ドルもの負債を「明白な正当理由なく」回収することを怠った。さらに、誤解を招く財務情報とそれが信託に与える悪い結果について多くの例を挙げている。一例を挙げると、一般的に認められた会計原則に従わないことで、受託者たちは1990年代初期の2年半にわたり、故意に自分たちの報酬を膨らませて500万ドル以上多く受け取っていた。

どの角度から精査しても、受託者たちの報酬は「えげつないほど過大」であるとIRSはみた。受託者たちがやらせた報酬調査は「信託資金の完璧な無駄遣い」であり、自分たちには無限の個人責任があるから報酬は高くあるべきとする彼らの議論は、「全く実体がない」。IRSによれば、有能な受託者

には個人責任に対する十分な保護があるものだ。「受託者は信託から保障を受ける権利がある。……ビショップ遺産信託ほどの資産があれば、考えられるどんな責任からも受託者を守るに十分過ぎるほどである。そのうえ、受託者たちは信託が購入した責任保険による恩恵も受けられるのである」。

IRS は受託者たちの主張した優れた投資成績を一笑に付す。フォーム5701 の中で、IRS は、ビショップ遺産信託には「この 10 年で、目を瞠るほどの収益の増大があった」が、これは土地強制売却のお陰であり、この部分を除けば、彼らの投資実績はお粗末なものであると述べている。IRS はさらに、これらの受託者を選んだ最高裁判事たちも槍玉に挙げる。「受託者選考手続は、もっとも資質に優れた個人を見つけ出すために考えられた体系的な方法で行われていたとは到底思えないものである」。

特別目的受託者たちがフォーム 5701 について IRS 側と話し合いを続けている間にハワイ議会の会期が始まり、激闘の予感が漂い始める。知事カイェタノが再選されてまもない頃、彼はブロンスターに続投を請うたが、これが実現するためには上院の多数が同意する必要があるのだった。

政治すずめたちは、ブロンスターは楽勝だろうとみていた。彼女は民主党の知事から再任を請われている。そして 25 名の上院議員中 23 名が民主党員である。市民の目から見ても、賛成派の理由は、結局、次の一言に集約されるのだ。ビショップ遺産信託。

しかしながら、ピータースとウォンにはまだ議会にお仲間がおり、そこへラリー・メハウが介入してきて、上院内で発言力をもちたい 4 人の新人と秘かに会っていた。彼らは全員、ブロンスターの再任に反対すべく動く。知事の執務室の人間たちは、トップのために精力的にロビー活動するのが常であるが、今回は違った。彼らは仲間内では、新しい検事総長に代わってもよい頃だと言っていた。検察が機能不全に陥っているという感覚があり、ブロンスターにスタンドプレーが多いことを怒る者もいた。カイェタノは、ブロンスターに検事総長として残って欲しいと言っていたが、彼としてもまた、彼女と常に見解が完全に一致するわけでもなかった。反対票を入れるのは間違いなくマーシャル・イゲであろう。彼はブロンスターの現在進行形の捜査の

対象であり、ブロンスターがいなくなればいい、と公言していたから。

　投票に個人的に関心のある者たちがまた別にいた。自分の妻がリンゼイの取巻きのひとりであるホイットニー・アンダーソン、それからジョー・タナカである。彼は最近の不動産取引で、ビショップ遺産信託から4万2,000ドルの手数料を受け取っている。

　投票が近づくにつれて、ブロンスター派の群衆と反ブロンスターの群衆とが議会に集まる。ワイアナエから来たヘンリー・ピータースの母親ハオリク・ドレイクとその友人たちは「ブロンスターはいらない」と書かれた看板を持ってそこにいた。しかし、同じく看板を掲げたブロンスター支持者たちの方が多かった。

　上院議員全員が投票した結果、ブロンスターは負ける。14対11であった。結果が発表されると、満員の傍聴席はブーイングの嵐となる。しかしながら、受託者の弁護士たちはお互いにハイタッチをしていた。そのうち、そのひとりが携帯電話でウォンに電話をかける。「彼女は終わった！」。また別の者は、「ピンポーン、魔女は去った」。記者たちがヘンリー・ピータースに電話をかけてこの結果をどう思うかと聞くと、「傲慢だとそういうことになるんだ」と返事が返ってきた。

　上院の投票によって、ブロンスターは自分の捜査が軌道に乗る前に職を去ることになった。しかし、彼女はビショップ遺産信託受託者たちに立ち向かったのだ。それが、希望が必要な時に希望を生んだのであり、人びとはそのことを忘れはしない。投票後、市民からの彼女への溢れんばかりの賞賛の声は数週間続いた。メディアの編集部に寄せられた投書は、彼女への愛と、彼女が再任されなかった憤りに溢れていた。人びとは彼女の執務室と自宅に贈り物を届け、スーパーでは、買い物客たちが彼女を抱きしめた。彼女を道で見かけると、運転席からクラクションを鳴らした。彼女がカハラマンダリンホテルで昼食を摂っていると、給仕たちが彼女に向けて拍手をし、食事代を持ってくれた。何百人も出席したロータリーの会合では、彼女はジャンヌ・ダルクに喩えられた。「ブロンスターを忘れない」というバンパーのステッカーも登場する。〈ナパア〉は、反対票を入れた14名の名前が背中に書かれたＴシャツを配布する。Ｔシャツの前には「ブロンスターを忘れない」と書

状況次第では、マージョリー・ブロンスターは検事総長を続行できたかもしれない。彼女は市民に支持されていたし、民主党の知事からも要請されたばかりだったのだから。しかも承認を要する上院では議員 25 名のうち 23 名が民主党員なのだ。

いてあった。

　ブロンスターの方でも、拒絶された恨みを忘れることはなかった。彼女は後に、自分に反対票を入れた上院議員たちに、選挙の際、個人的に反撃に出る。現役がまず落選することのない州において、14 名中 7 名が落選した。残りのうち、3 名は出馬自体をやめた。さらに、彼女は自分の職場からの裏切り者も忘れることはなかった。彼女の検事総長としての最後の行為は、副検事総長ケビン・ワカヤマの降格であった。

1999 年 5 月 6 日、判事ウェイルは決定を出す。ステンダーの戦略は効を奏した。リンゼイは永久に排除された。この奇妙なタイミングについて判事は何も説明をしていない。裁判自体は 1 ヶ月以上前に終了しており、最終判断までに、まだ 6 週間あると思われていたからである。

　その翌日、判事チャンの法廷は人で溢れており、ホールもロビーもそうだった。この日は、受託者たちが自分の職場に留まれるか否かの最後の機会であった。それが、信託が免税の地位を失うことを意味するとしてもだ。弁護士マッコリストンは判事チャンに、IRS に「屈服しない」ように、また、「受託者全員の大量処刑」を求める今の「群衆心理」にとらわれないようにと懇願する。彼は、自分の依頼者たちが裁判所の指示に従ってギルバート・タムを CEO に雇ったとも付け加えた。タムとは、カメハメハ学園副学長候補としてリンゼイの短いリストに載っていた、ビショップ遺産信託の元従業員のことである。

　ステンダーの弁護士クリスタル・ローズは、他の受託者全員が辞任するか解任されるならば、彼も身を引く用意があると述べる。彼女はさらに、ステンダーは、タムの雇用はみせかけのペテンであるとして、恥ずかしいと感じているとも付け加えた。CEO による経営制度導入の合意の上での締め切り日はとうに過ぎており、タムの名前はこの 24 時間で突然出てきた。まるでマジシャンの帽子から出てきたウサギのようだ。その仕事内容の議論も、書面のやりとりも、仕事の開始時期も、面接も、履歴書の提出も、本当に何もない。「他の受託者たちは日に日に機能不全に陥っています」とローズ。

　ディッキー・ウォンの主任弁護士は、受託者たちの「巨大な個人的責任」を強調し、彼らは毎日「全資産をかけて戦っているのです」と述べ、これとその他の理由から、彼らの報酬は 1 ペニーに至るまで自分たちで稼いだ正当なものだと主張する。IRS にびくびくしている特別目的受託者たちとは異なり、これら多数派受託者は、信託財産を IRS と州の徴税部門の「略奪者」から守ろうとしている「戦士たち」なのだと言う。

　副検事総長セラーズは、受託者たちの辞任拒否の理由は、彼らの「高額報酬」であるとした。彼女曰く、彼らの議論は突き詰めればすべて「私、私、私」と自分のことだけなのだ。さらに、ここへきてのギルバート・タムの雇

用は「道化芝居」であるとも言った。次にコルバート・マツモトは、はっきりとかつ明快に、これらの受託者たちは去らねばならないと発言する。曰く、彼らの行動には「あきれてモノもいえない」。

　5時間の間、辛抱強く双方の弁論を聴いた後に、判事チャンはステンダーの暫定辞任を受け入れ、かつその他4名すべてを暫定解任とする。判事曰く、多くのことが危険に晒されているにもかかわらず、ステンダー以外の全員は、自発的に辞任せず、自分たちも同意したCEOによる統治を導入しないことにより、深刻な信託違反を犯し続けてきた。判事はさらに、ギルバート・タムの「雇用を無効とした」。そのうえで、判事は特別目的受託者たちを「暫定」受託者として任命し、彼らあるいは検事総長が90日以内に、現在の受託者5人全員の永久解任の請願を出すようにと言った。

　ヘンリー・ピータースは「怒り狂う」。彼はIRSを「恐喝」だと非難し、訴えると吼えた。チャン判事の判決については、「酷い悪臭で、ロシアにいても臭う」。ステンダーは判決を賞賛し、これで「カメハメハ学園と信託にとって新しい時代が開ける」と言った。リンゼイは1893年のハワイ王政廃止を引き合いに出し、チャン判事の判決は「二度目の王政転覆」だと述べる。ジャービスはコメントできなかった。ウォンは激怒した。「私が何の悪いことをしたのか、なぜ私が解任されるのかわからない。私は絶対に出ていかない」。

　しかしながら、最後には彼らは全員出ていかざるをえなかった。ジャービス、ピータース、ウォン、リンゼイ、そしてステンダーも、である。ブロンスターが検事総長の地位を追われた後に、彼女に賞賛が降り注いだのに反し、この5人の受託者たちは、嘲笑と軽蔑の対象となった。

　1997年5月15日の抗議の行進以前は、ビショップ遺産信託受託者5人に対する市民の意見はいろいろであったが、ハワイ先住民の多くは、受託者は皆素晴らしい仕事をしていると思っていた。しかしながら1999年5月には、それも変わる。スター・ブレティン紙が1999年5月7日の判事チャンの判決後間もなく行ったアンケートで、ハワイの住民たちに各受託者をどう思うかを聞いた。「好ましい」、「好ましくない」、「中立」から選ぶのである。「好

ましい」と「好ましくない」との比が、それぞれ、ジャービスが1対22、ウォンが1対31、ピータースが1対71、リンゼイが1対83であった。市民はステンダーにも厳しかった。彼の「好ましくない」は「好ましい」の3倍あった。

　彼らには市民からの敵意のほかにも直面しなければならないことがあった。副検事総長は起訴の第2ラウンドを見据えており、加えて検認裁判所に対して、追徴金と呼ぶ2億ドルを超える罰金を課すよう要請することを計画していたからである。このような状況下では、ほとんどの人は彼らが自分から辞任すると予想した。そうしなければ、ただでさえ長い罪状リストが、より長くなるからである。

　最初に辞任したのはジャービスである。彼は1999年8月20日に辞表を提出する。自分が何か悪いことをしたのなら——自分は悪いことなどしたとは思っていないが——それはすべて、もっとモノのわかっているはずの人間たちの悪い助言に従ったために違いない、と彼は言う。名無しの他人のせいにしたのに加えて、彼は、違法な活動が始まった時には、自分は受託者ではなかったとも強調する。

　　　免税を取り消すと脅かすIRSの根拠となる事実は、すべて、私が1994年12月に受託者になるはるか以前から、ビショップ遺産信託が採用した判断と実務に基づくものである。そしてそのほとんどすべては、経験豊富な内部の専門家たちと外部の助言者たちからの助言によるものである。それらすべては、繰り返し裁判所の承認を受けているものであり、かつその一部、報酬に関するものなどは、法律に基づくものである。

　ジャービスは、自分の不道徳な行動については何も触れていない。ピータースが彼に代わって言っている。ピータース曰く、ジャービスは「不適切な行動」のために、もっと前に辞任すべきだった。

　その約1ヶ月後の9月27日、ステンダーが2番目の辞任者となる。彼曰く、自分はできれば自分の任期を全うしたかったが、少なくとも自分は最善を尽くしたし、常に受益者たちの利益を第一に考えてきた上での辞任なので

後悔はない。

　ウォンは憔悴していた。彼と妻マリは離婚したばかりであり、副検事総長たちは依然、彼の刑事訴追を諦めてはいなかったからだ。頭の上にぶら下がる追徴金のことを聞かれて、ウォンは答える。あんな桁の数字に「ビビらない奴はいないぜ」。ウォンは何度も、絶対に自分からは辞めないと言っていたが、11 月半ばには、辞任を真剣に考えていることが明らかとなる。彼はついに 12 月 3 日に辞任した。彼を代弁した弁護士は、ウォンもこれからは前を向いて進んで行かなければいけないのだと言った。ウォンの辞表は彼らしく、短い、ほんの数行のものであった。

　ヘンリー・ピータースは常に最も戦闘的であった。彼もまた繰り返し絶対に辞任しないと言っており、辞任すべきなのは、カメハメハでのハワイ人優先入学政策を終わらせたい IRS という悪の力に屈服した暫定受託者たちの方だと主張していた。ピータースは記者たちに、IRS と暫定受託者たちを訴えるつもりだと話している。彼は頼まれもしないのに暫定受託者たちに 4 ページの手紙を送り、「自分はカメハメハスクールズ／ビショップ遺産信託の正当な受託者として復帰する意図であることを君たちに助言しておく」と述べていた。

　しかし 1999 年 12 月 13 日、自身の永久解任訴訟が始まる当日に、ピータースは永久に辞任した。辞表の中で彼は、自分の 15 年間の仕事に誇りをもっており、信託の繁栄と学校の将来が、これまでも、そしてこれからも、自分の第一の関心事であると述べていた。

　　2 年以上にわたって、さまざまな利害関係人たちが声高にいろいろと叫んだお陰で、連邦および州の役人たちがこの信託を政治的なものに変えてしまい、受託者たちの評価を、彼らの仕事振りやカメハメハ学園の業績によってではなく、政治の動向と人気によって判断するようになってしまった。このような次第になると、どんな受託者であっても、長期を見据えて王女の願いを実現することは不可能となるのである。

ピータースは、自分は悪いことをしたとは思っていないと強調した。自分に起きたことは、「昔の時代のリンチ」と同じものだと言っている。

　ピータースはもう受託者ではなくなったが、彼の収入は完全にはなくならなかった。辞任後、彼は受託者時代に用意しておいた据え置き金保障契約によって、毎年約60万ドルを受け取る権利があるのだった。副検事総長たちはこの支払いはピータースの生涯続くと考えざるをえなかった。2001年のアドバタイザー紙の記事で、彼は選挙に出ることを考えていると述べ、ビショップ遺産信託時代を懐かしんでいる。

　　（ピータースは）低く買って高く売る、あのスリルのある日々を思い出してにっこりと笑った……彼は今でも、かつてのゴールドマン・サックスの仲間たちと話をすると言う。あの金融界の覇者のかつての社長ジョン・コジーンは、今ではニュージャージー州の上院議員である。彼らはあの朝のIRSの圧制的やり方とハワイの裁判所の間違いについて話し合ったと語った。

　2000年に「60 Minutes」というテレビ番組の中で、何か後悔はあるかと問われたピータースは、《信託崩壊》が出る前に、売りに出されていたホノルル・スター・ブレティン新聞社を買っておけばよかったと話している。

　ビショップ遺産信託に変化をもたらした人間たちの中で、最も貢献したひとりであるオズ・ステンダーは、道徳的には勝利したが、個人的には大きな負担を負った。1年以上にわたって、IRSは彼に中間制裁として約500万ドルを支払えと言っており、かつ検事総長は追徴金としてそれ以上を考えていたからである。ステンダーにはそのほかに、全部で約200万ドルに上る、クリスタル・ローズとダグラス・インの弁護士費用の支払いも残っていた。

　2000年に、ステンダーは検事総長室を訴える。彼が1992年と1995年、二度にわたり、他の受託者たちに対して行動に出るよう要請したのに、彼らが何もしなかったために、彼の個人的利益が害されたというのがその理由である。それから彼は、ワシントンD.C.の強力な弁護士たちを雇ってIRSと

の和解交渉に当たらせ、かつ、検認裁判所に対し、暫定受託者たちに自分の訴訟費用を支払うように命じるよう求めた。後者は、信託が彼のリンゼイ排除の努力のお陰で恩恵を受けたというのがその理由であった。

　判事チャンは、ステンダーの訴訟費用を信託から支払うことは適切であると判示したが、それはその額が「合理的」な範囲に限られるとし、請求額より数十万ドル低い金額を提示した。そのため、ステンダーが残りの一部を自費で支払い、ローズとインは足りない分を棒引きして終わる。

　交渉の結果、IRS はステンダーと 12 万ドルで和解する。ステンダーと検事総長室との争いは、金銭の授受は全くなく、私的に解決された。

　ステンダーは最高裁判事たちをも訴えることを真剣に検討した。彼は信託のすべての問題は、究極的には彼らにあると考えていたからである。しかし、彼は訴えないことに決めたと話す。理由は、自分には「もう金がない」からだと言う。2000 年、彼はハワイ人問題事務局の受託者に立候補し、楽勝している。

　1999 年 5 月 6 日、判事チャンがリンゼイを暫定的に解任する 1 日前に、判事ウェイルはリンゼイを永久に解任した。リンゼイはウェイル判決に対して州最高裁に上訴し、チャンの判断とも闘うと誓う。法律家の中には、ウェイル判事の判決には法的に不備があると言う者もいた。

　リンゼイは受託者の地位の復活を求めることを決してやめなかったが、彼女もまた、闘い続ける資金がなかった。ビショップ遺産信託から最後にお金が入ってから 7 ヶ月以上が経っていた。彼女は自分の税金も滞納しており、IRS は彼女の全財産に留置権を設定していた。1999 年 12 月 16 日、報道陣の前に立って、リンゼイは涙ながらに、もうお金が尽きてしまったから闘いは終わりだと告げる。裁判所に提出した辞表では、リンゼイは罪状をすべて否認し、心の中では、自分は信託あるいはその受益者たちを傷つけることは何もしていないと思っていると書いていた。自分は王女パウアヒの遺言を守るために、そしてハワイ人のためにハワイの富を保存するために闘ったのだと言う。これは、非ハワイ人たちが王女の遺産を奪おうとする話なのだ、自分の問題ではない、と言う。「王女にとって悲しい日です。王女のお墓に行

って、墓石に黒いリボンをかけられたら、と思います」。

　2004 年、ロケラニ・リンゼイは破産詐欺で連邦刑務所に入れられ、6 ヶ月務めている。連邦地区判事デビッド・エズラは、リンゼイが、末期の病床にあるとされる夫の世話ができるようにと、収監を三度、計 11 ヶ月間、延期している。しかしながら、リンゼイの姿がラスベガスのカジノで数回にわたって見られていると聞き、延期を取りやめた。

第 20 章
「癒し」と「終止符」

　最後の受託者が辞任した翌日、暫定受託者たちは名称の変更を宣言する。この歴史的信託は前を向いて「カメハメハスクールズ信託」と呼ばれることになった。受託者たちが信託の正式名称を変えるのはこれが初めてではないが、それでもビショップの名前は常に不動であった。今回、それがなくなる。理由は、これまでの数年にわたる騒動に「終止符」を打ち、「癒し」を進めるためだとされた。

　以前の受託者たちは永久にいなくなったが、話はこれで終わりではない。王女パウアヒの信託の濫用に与った者たち、あるいは濫用を見ていながらそれを止めるための行動を一切取らなかった者たちには、深刻な結果が待ち構えているはずである。信託法は新受託者に対して、信託に及ぼした被害の責任を、以前の受託者（およびその弁護士）に取らせることを要求している。加えて、新受託者たちは IRS（米国国税庁）に徹底的な「内部の大掃除」を約束していた。問題は、はたしてどこまで徹底的にできるのか？　であった。

　1998 年に、ブロンスターは検認裁判所判事に対して、法廷であらゆる法律問題の片がつくまで、十分に適性のある常勤の経営責任者を 1 人任命してビショップ遺産信託組織を運営させることを要請していた。判事チャンは、

1999 年 5 月、IRS の要請に応えて受託者全員を解任した時、この方法を取らなかった。その代わりに、特別目的受託者 5 人を「暫定受託者」の地位に引き上げ、彼らにその点を考えさせることにする。信託運営も財務も機能不全に陥っていた。暫定受託者たちが適切な人間を雇って、この数年の濫用と騒動の間に積もり積もった教育上、仕事上、および法律上の問題に効果的に対処させることが不可欠であった。

これには「質の高い法律事務所」が必要であるということで、暫定受託者たちは、政治的にうまくたちまわっているワタナベ・イン・カワシマ法律事務所と契約する。ダグラス・インはその上級パートナーのひとりである。暫定受託者たちはさらに、ブルース・グラハム、マイケル・ヘアおよびその事務所とも契約した。ここの弁護士は、10 年以上にわたって以前の受託者のために働いてきた者ばかりである。彼らが法律チームとなった。

信託運営のためには、ネイサン・アイパが選ばれる。「彼ならどこに何があるかわかっているから」というのがその理由であった。確かに、アイパは1986 年から信託の法務部代表弁護士を務めていたから、多くの内部情報をもっているだろう。しかしながら、この状況下では、それが彼をこの組織の経営トップの地位に昇格させる理由になるとは到底思えない。以前の受託者たちは、文字どおり信託違反の世界記録を、アイパの目の前で打ち立てているのである。彼自身、それに積極的に関与していた可能性もある。フォーム5701 では、IRS は彼を「6 番目の受託者」と呼んでいるくらいだ。それなのに、ここにきて、他の 5 人の受託者のように辞任を強要されるどころか、この「6 番目の受託者」が数十億ドルのビショップ遺産信託の舵を取るという。この結果、彼は自由に情報を支配できることになる。

アイパの以前の地位には、暫定受託者たちはコリーン・ウォンを据える。彼女はこの 10 年、アイパの右腕であった人物である。これでは全く掃除になっていない。首になった元の警備員が復職して鍵を渡されたようなものである。

こうした動きに、この 2 年間、ビショップ遺産信託の掃除をしてきた 3 人の副検事総長たち、すなわちドロシー・セラーズ、ヒュー・ジョーンズ、およびダニエル・モリスは衝撃を受ける。彼らはただちに暫定受託者たちと連

3 人の副検事総長たち。左からダニエル・モリス、ドロシー・セラーズ、ヒュー・ジョーンズ。暫定受託者たちがネイサン・アイパを信託運営の責任者に据え、かつ前受託者たちに何年も仕えてきた当の弁護士たちから今後も法的助言を求めると知ってショックを受ける。

絡を取り、以前の受託者に仕えた弁護士たちは、誤った法的助言を与えたか、あるいは正しい助言を与えても彼らが無視するのを黙って、かつ違法に見過ごしてきたかのどちらかだと説明する。以前の受託者は自分たちの訴訟で、弁護士の助言に従っただけだと抗弁するに違いないとも言った。その意味は、これらの弁護士、すなわち、いま暫定受託者たちが再雇用して信託運営に当たらせている者たちは、以前の受託者連中の深刻な違法行為の発見を妨害する強い個人的動機があるということである。さらに、最近になって元受託者を代理し始めたインのような弁護士は、以前の受託者の責任を訴求する暫定受託者の義務に関して、助言を与えてはいけないのだとも説明した。その中にはステンダーもおり、彼はインの依頼人である。インには利益相反があり、そのため、信託の金で自分の依頼人の方を守ろうとするかもしれないのだ。暫定受託者は皆じっと聴いていたが、結局、おせっかいは結構、余計なお世

話ですからお引き取りくださいと告げる。

　その数ヶ月後、インは暫定受託者たちを代理して、検認裁判所にステンダー以外の4人の受託者の永久解任を請願する。副検事総長ドロシー・セラーズは直ちに、インとその依頼人である暫定受託者たちに、IRSは4人ではなく5人全員の交代を要求していることを忘れるなと強調した。ステンダーを残すことは信託の免税の地位を脅かすことになるうえ、ステンダー自身、ビショップ遺産信託受託者としての8年半の間に多くの深刻な信託違反を犯しているのだと付け加えた。この点はステンダーが辞任すれば問題とならないが。

　3人の副検事総長曰く、「皮肉だ。暫定受託者の面々を前にしても、以前と何も変わった気がしない」。実際、以前の受託者たちはブルース・グラハム、マイケル・ヘア、ネイサン・アイパ、およびコリーン・ウォンから法的助言を受けていた。そして、いま何年にもわたる信託濫用、法廷闘争、感情的争いを経て、受託者も全員が新しく代わったにもかかわらず、暫定受託者たちは、この同じ4人の弁護士とダグラス・インに頼ろうというのだから。

　検事たちが「審議妨害」と呼ぶ法的戦術は依然続いていた。ある時ひとりの検事が、ブルース・グラハムとマイケル・ヘアの両法律事務所が、以前の受託者のひとりから何か新しいことがわかったら教えてくれと要請されて、検事総長室に無断で返答していたことを偶然知る。これは到底、正当化できない行為であるにもかかわらず、副検事総長が事務所の返答のコピーを提出するよう要請すると、コリーン・ウォンは両事務所に、コピーを渡さないようにと指示した。強い調子で、副検事総長セラーズは、これを「意図的な妨害」と呼んだ。

　またある時、副検事総長ヒュー・ジョーンズが、グラハム、ヘア、およびその他の弁護士たちが1997年より前に、以前の受託者たちに与えた法的見解を精査したいと要請をした際には、コリーン・ウォンの署名のある断りの手紙が届いた。コリーンはこの手紙を書く時にはグラハムに意見を聞かなかったと抗弁したが、手紙の下端にあるコンピュータの文書作成符号にグラハムのイニシャルが付されており、ジョーンズによれば、この手紙は「明らか

にグラハムが書いたもので、ウォンは署名しただけだ」という。

昔の弁護士意見を精査したいという検事総長の権利は、最終的に法廷に持ち込まれて決着がつく。ジョーンズは判事チャンに、次のように主張した。検事総長室は、かつての受託者たちが数々の違法行為を犯すに際し、その弁護士たちから何を言われたのかを知る必要がある。具体的には、信託の投資対象に自分たちも個人として投資する、中間制裁法案成立に反対するために信託資金を用いる、王女の遺言に反して収益を溜め込む等々の行為についてである。次に、インの弁論の番になると、彼は法律論を展開する代わりに、席についているジョーンズその他の者たちを指差した。彼らは全員が白人であった。インは思わせぶりに隠れた意図を仄めかした。「彼らは信託受益者たちのためにここに来たと主張していますが、判事殿、彼らを見てください。彼らの中に、王女パウアヒ・ビショップの遺言への共感はみてとれるでしょうか？　ハワイ人を祖先にもつ人びとにとって、カメハメハがどんな意味をもつのか、彼らは理解しているのでしょうか？」。検事総長室の人間たちはハワイ人のことなど、ほとんど気にもかけないのだとインは言う。彼らはビショップ遺産信託の富を欲しがる政治家たちに奉仕する存在だ。曰く、最も大きな脅威は、以前の受託者たちではなく、「ハワイ人から王女パウアヒ・ビショップの遺産の支配をもぎ取りたい」連中なのである。

判事チャンは裁判官に任命される前は、偶然にもワタナベ法律事務所で、インとパートナー同士であった。彼はインに有利な判断を下す。

ビショップ遺産信託の管理を任されてから間もなく、暫定受託者たちは、以前の受託者たちに追徴金を課す動きに手を貸さないと発言する。これには副検事総長たちは憤慨した。暫定受託者の弁護士たちが、この問題に関して検事総長室に協力すると、7,500万ドルの保険が使えなくなると助言したからである。以前の受託者たちが購入した保険の趣旨は、一言でいうと、加入者のひとりが他の加入者を訴えたり、あるいはその者に対する訴訟を支援する場合は、保険会社は保険金を一切支払わない、というものである。これは、現受託者が前受託者を訴えたり、その者に対する訴訟を支援する場合を含むと考えられた。

しかしながら、このような契約条項は公序良俗に違反しており、無効である。信託法は、このようなかたちで以前の受託者たちがその後継受託者たちの手を縛ることを許していない。もし、裁判所に依頼すれば、裁判所はこの契約条項を無効と宣言したであろう。しかし、暫定受託者たちはそのような行動には出なかった。そうではなく、彼らはこの違法だが自分たちに都合の良い契約条項を、明確に有効なものとして扱った。信託を害した前任者の責任を問うべき受託者義務について聞かれると、暫定受託者たちは、われわれは「報復」に関心はない、今は「後ろではなく、前を見る」時なのだと答えている。

　判事チャンは、特別目的受託者たちを選定した時、彼らにそんなに時間は取らせない、信託の税務顧問との数回の会合と IRS との数回の交渉くらいだ、と話していた。5名のうち2名は本業から引退しているので、彼らには時間がある。他の3名は現役で忙しい仕事をもっていたが、彼らの特別目的受託者としての仕事を減らす配慮は見せなかった。

　特別目的受託者たちが暫定受託者に昇格した時、報酬の問題が持ち上がる。彼らは各自、月に1万5,000ドルを求めた。その前任者の報酬からみれば、よそにフルタイムの仕事をもち、ここでの仕事はパートタイムにすぎなくても、この数字はそれほど多額とはいえまい。しかし、副検事総長ジョーンズは、公益組織の受託者たちはその組織が好きだから仕事をするのであって、報酬のためではないと指摘する。「なぜ、ビショップ遺産信託だけが、よその学校や公益団体と違わなくてはならないのか？」。ジョーンズによると、カメハメハに一番似ているのは、ペンシルバニア州にあるミルトン・ハーシー・スクールだと言う。ここの受託者たちは無報酬である。

　判事チャンは暫定的な取り決めとして、月1万5,000ドルを了承し、そのうえで、報酬委員会を指名して今後の額を決めさせることとした。判事は、その際は専門家の意見を聞くよう、特に指示している。委員会は指示に従ったが、報酬の上限を5万ドルとする専門家の提言を撥ねつけ、その代わりに、基本給プラス会合ごとに手当てを加える案を提案した。これによると、手当てを含む合計で、議長は12万ドル、その他は一人あたり一律9万7,500ド

ルとなる。当時の委員会の理解では、いったんCEOによる経営が軌道に乗れば、受託者たちが集まる回数も減るだろうし、その結果、受託者報酬も著しく減少するはずだということであった。しかしながら、その4年後、また別な裁判所任命報酬委員会は、報酬を「上げる」ことを推奨する。一人あたり18万ドル、議長はそれに2万7,000ドル上乗せするというものであった。この提言は、メディアと検事総長室からの厳しい批判に晒される。これでは、カメハメハ学園の受託者たちは、米国全土にある公益団体の中で最も高額な報酬を受け取ることになるという。それでも判事ヒライはこの提言を認めたが、その後、世論に圧された受託者たちは提言を受け入れないと発表した。ダグラス・インによれば、今の空気では、そんなことは「政治的に不適切」であるからだ。

　批評家たちは問う。なぜ、ハワイの判事たちはこの信託に限って、受託者選考手続への支配を手放さないのか？　そして、なぜ、カメハメハ学園の受託者たちは、ほとんどが別にフルタイムの仕事をもっているのに、全米のどの公益団体よりも極端に高額な報酬を受け取るのが当たり前とされるのか？

　2000年5月、新監督官ロバート・リチャーズは、以前の受託者たちの在任中の最後の8ヶ月間に信託から支払われた訴訟費用について報告書を出す。彼は以前の受託者たちはカメハメハスクールズ信託に500万ドルを返済すべきであると言い、さらに、信託から支払いを受けた法律事務所も、その一部または全額を同様に返済すべしとした。

　リチャーズは生真面目な法律家で、ロースクールに行く前は、プロのフットボール選手であった。そのためか、同業者に対して特別な仲間意識はない。彼は、アトランタの法律事務所サザランド・アビル・アンド・ブレナンとの契約を疑問視し、その事務所は信託の利益のためにではなく、多数派受託者の個人的利益のために働いたと結論づけている。「もしも、最後の請求書について未払いが事実であるなら、そのまま未払いのままであるべきである」。彼はまた、「信託資産から支払われる前受託者の弁護士費用について調査した（しかし弁護士費用を含む訴訟費用を信託資産から支出できるのはきわめて限定的な場合のみなので、そもそもその支出が許されるのかを法律に準拠して裁判

所に全く尋ねていない）」とする、シアトルのデイビス・ライト・トレマイン事務所についても撥ねつけた。さらに、ブルース・グラハムの所属する事務所アシュフォード・アンド・リストンをも批判する。曰く、「受託者たちの違法行為に関して、救いようのない利益相反を犯した」事実から目をそむけている。ビル・マッコリストンの事務所マッコリストン・ミホ・ミラー・アンド・ムカイの仕事については、リチャーズは、彼の言葉を借りるなら「避けようのない結論」に達したとしている。

　　最も批判されるべきなのは、彼らの仕事が、信託ではなく受託者たちの防御にあることである。受託者たちの行動が表に出ないように、そして万が一、表に出た場合は、それを正当化するために、ともに途方もない努力がなされている。次に、利益相反である。利益相反と明確に認識しながら、それを言い抜けようとする努力がみられる。いうならば「企業の生き残り戦略」の応用である。すなわち、受託者たちによる、妨害と遅延という戦略の採用である。その目的は、相手方の追及を難しくし、最後には相手を混乱に陥れるか、あるいは諦めさせてしまうことにある。そして最後は、「反対勢力＝相手方潰し」戦略の採用である。

リチャーズは、ケイズ・シュッテ・フレミング・アンド・ライト事務所も同様に批判する。彼らは「陰に潜んで」蠢く存在だと言う。

　　複数の弁護士事務所に支払われた費用の中で、多くの点で最も「問題」があるのは、ケイズ・シュッテ・フレミング・アンド・ライトへの支出分である。同事務所の首席弁護士マイケル・ヘアの指示の下、その目的と最終目標は多数派受託者、すなわちピータース、ウォンおよびリンゼイの利益を代表することにあった。時が経つにつれてそれは明らかとなっている。ここで精査されている他のどの法律事務所よりもその程度は甚だしいものである。非常に限定的な場合を除き、同事務所の仕事は、単なる同じことの繰り返しの大いなる無駄であるだけではなく、どう言い繕っても信託を利するとはいえないものである。

リチャーズはその他の法律事務所も批判したが、その中には、元知事ジョン・ワイへの事務所であるベルナー・リッフェルト・バーナード・マックファーソンもあった。ここは、ビショップ遺産信託のスー族インディアン居留地への移転を検討した事務所である。また、中間制裁法案成立に反対するロビー活動を率いてもいる。リチャーズ曰く、「弁護士が、このような行為の報酬を信託資産から支払われて当然と考えることは理解し難い」。

しかしながら暫定受託者たちは、リチャーズの提言に従う代わりに、自分たちの弁護士の助言に耳を傾けた。その助言とは、フィラデルフィア州にあるモーガン・ルイス・アンド・ボッカスとワシントン D.C. にあるミラー・アンド・カバリエという本土の２つの巨大法律事務所、およびイェール大学教授ジョン・ラングバインとラトガース大学教授ジョン・ルーズドルフを雇うことだった。全部合わせた報酬が百万ドルとなるこのチームの出した報告書は、リチャーズの報告書とは異なり、どことなく以前の受託者の弁護士たちに同情的であった。要するに、彼らの多くは熟練した弁護士たちであり、依頼人の指示に従っただけだというのがその趣旨であった。この報告書には実際的な助言も含まれている。

　　弁護士たちやその事務所を訴えるについては、暫定受託者たちはその訴訟費用とそれにかかる時間を考慮されたい。加えて、長い裁判に伴うカメハメハ学園への悪い影響や好ましくない評判についても考慮されたい。これについては、まさに、カメハメハ学園がこの 18 ヶ月間にわたって払拭しようと努めてきたもののはずである。

副検事総長セラーズは、今起きていることが信じられなかった。彼女は、ミラー・アンド・カバリエもラングバイン教授も、これまでに以前の受託者たちに重要な法的助言をしてきており、そのため、この報告書は「中立的」とはいえないと指摘する。さらに、これは「保身行為」でもあるとする。なぜならば、暫定受託者たちはケイズ法律事務所に、以前の受託者がケイズに金を払ってやらせていたこととまさに同じことを、今やらせているのだから。すなわち、「検事総長に対する妨害」である。

暫定受託者側はこの批判には答えなかった。その代わり、以前の受託者たちの弁護士グループの誰ひとり訴えるつもりはなく、かつ信託の利益のためではないとリチャーズに言われた信託からの支出の返金を彼らに求めるつもりもない、と宣言した。

　百万ドルの報告書の写しが出回る前に、信託の弁護士たちは判事チャンにそれを封印することを要請し、判事はそれを受け入れた。すべての公益信託を監督することが仕事であるはずの検事総長室の検事たちさえも、「終止符を打つ」ためにという理由で、それを見せてもらえなかったのである。

　以前の受託者たちの数々の問題のひとつが、人事や契約に関するきちんとした手続がないことであった。暫定受託者たちはこの点を変える機会を与えられ、CEO を探し始める。彼らは CEO などの経営幹部専門の人材紹介会社に声をかけることから始めた。希望としては、できればハワイ人で、カメハメハ卒業生であればさらに望ましいが、どちらも絶対的条件ではないとした。彼らはカメハメハ学園学長マイケル・チュンに絶対的信頼を置いていたため、CEO は必ずしも教育者でなくともよいとも言っていた。その代わり、候補者はビジネスと金融の分野で、資産数十億ドルの組織を率いる能力を示す何らかの業績を上げていることが必要だとした。

　6 週間以内に、紹介会社は 10 人のリストを提出する。全員がビジネスと金融に強い者ばかりであった。ひとり突出した人物がいたが、彼の稼ぎが、新受託者たちが支払いを予定している額よりかなり多かったことに加え、ハワイ人でもなかったので、カメハメハ〈オハナ〉と上手くやっていけるかという不安も残った。

　そんな頃、ウィスコンシン大学の児童心理学と児童福祉の教授ハミルトン・マッカビンがカワイアハオ・プラザに立ち寄る。彼は 1980 年代にカメハメハ学園が採用していた抽選入学制度の調査に来ていたのだ。礼儀として3 人の受託者が彼と会い、彼の知識とその考え方に感銘を受ける。残りの 2人もその後彼と会い、彼らもまたマッカビンが気に入った。実は、彼は 10年前、カメハメハ学園の学長席をマイケル・チュンと争った人物であることが、後にわかる。

マッカビンはハワイ人でカメハメハの卒業生であり、そのうえ、彼が教授として貰っている給料は、受託者たちが CEO に用意している 32 万 5,000 ドルのわずか 3 分の 1 にすぎなかった。このため、彼らの目には魅力的と映る。しかしながら、彼の経歴には、不動産、金融、法律、そして複雑な組織運営という、当時の信託に必要な分野が全く欠けていた。それでも暫定受託者たちは彼を雇うことにする。適性のある運営チームを集めるという彼の意見は取り入れず、暫定受託者たちはネイサン・アイパを最高業務執行責任者に指名し、コリーン・ウォンを正規に信託の法務部代表に据えた。それと同時に、地元の不動産の専門家ウェンデル・ブルークスを雇用し、信託の最高投資責任者に据える。通常は、新 CEO はこのような決定の際には意見を言う機会が与えられるのであるが、今回は違った。

ことの次第がワシントン D.C. にいる IRS 幹部に伝わるや、彼らは直ちに、マッカビンのカワイアハオ・プラザでの勤務が始まる前に、本人に会いたいと言ってきた。会談では、6 名の IRS の幹部たちは、マッカビンと彼の連れてきた弁護士たちに、「カメハメハスクールズ信託」の免税の地位を取り消すことだけは何としても避けたいのだと強調した。IRS 側は暫定受託者たちが「大掃除」をしないことに心を痛めており、IRS は真の改革に本気であることを全ハワイに知ってもらいたいと言う。曰く、暫定受託者たちは薄氷の上でスケートをしている。忘れてもらっては困るのは、この信託は今、公的には執行猶予中であり、免税の地位は決して当然なものではないということだ。

しかし、時が経つにつれ、マッカビンは新受託者たち同様、「大掃除」には関心がないことが明らかとなる。彼が投資、財産運用、および学校運営に口を挟み出すとあちこちから不満が聞こえるようになる。彼とチュンは絶えずぶつかっており、多くの職員はチュンにつく。カワイアハオ・プラザで働くある職員は、マッカビンのことを「ココナッツ」(外が茶色で中が白)と呼び、「ヘンリー・ピータースみたいなハワイ人らしさ」が懐かしいと言っていた。オズ・ステンダーもマッカビンには批判的であり、公にマッカビンの雇用は大きな間違いだと発言していた。曰く、彼には CEO として働くためのビジネスの経験が欠けているうえに、ハワイ社会との付き合いでは、「ど

のように振る舞ったらよいか全くわかっていない」。

　ところが、2003 年 5 月、数人の従業員たちから、マッカビンが女性従業員のひとりと不適切な関係をもっていると告発されて、彼は唐突に辞任してしまう。その後、スター・ブレティン紙上に、ビショップ遺産信託の受託者たちがマッカビンを信託の最初の CEO に迎える 1 ヶ月前、彼の以前の雇用者、ウィスコンシン大学が、彼が女性教授をセクハラした件で、8 万 5,813 ドルの和解金を支払っていた、との記事が載った。

　ビショップ遺産信託受託者たちがこのことを知っていたのかは不明である。今は「前を向いて進む時」であると言って、受託者たちは秘密裡に 40 万ドルといわれる退職手当に同意し、この点についての一切の発言は避けた。

　IRS は、ビショップ遺産信託は IRS の規則を何から何まで破っているとして非難していた。ワシントンの税法の専門家たちは、暫定受託者たちに、1990 年代の税の操作のために、信託とその 100% 所有会社は間違いなく数千万ドルの税金を支払わねばならないだろう、と言っていた。しかしながら、IRS は単にお金だけを要求しているのではないことがやがて明らかとなる。信託が免税の地位を保持するためには根本的な改革が必要であるとして、IRS はビショップ遺産信託に次の条件を突きつける。

- ・将来、適性のある受託者を確保するために、筋の通った審査と選考手続を確立すること。
- ・経営に受託者は口を出さず、熟練スタッフへの全般的監督に留めるガバナンス体制を確立すること。
- ・新しく受託者になる者には、受託者義務に違反する同僚受託者を認めた場合には、その解任を求めることを、明確に了承させること。
- ・独立した内部監査官を選任し、5 年の猶予期間の間、その者の報告書は、IRS、検事総長、および検認裁判所に直接送るとすること。
- ・既存のすべての雇用契約とコンサル契約を徹底的に精査して、それが本当に必要なものか、およびその報酬は合理的な額であるかを見極めること。

・利益相反原則を採用し、厳しく実践していくこと。
・信託の公益目的のために、慎重な投資行為を確保するための投資と支出の戦略を創設すること。
・一般的に採用されている会計原則を使用すること。
・市民が重要な財務情報に触れられるように計らうこと。
・身内贔屓と利益供与に代えて、功績による受託者と非雇用者の選任を必須とすること。
・立法府、司法府、または行政府のメンバーからのいかなる利益供与に応える形でも雇用や埋め合わせ行為を取らない原則を採用すること。

このような、財務と無関係な要求は、本来は検認裁判所の専権事項である。IRS が、前例なくあえてこのような行為に出たことは、外部からの圧力なくしては、このうちのどれひとつとして実現されることはないと、IRS が確信していることの表れであった。

最終的に、暫定受託者たちと IRS との間で、過去の税金、その利息、および罰金について和解が成立する。信託自体は、以前の受託者たちが報告せずにいた、信託と無関係な業務からの収入に対して 1,300 万ドルを支払い、信託の 100％所有会社は、数々の逸脱——その中にはゴールドマン・サックスへの投資もあるが——について 7,200 万ドルを支払って終わりということになる。判事チャンは和解を了承するが、IRS は検認裁判所の縄張りを侵害していると、一言苦言を呈することを忘れなかった。しかし判事は、「近年の信託のあり方をみれば」、IRS の行動は十分に予測できたものでもあると付け加えている。そのうえで、判事は次のように述べた。「この和解により、すべての当事者はこれまでの騒動に『終止符』を打ち、『癒しの道』に踏み出すことができる」。

副検事総長たちは判事チャンに、以前の受託者たちに 2 億ドルを超える追徴金を課し、かつ、最高裁判事たち、政治家たち、弁護士たち、およびその他民事・刑事の法を犯した可能性のある者たちへの徹底的調査を支援することを要請した。しかしながら、判事はその要請には応えず、代わりに、暫定

受託者たち、以前の受託者たち、新検事総長アール・アンザイ、信託の100％所有保険会社、および何十人という弁護士たちとの間での、「包括的和解」を推進する。判事チャンの要請により、ジェームス・ダッフィとデビッド・フェアバンクスの2人が調停作業を担当した。ダッフィは1990年代初期に二度、ビショップ遺産信託の監督官を務めていた。フェアバンクスの父はずっと以前に検認裁判所判事を務めており、本人は現在、司法選考委員会の議長である。

　責任保険が鍵を握っていた。保険契約は2つあった。保障が5,000万ドルのものと2,500万ドルのものである。しかし、保障が大きい方は、信託法務部の弁護士たちが適切な時期に請求をしなかったために失効してしまっていた。小さい方はまだ有効であったが、こちらは「共食い」タイプであったため、受託者たちを防御する弁護団に保険から支払うたびに保障額が減っていった。和解の頃には、保険会社は弁護団にすでに500万ドルを支払い済みだったので、残っているのは2,000万ドルである。保険会社は包括的和解のために、この2,000万ドルを支払うことに同意した。検事総長室はそのうち、130万ドルを実損として受け取り、受託者たちの弁護士たちは500万ドルを貰った。信託に残った分は、残りの1,400万ドル弱である。この合意文言では、以前の受託者は追徴金、損害金、あるいは不当利得を一切支払わなくてよいとされた上に、自分たちが悪いということを認める必要もなかった。この合意は「以前の受託者たちを取り巻く、痛みを伴う、高額の訴訟を終結に導き、新受託者たちと新経営陣に、その全時間、全精力、および全能力を、信託の唯一の目的である、ハワイの子どもたちの教育に集中させることができる、新たな重要な一歩となる」と解説された。

　判事チャンは、再び「終了と癒し」の必要を述べて、全和解文書の封印を命じた。

　2002年、最高裁長官ムーンが選んだ代わりの最高裁判事たちは、ピータース、ウォン、およびストーンの刑事起訴を手続上の理由で棄却する。犯罪があったのかなかったのかを決めることなしに、何が何でも起訴しようと躍起になり過ぎているとして、彼らは検事総長室を厳しく批判した。曰く、

「今の時点では、われわれがこの起訴を認めて訴訟を続けるならば、根本的に公正さに欠ける事態となり、その不公正の重大さは、この起訴から得られる州の利益にはるかに勝るものである」。判事たちは単に起訴を却下しただけではない。彼らは全員一致で、すべて〈パウ〉（完全に終了）と宣言したのである。これで次の起訴のラウンドはなくなった。

　それ以外のさまざまな民事の調査も唐突に終了する。かつての検事総長マージョリー・ブロンスターからビショップ遺産信託の政治活動の調査のために雇われた調査官チームは、彼女の後継者アール・アンザイに、複数の政治家たちに汚職と選挙資金法違反に関して話を聞く権限を与えるように要請した。当の人間たちが何を認めるとも思えないうえに、その法律違反はおそらくたいしたものではないだろうと言って、アンザイは拒否する。曰く、これ以上の調査には金がかかり過ぎるし、市民もそこまでは要求していない。アンザイは調査官チームの報告書を公表しなかったし、この3年間、ビショップ遺産信託関連にかかりきりであった副検事総長たちにも見せなかった。情報を封印し、調査を止めるための理由はすべて、「終了」と「癒し」であった。

　話は1997年末に戻るが、ビショップ遺産信託に関する騒動が頂点を迎える頃、ヘンリー・ピータース、ディッキー・ウォン、およびロケラニ・リンゼイの3人は、カメハメハ学園でのビショップ記念チャペルの100周年を祝う祝賀会への正式な招待状を発送している。彼らはこのミサを「癒し」のひとつと呼んでいた。
　《信託崩壊》共同執筆者のひとり、モンシニョール・ケクマノも招待客のひとりだった。
　彼は進行する癌と闘っていたこともあり、世間とは距離を置いて暮らしていた。しかし、彼は受託者たちがチャペルを、彼には自己利益としか思えないもののために利用していることに非常に立腹し、スター・ブレティン紙の編集者にあてて手紙を書く。その中で彼は、真の癒しは開かれた討論と自由な情報交換が得られ、かつ潔癖な良心の下で初めて獲得されるものであり、

297

それ以前ではない、と警鐘を鳴らす。曰く、「彼らからは誠実な回答が帰ってこない」。ケクマノは、神の家で行われる癒しの祈りへの、受託者たちからの招待にこめられた真の意図に疑問を抱く。

　　　彼らには確かに神が必要である。しかし、跪いて神と会話をする前に、彼らはまず最初に、自分たちの行動には悪魔の影響は全くないのかを自らに問うて確信をもつべきである。彼らが良心の下で帳簿と記録を開くことができた時が、「癒し」のために祈るべき時であろう。

　1997年に以前の受託者たちがしたように、彼らの後任たちも検事総長室を妨害し、さまざまな記録を封印し、そのうえでカメハメハの〈オハナ〉に「癒し」の祈りに加わるように要請する。人びとはこの動きのすべてを不思議に思う。なぜ、新受託者たちは開かれた対話と自由な情報の流れを求めないのか？

第21章
永遠の警戒

　4人の最高裁判事たちは、今後は受託者を選ばないと宣言した際に、将来のビショップ遺産信託受託者の選考のあり方をどうするかについては何も語らなかった。そのため、判事チャンはいくつかの提案を検討した上で、新受託者の基準と選考手続について発表する。すなわち、検認判事が選考委員会委員を任命し、委員会が選び出した3名を受託者とすることとした。2000年、チャンはこの新手続に従って、暫定受託者のうち、ロバート・キフネとコンスタンス・ローの2名に引き続き残って貰うように依頼し、かつそのほかに3名の新受託者、ダイアン・プロッツ、ナイノア・トンプソン、およびダグラス・インを指名した。

　プロッツは1980年代にハワイで5つ星リゾート施設を開発した、ヘムメーターインベストメントの共同事業者であった。トンプソンは昔の受託者マイロン・トンプソンの息子である。彼は成人してからは、人生のすべてをハワイの長距離海洋航海に関連した伝統技術・芸術の復活にかけていた。インとその法律事務所は、以前の受託者たちやマイケル・チュン、オズ・ステンダー、そして暫定受託者たちに何度か法的助言を与えていた。

　新受託者たちは多くの問題に直面していた。その中には世論の大きな注目を浴びるものもあったが、大部分はめったに人びとの話題にも上らないものである。その多くは、王女パウアヒが予想すべくもなかった文化的、政治的、

かつ法的変化にかかわる問題である。

　100年ほどの間に、ハワイは王国から共和国へ、準州から州へと変貌を遂げた。ハワイに住むということの意味、ハワイ人であるということの意味は、それによって劇的に変わってしまった。それでいて、王女の遺言は、彼女の書いた当時のまま、一言一句変わらない。時が過ぎるにしたがって、信託の公益目的を尊重しなければという思いと、いかなる公益目的も時とともに時代遅れとなるから変わらなければいけないという思いとの間に、必然的に緊張が生まれることになる。王女の信託では、この緊張関係は、宗教、人種、そしてハワイの文化に表れてきた。

　宗教は王女の遺言に染み渡っているけれども、その重さは時とともに薄れ、本質部分からは消えた。一例を挙げれば、判事チャンの受託者の基準では、宗教には触れていない。加えて、彼と判事ヒライの任命した選考委員会は、宗教をどの程度考慮するかについては発言を拒否した。ここから人びとは、選考過程で宗教は問題とされないと理解するに至る。

　王女の遺言文言では重要であった宗教要素の希薄化は、一夜にしてなったわけではない。最高裁判事は自分たちが受託者選考への関与を最終的にやめる何年も前から、候補者にその宗教を尋ねることをやめていた。判事たちが選んだ候補者の中には、プロテスタントではなく、カトリックやモルモン教徒もいた。判事たちは、これらの候補者が最後の最後にプロテスタントに改宗したと信じたのか、あるいは、必ず「プロテスタント信者であること」という王女の遺言の要件を無視したかのいずれかである。

　王女の遺言はさらに、カメハメハの教師たちも「永遠にプロテスタント信者であること」を要求していた。そのため、何年間にもわたり、カメハメハで教えたい者はプロテスタント教会での洗礼記録か信者である証拠を提示しなければならなかった。1960年代、ある地裁がこの要件を違法な差別であると判示したが、ハワイ最高裁でこの判断は覆されている。カメハメハは宗教に則った学校であるから、宗教を根拠に差別することは合法であるというのがその理由である。

　この問題は、1990年代初め、ひとりのユダヤ人女性がカメハメハでの教員採用に応募してきた時に再び持ち上がる。非プロテスタントは応募資格が

ないのだと言われ、彼女は訴訟を起こす。連邦地区裁判所判事アラン・ケイは、昔の最高裁判断と同様の理由で彼女の訴えを却下するが、第 9 巡回控訴審裁判所はケイの判断を覆した。曰く、教会が所有する学校という通常の場合とは異なり、カメハメハキャンパス内のチャペルは、ビショップ遺産信託という、「圧倒的に巨大な世俗の企業」が所有する教会にすぎない。

　信託の企業面だけが世俗的なのではなかった。1900 年代初期の教材は、宗教、尊敬、崇拝、およびプロテスタント教義の重要性を強調していたが、20 世紀後半になると、学校のパンフレットには、生徒たちはその能力を最大限まで伸ばすことを期待されていると書いてあるだけだった。曰く、「自分自身と他者に肯定的な感情をもち、社会において個人としての権利と責任を認識することを大切にする指導の仕組を採用」。今日では、「カメハメハスクールズ信託」は非宗教的組織と広く認識されており、王女の明確な表現にもかかわらず、教師たちも受託者たちもともに、プロテスタントでなくてもかまわないことになっている。

　受託者と教員の採用に関しては、時の流れとともにその基準は完全に変質したが、この点はほとんど一般市民の間でも議論とはならなかった。しかし、生徒の入学資格についてはそうではない。信託設立当初から、どのような子どもたちをカメハメハで受け入れるのかについて議論が錯綜していた。その答えは常に米国最古の社会問題と関連していたからである。すなわち、人種問題。

　王女パウアヒが遺言を書いた時、彼女の心にあったのはハワイの子どもたちであったことは至極当然である。とりわけ、親の片方、あるいは両方を亡くし、かつ経済的に恵まれない多くの子どもたちを想定していたであろう。しかしながら、1887 年に男子校が開校する前から、早くも受託者たちは、男子校、女子校ともに、「ハワイ人に限らない」とする「学校設立趣意書」に賛同していた。当時の受託者たちによれば、「カメハメハスクールズ／ビショップ遺産信託を授けた高貴な心のハワイの王女は、自分の遺贈について人種その他の条件をつけていない」。この点について、その数年後、チャールズ・ビショップ氏は「学校は永遠に存続することを予定しているが」、ハ

ワイ人の数が急速に減少していく現実を前に、「先住民の血を引く少年少女たちが開校時およびその後も、何人入学してくるのか予想は全く不可能であるから」と説明していた。しかしながら、ビショップ氏は後に、「ビショップ夫人の遺言には白人の少年少女を排除する文言はないけれども、現時点では、先住民の血を引く子どもたちのみを入学させるものとする」と発言を変えている。

1924年、ビショップ遺産信託監督官チャールズ・S・デイビスは、カメハメハ学園は「ハワイ人の学校としてではなく、ハワイに住むあらゆる人種のすべての子どもたちを受け入れる学校として維持されなければならない」と記している。しかし当時の検事総長と検認裁判所判事はそうはみなかった。彼らは、デイビスが「生徒の入学に関して（受託者たちに権限を与えている）遺言の文言を軽視している」とした。

1957年の監督官、ルイ・ルバロンは、それ以前はハワイ準州最高裁判事であった。彼は1954年の連邦最高裁の判断、「ブラウン対教育委員会」によって、カメハメハの入学方針には法律的に問題があると考えるに至る。この判例は、全国すべての公立学校で人種による差別を禁じたものである。ルバロンは、カメハメハの人種による区別は、違法な人種差別に当たると結論づけた。これに対し、受託者たちは、王女の遺言と適用される信託法に焦点を当てた文書で答えている。

> ビショップ夫人の遺言は、ハワイ人の血をもつ生徒のみをカメハメハ学園に受け入れることを要求していないが、同時にそのような方針を禁止してもいない。彼女の遺言では、受託者たちに「学校運営に必要と考えるあらゆる決まりと生徒の入学規則を作る全権」を与えている。ルバロン氏のような者たちは入学制限について受託者たちと意見を異にするかもしれないが、これは法律問題ではないのだ。受託者たちが合理性の枠を超えない限り、監督官も検事総長も裁判所も、彼らの判断に代えて、自分たちの判断を持ち込むことはできないのである。

ルバロンを任命した検事総長ハーバート・Y・C・チョイ、検認裁判所判

事ウィリアム・Z・フェアバンクスの2人は、この問題は準州最高裁の判断を仰ぐべきと考える。最高裁は「ブラウン対教育委員会」の判断は公立の場合のみ適用される。カメハメハは私立学校であるから、人種を基準とした入学方針を採用することは自由である、と判示した。

　1972年、全員一致で、ハワイ最高裁長官カズヒサ・アベは、問題の入学方針を純粋に法律的観点から次のように判示した。

　　　遺言の解釈の問題として、ビショップ夫人には、ハワイ人の先祖をもたない者をすべて完全に排斥する学校を設立する意図はなかったことは、疑問の余地のないほど明らかであるように思われる。実際、遺言の文言からその趣旨は非常に明確と思われるので、反対の解釈をされること事体が、若干驚きである。

　実際には、多くはないが、カメハメハにはハワイ人ではない生徒も在籍していた。サモア人が1人か2人。ミクロネシア人が1人。ポルトガル人が1人。本人にはハワイ人の血が入っていないハワイ人の養子。米国本土からの交換留学生数名。そして、特別に許可された白人教員の子どもたちである。こういった子どもたちがこれまでに何人、カメハメハに在籍していたのか、その数が一番多かった時はいつか、どのくらいの期間在籍したのか、彼らに対するハワイの子どもたちの反応はどうだったのか、そして、もしそれがあったとすればだが、彼らが混じることの利点、こういったことは誰にもわからない。彼らに関する記録は残っていないからだ。

　法律的議論があっても、数人の非ハワイ人が在籍しても、カメハメハはハワイ人のための学校であるというハワイ社会の一般認識は変わらなかった。非ハワイ人を受け入れるべきかという問題が持ち上がるたびに、つまり方針として相当数でということであるが、多くのハワイ人たちは声高に「ノー」と言った。

　王女の遺言は、カメハメハをハワイ人だけの神聖なものとはしていない。実際、歴代のビショップ遺産信託受託者たち、最高裁判事たち、州の検事総長たち、そして裁判所任命監督官たち、彼らもまた、やはりそのようには考

えてこなかった。カメハメハ学園をハワイ人だけのものにしておきたかったのはハワイ人たちなのである。

カメハメハがハワイ人だけのものであるべきという考えがますます明瞭となるにつれて、また別な返答に困る難しい問題が起きてくる。すなわち、「ハワイ人とは誰を指すのか?」。

ハワイ人と白人との最初の接触により、まずハワイ王家の女性たちが白人の船長たち、会社経営者および実業家たちと結婚する。これらの結婚で生まれた者たちは〈ハパハオル〉(一部白人)としての階級を形成し、同時にハワイ上流階級でも独自の地位を確保していた。次に、一般のハワイ女性たちが、プランテーションの労働者として来た移民の男たちと結婚する。その結果、中国系ハワイ人、日系ハワイ人(沖縄人を含む)、ポルトガル系ハワイ人(マデイラやアゾレス諸島出身)、プエルトリコ系ハワイ人、韓国系ハワイ人、フィリピン系ハワイ人(タガログ、イロカノ、ビサヤ族、およびパンガシナン州出身)が生まれた。

ハワイ・ルネッサンス以前は、多くのハワイの親は自分の子どもに非ハワイ人と結婚することを奨励し、子どもたちの多くがそれに従った。世代が変わるごとに異人種の血統が混じり、4種類、6種類、8種類と多くの組み合わせの混血が増えていった。ハワイ人の血はどんどんと広がり、それにつれて生まれる子どものもつハワイ人の血は薄くなっていく。国勢調査によれば、1870年には「純血」ハワイ人が5万人、ハワイ人の血の混じる人が2,500人、すなわち、その割合は20対1だった。2世代を経て、その割合はおよそ1対1となる。その次の世代になると、1対10となる。今日では、その割合は、およそ1対1,000である。

受託者たちはカメハメハへの入学条件として、ハワイ人の血の濃さに下限を設けることは一度もなかったし、逆にハワイ人の血の比較的濃い者を優先することもなかった。1950年代初めには、カメハメハの生徒の30人に1人しか純血ハワイ人はいなかった。1975年には、その割合は300人に1人となる。1985年には、64分の1だけハワイ人という生徒が少なからず在籍し、その数は増える一方である。その年、純血ハワイ人の生徒はゼロだった。

　1998 年、IRS 地区事務所は、信託が免税の地位を維持したければ、カメハメハ学園に非ハワイ人を受け入れ始めなければならないとした。しかしこの判断は IRS 本部によって覆される。理由は第 9 巡回裁判所判例と連邦最高裁の判断のためであった。

　しかしその後 2000 年に、連邦最高裁は、州のハワイ人問題事務局選挙の投票権をハワイ人に限定している法律を憲法違反と宣言して、第 9 巡回裁判所の判断を覆した。この事例、「ライス対カイエタノ」判決は、狭義の解釈では、州選挙の際の差別にのみ適用されるとするが、もっと広く捉えれば、ハワイ人に限るというカメハメハの入学方針あるいはその免税地位を脅かすことにもなりえた。

　信託の弁護士グループは受託者たちに、免税の地位を失うことによるダメージは、政府のさまざまなプログラム（ROTC〔軍の将校を養成するための予備役将校訓練課程〕、反ドラッグ対策、所得の低い生徒たちへの補助金による昼食提供など）とのつながりを切ることによって、かつハワイ地区で積極的に公的な分校を運営する計画を取りやめることによって、小さくできると説明した。内部での議論の後、受託者たちはこの提案を全部採用することに決める。それと同時に、彼らは生徒たちにハワイ人としての一体性をもたせる方法を探った。受託者たちの弁護士によると、入学審査委員会は、入学志願者の「ハワイ文化、言語、音楽、踊り、芸術および歴史に対して示した興味・関心、およびハワイ文化と地域活動への家族の参加の実態」を考慮するという。生徒には必ずわずかでもハワイ人の血が入っていることという要件に加えて、このやり方を用いれば、上手くいくと言っていた。

　ハワイ人だけという方針を受託者たちが考え直している事実とその理由に気づいているハワイ人たちは少なかった。この方針は 2002 年 7 月、唐突かつ劇的に変わる。カメハメハ学園が、非ハワイ人志願者にマウイの新キャンパスへの入学を認めたと発表したのである。ハワイ諸島全域のハワイ人たちが即座に、かつ最大限に否定的な調子で、この発表に反応する。多くの者たちが CEO と受託者 5 人全員の辞任を本気で要求した。

　日を置かずに、受託者たちは事情説明会を本校キャンパスで開く。600 人以上の人が大講堂に集まった。全テレビ局と日刊紙の記者・カメラマン以外

は、まず全員がハワイ人である。1967年のカメハメハ卒業生、ハワイ大学教授のハウナニーケイ・トラスクは、「人びとの怒りが臭ってくるようだった」と述べている。

コンク貝が吹かれ、会は歌とともに始まる。最初の発言者は、受託者のひとり、コンスタンス・ローである。彼女は聴衆に向かい、入学方針は変わっていない、これまでもハワイ人を若干、優先してきたにすぎないと話す。聴衆は驚いたようだった。ローは続けて、「こんな騒ぎになるとは想像もしなかったです」。これに対して、人びとが一斉にブーイングと非難を浴びせると、ローは見るからに震えながら着座した。

次に、当時の信託のCEOハミルトン・マッカビンは、数字と表とわけのわからない専門用語に溢れた詳しい入学手続のスライドを見せる。彼の言わんとする点は、つまるところ、条件を満たしたハワイ人志願者は全員入学させているということだった。「私たちは全部調べました」と彼が言うと、さらなる非難の嵐とマッカビンの辞任を要求する怒りの叫び声が起こる。

その次に、ナイノア・トンプソンが両手を胸の前で交差させ、苦渋の表情で、ゆっくりとマイクに近づく。ようやく話し出しても、何度も途中で長い中断があった。

> 私は自分が仕えているはずの人びとに答えるためにここに来ました。弁解も言い訳もしません。ただ正直に真実を話します。これほど多くのハワイの人たちを傷つけて本当に申し訳ないと言いたいだけです。私たちの義務はこの信託を守ることです。信託の免税の地位は今、非常な危機にあります。この信託が攻撃される「かもしれない」ではなく、「いつ攻撃されるか」の問題なのです。もし免税の地位を失ったとしたら、その負担は10億ドルになるのです。

彼は聴衆に、自分は言いたいことはたくさんあっても言うことができないのだということを理解して欲しい、自分にはこれ以上踏み込めない境界があるのだ、と言って着席する。

最後にダグラス・インが、この状況を、全国を跨いだ巨大なチェスゲーム

に喩えて話す。彼は、テーブルの向こう側のプレーヤーを「貧しい先住民の権利を排斥し、壊そうと決意している」人間たちに喩えた。「われわれがここで、またあそこで、ポーン［将棋の「歩」に当たる］のひとつやふたつは捨てることが必要となるだろう」。これは明らかにカメハメハに最近入学を認められたひとりの非ハワイ人生徒のことを想定しての発言である。

　説明会の後、オズ・ステンダーはマッカビンと新受託者たち、特に彼の以前の弁護士ダグラス・インに対する失望を苦々しく表した。彼は、適性のあるハワイ人がすべて入学できているわけではないと主張する。最近、彼の姪の娘たちがマウイ島のカメハメハへの入学を断られている。彼が言いたいことは、個々の入学についてというより、もっと大きな視点での問題であった。ステンダーは新しい方針が及ぼす恐ろしい破壊性を人びとに理解して欲しかったのである。「彼らは、『お前たちは頭が悪い』とハワイの子どもたちに言っているようなものだ。ハワイの子どもたちの多くが入学資格を満たさないならば、入学基準を下げてもいい頃だろう」。彼はさらに続けて、「私は常から、最も優秀な子どもを取る方針には反対だった。われわれがすべきことは、支援を最も必要とする子どもたちを助けることだ」と述べている。そのうえで、彼は、誰もがすでに知っていることだが、あえて声に出して言う必要のある事実を口にする。「自分たちの子どもをカメハメハに入れるためなら右腕を失ってもかまわないと考えるハワイの家族は何千とあるのだ」。

　マウイキャンパスに非ハワイ人生徒を受け入れる発表をした 2 週間後、受託者たちは公に声明文を出す。

　　われわれは、この信託が壊れることを恐れる人びとの圧倒的な痛みと怒りを感じてきた。彼らの反応は圧倒的に強いものであり、われわれも真摯にそれを受け止めたいと考える。そこから学んだことは、ハワイの人びとはわれわれに、より多くの王女パウアヒの子どもたちを教育して欲しいと望んでいるということである。われわれもそれに異存はない。王女の意図は、カメハメハ学園を広い範囲の子どもたちに開放することだった。しかしながら、この 10 年は、入学は学業成績に重きを置きすぎたきらいがある。学業成績は才能や可能性のひとつの判断基準でしか

ない。それゆえ、われわれはハワイ社会と協力して慎重に入学基準を見直し、彼らが真に必要とするプログラムを調整することとした。

　マウイキャンパスへのひとりの非ハワイ人生徒の受け入れについての議論が、新しい問いを生むことになる。すなわち、どのハワイの子どもを優先すべきなのか？

　これは血の濃さとは何の関係もない。これはハワイ人の中での、「もてる者」と「もたざる者」との問題なのである。カメハメハ学園は、学業に優れた子どもたち、すなわち、どこの学校でも良い成績を上げられるはずの子どもたちだけに門戸を開くべきなのか、それとも、最も困難な状況にある、恵まれないハワイの子どもたちを主に考えるべきなのか？　この問題は、かつて 1943 年に上院議員トラスクとヒーンが提起した議論の 21 世紀版である。

　受託者たちは、異論の多い抽選入学制の復活すら検討した。抽選入学制は 1989 年にマイケル・チュンが雇用された後、唐突に終了している。彼らはマッカビンの話を聴く。マッカビン曰く、キャンパスの人たちの多くは「とても優秀かつ賢い子」だけを教えたがるが、カメハメハはそれだけではいけないはずだ。彼は困難な環境にある子どもたちのことに触れて曰く、「この子たちに正しい機会、正しい挑戦、正しい環境を与えてみなさい。そうすれば、皆さんは、彼らがこれまで決してもてるはずはないと思っていた生活を、彼らに与えることができるのです」。

　受託者たちは、カメハメハ学園に入学が認められなかった、ある小学生のグループについて特に話をしたものだった。彼らは、先住民の血を引くハワイ人の多く住むオアフ島のワイマナロから、拡大プログラムの一環としての遠足でカワイアハオ・プラザを訪問していたのだ。この子たちは暫定受託者たちに歌を披露し、彼らをすっかり魅了してしまう。バスに戻ろうとする子どもたちの中から小さな少年が歩み寄り、特に理由もなく受託者のひとりを抱きしめた。その受託者は後に、次のように述べている。「この子たちは実際、ハワイ人そのものに見えた。王女パウアヒが遺言を書いた時、心の中にあったのはまさにこのような子どもたちだったのだろう」。

　ロケラニ・リンゼイはかつて、職業コースのある総合制中学校を主張して

いたが、キャンパスの人間たちはそれに猛然と反対した。そのようなコース
は必然的に学校の学業水準と評判を落とすというのがその理由である。この
ような思いは20世紀を通して、さまざまな機会にさまざまな大きさの声と
なって聞かれていた。

　リンゼイが去ってから数年後、受託者たちの多数決により、周辺諸島に総
合制中学校を設置する方針が採用され、新キャンパスを「進学コースと職業
コースの二重路線」と呼ぶことに決まる。カメハメハ執行部と教師たちは、
その周辺諸島の教師たちも含め、再び抵抗したが無駄というものである。決
定するのは受託者たちなのだから。

　その頃、人種に基づく入学方針の法的地位は定まらないままであった。
2003年8月、カウアイ島に住む白人の7年生の母親が息子を代理して、カ
メハメハを連邦裁判所に訴えた。息子が人種を理由に差別されたというのだ。
息子はすでにカメハメハに寄宿生として受け入れられており、部屋も与えら
れていた。彼はオアフ島への飛行機に乗る2日前になって、学校側から来る
なと言われたのだ。

　カメハメハ側は、最初に入学を認めたのは、少年のハワイ人先祖に関する
不正確で誤解を招く書類のせいだと抗弁した。少年の母は、カメハメハを誤
解させるつもりは毛頭なかったし、自分は常に自分と息子のことをハワイ人
だと思っていると言う。曰く、彼女の養父はハワイ人の血を引く人物で、彼
女にとってはただひとりの父である。自分は彼の〈ハナイ〉（養女）である
から、自分も息子もハワイ人の資格がある。

　カメハメハ側の弁護士たちは、ハワイ人のみの入学方針は、過去の不正義
を正し、白人以外からも社会の指導者を輩出させ、かつハワイ文化とハワイ
人としての主体性を保存するという目的のためのものだと主張する。「この
信託の使命は、償いと希望をもたらすことなのである」。しかしながら、連
邦判事、デビッド・エズラは予審で、原告が勝つかもしれないと示唆した。
「本件の少年が、王女の遺言の目的に照らして、ハワイ人と認めるのが妥当
か否かの問題なのである」。ノナ・ビーマーも同じような感想を抱く。彼女
にも〈ハナイ〉（養子）の息子と娘がいたからだ。「もし私たちがこれからも
〈ハナイ〉制度を尊重していくなら、ハワイ人の血の問題は無視すべきなん

じゃないかしら？」。

　エズラの最終判断を待たずに両者は和解する。少年は訴えの取下げと交換に、カメハメハへの入学を許された。

　同年、また別な訴訟が起きる。今回も、入学を拒否された非ハワイ人の子どもを代理してのものであるが、この子どもがハワイ人ではないことは当然の前提であった。以前の「ライス対カイェタノ」事件の原告側代理人と同じ弁護団が、依頼人の市民権が侵害されたと主張した。〈ナプア〉に率いられたカメハメハの〈オハナ〉は、ハワイ人に限るとする方針を支持する請願書に8万3,950の署名を集める。彼らはまた、社会の指導者たちからも意見を募った。2002年に知事に選ばれたリンダ・リングルは、ハワイ人を優遇するプログラムは、歴史的にハワイ人に対してなされてきた不正義を償うものであると言う。曰く、「私は、知事としても、一個人としても、先住民の血を引くハワイの人びとにとって正しく公正なことは、真実、州にとっても正しいことであり、彼らが恩恵を受けるなら、私たち全員が利益を得るのだと思います」。リングルは共和党員でありながら、そう言い切っている。1974年から1986年まで知事を務めた民主党のジョージ・アリヨシはリングルに賛同し、ハワイ人の貧困率の高さと彼らをめぐるさまざまな社会問題・健康問題は、地域社会の「汚点」だと言う。「立派な教育プログラムを有するカメハメハ学園は、他のハワイ人の見習うべき手本となる、先住民の血を引くハワイ人指導者を生み出し続けることを許されなければならない」。

　連邦地区裁判所判事アラン・ケイは、今回に限り、状況は「例外的」として、学校の入学方針を支持した。曰く、ビショップ遺産信託はハワイが州になる以前に創設され、かつカメハメハは、遺言にはそうと明示されてはいないが、ハワイの貧しい人びとに恩恵を与える目的で創られたものである。彼はさらに、カメハメハ学園が政府からの補助金を受けておらず、かつ「ハワイ王朝の消滅に際し、アメリカ合衆国が不当に片棒を担いだことを、連邦議会が正式に認めた」ことも重要視した。

　しかしながら、2005年8月、第9巡回控訴審裁判所は、判事ケイの判決を2対1で退ける。現在のハワイ人「優遇」政策は、実際には、非ハワイ人に対する絶対的障壁となっているというのがその理由であった。これに対し、

主要な島々すべてで、何万人というハワイ人たちが抗議の行進を行った。受託者たちも最後まで闘うと誓った。

　ウォルター・ヒーンは、ハワイ人の視点から、〈ナ・アアフヒワ〉（黒ローブ）という名称の、引退した先住民の血を引くハワイ人判事たちのグループを代表して、この判決を批判した。2005 年 8 月 30 日、アドバタイザー紙の社説の反対側のページに載った署名入り寄稿文で、ヒーンは次のように述べている。「抑圧された少数派と奴隷たちを救うために作られた市民権の法律を、先住民の血を引くハワイ人たちを支援するためにあるカメハメハ学園の入学方針を叩くために利用するとは、とんだ茶番であり、驚かされる」。彼はカメハメハの入学方針を否定した 2 人の判事たちには誤解があるとする。

　学園側はさらに上告し、地区裁判所で主張が認められた。裁判所曰く、この方針は、「先住民の血を引くハワイ人たちが直面している社会経済的・教育的不利益に目を向けさせ、地域社会に彼らの中から指導者を生み出し、それによって彼らの文化の復興に貢献させることになり、結果として、正当な償いの目的を果す役に立つのである」。

　ヒーンは、2 人の判事による多数意見がカメハメハの入学方針を「人種差別」とした点を問題視した。学園側としては、これは決して容認できない点である。

　　その反対である。学園側は訴訟の間ずっと、先住民の血を引くハワイ人たちは、アメリカ合衆国と特別な信頼関係を築いてきたと精力的に主張してきた。この関係は合衆国とアメリカ先住民・アラスカ先住民との関係と同じような（全く同じではないが）性質のものであり、本件が依って立つ法律の適用に当たって考慮されなければならない点である。

　　そもそもの初めから、カメハメハ学園の立ち位置は次のようなものであった。すなわち、その入学方針は、ハワイの人びとが直面する極端な教育上・社会経済上の不利益を解消するという独自の観点からみなければならないものである。このハワイの人びととは、(a)部分的には、アメリカ合衆国の行動によって、その主権と文化をひっくり返され、ほとんど破壊された者たちの子孫であり、かつ (b)その結果として、連邦

政府とアメリカ先住民との関係と似た特別な信頼関係を、アメリカ合衆国と築いてきた者たちなのである。

誰をハワイ人とみなすか、どの程度までハワイ人が適法に「優遇されうるか」だけが21世紀の問題ではなかった。新受託者たちは、ハワイ文化の保存と促進に対する信託の責任についても大いに議論している。信託の初期には、ハワイの言語と踊りが特に公に禁止されていた。さらには、ハワイ人教師を雇わないという不文律もあり、ハワイ人を米国人に変えるという最優先の目標もあった。これらは徐々になくなったが、受託者たちは、カメハメハがハワイ人のための学校なのか、あるいはハワイにある学校のひとつにすぎないのかを明らかにすることはなかった。この2つは互いに排斥し合う関係にはないが、ともに前に進むためには、ハワイ人たちは「ハワイ人が通う」学校とは何なのかについて、理解をひとつにする必要がある。ハワイの歴史、言語、および文化は、今では州内のほとんどの学校で教えられている。それゆえ、一部の人間たちは、カメハメハだけが、どこがどう違うのかを知りたがるのである。

2002年、受託者たちは、土地開発のために、山の水の流れを変えようとする試みに関する長い裁判闘争から手を引く。この決断はビショップ遺産信託の所有地の価値を減ずるものであるが、アドバタイザー紙は社説でこの判断を評価した。

　　ビショップ遺産信託の受託者たちは、今では自分たちの立場を痛いほど認識しているため、先週、ワイアホレの水をリーワード計画のために利用する試みを放棄するという賢明な決断をした。420万ガロンの水への執着を放棄したことで、ハワイ人たち、およびワイアホレの水はウィンドワード川のものだと信ずる者たちとの間での争いが避けられることになった。
　　この行動は受託者たちが、受益者たち、その両親たち、教員たち、およびハワイ人組織に十分に諮らずに、マウイキャンパスに非ハワイ人生

徒を受け入れた時に生じた傷を癒すのに役立つはずである。ある意味、裁判の取り下げは、受益者たちからの信頼を改めて確立したい受託者側の、「戦略的」あるいは政治的行動ともいえるものであった。

　新受託者たちはイェール大教授ジョン・ラングバインを雇用し、自分たちの受託者義務について教えを乞うた。教授は、受託者たちが 35 万エーカー以上の未開発の土地を抱えていることを知ると、「とんでもない大失敗」と言ったとされる。

　信託法では、一般的に受託者たちに、個々の信託財産を用いて、信託の公益目的を実行するか、あるいはその目的に使うための収入を作り出すという形で、全信託資産を有効活用することを要求している。ところが、この 35 万エーカーはそのどちらの目的のためにも使われていない。受託者たちはラングバインに、これは微妙な問題なのだと説明する。多くのハワイ人たちはその土地を、王女の土地、過去の王家の最後の名残とみているのだ。もしも受託者たちがこの土地の相当な部分を売却あるいは開発しようとすれば、ハワイ人たちは怒りで暴動を起すだろう、と。

　ラングバインは、受託者たちには信託財産を有効活用する義務があるだけではなく、信託投資の多様化も図る義務があると答えたらしい。たとえ問題の土地が収益を生み出しているとしても、35 万エーカーという非常に価値のある不動産は、「ひとつの籠」の中に「たくさんの卵を入れ過ぎている」状態と同じと考えられる。受託者たちがこの広大な土地を最終的には売却する計画がなければ、法的リスクは大きい。ラングバインによれば、慎重な投資家のやり方は、この土地を売却して、その売却益で市場の証券に投資することだ。そうすれば信託財産は多様化し、多額の現金収入が入るため、ハワイの子どもたちの教育に当てられる。これは王女も賛成するだろう、彼女の遺言では、受託者たちはそうすることが信託の最善の利益であれば、土地を売却することができると明記しているのだから。

　受託者たちは熱心に彼の話を聴いて行動に出たが、ラングバインの勧めた方法ではなかった。彼らは 35 万エーカーの土地を「プログラム資産」に指定し、「教育目的のために」無期限に信託の中に入れておくことにしたので

ある。彼らはさらに、信託の財務報告書の中に、この土地の市場価値を含めないことも決めている。

水の一件と同様に、この判断もハワイ人には評価されたが、信託法の下では正当化は難しい。しかしながら、両事例とも、ハワイ社会は受託者たちの判断を認めたらしいので、検事総長、監督官、および検認裁判所判事は皆、何も言わず、何もしなかった。

＊　　＊　　＊

王女パウアヒの信託の危機をめぐって起きたさまざまな出来事は、その渦中を生きた人びとの心に長く消えずに残った。本書執筆中、マージョリー・ブロンスターは、14名の上院議員たちのせいで自分の調査が未完に終わったことと、検認裁判所があまりにも多くの記録類を封印したことに失望を表明していた。コルバート・マツモトは、本というかたちで再び語ることによって、人びとがこの騒動から何を学べるのかを議論するきっかけになればよいと言う。彼は、自分を奮起させてくれた最も重要な教訓は、草の根民主主義の力とその重要さだったと言っている。

グラディス・ブラント女史は冗談半分に、ロケラニ・リンゼイの銅像をカメハメハキャンパスの然るべき所に建立したら、と提案した。「ロケラニ・リンゼイがいなかったら、ビショップ遺産信託では何も変わらなかったはずだもの」。ロイ・ベンハムも同様な感想を抱く。「なあ、俺たちハワイ人はおかしな人種なんだよ。誰かが俺たちの金を無駄にしたり盗んだりしてもあまり騒がないんだ。それはそれ。だけど、誰かが俺たちの子どもたちを傷つけたりすると、絶対に許せない。これは全然、全く別な話なんだ」。

ブラント女史は、その人生はカメハメハ学園とあまりにも密接につながっていたが、2003年1月15日に96歳で亡くなる。その人生の最後の数週間前まで積極的に改革に参加していた。彼女はかつてカメハメハ女子校の校長を引き受けた理由を話してくれている。

　　私は、校長にハワイ人の女性がなれば、これらの若い女性たちの将来

に希望を与えるきっかけになると思いました。彼女たちに、ハワイ人でも指導者の地位に就けることをその目で見て欲しかったのです。そうすれば、私たちハワイ人は集団として生まれながらに人に従う存在ではないのだということがわかるからです。私は彼女たちに、ハワイ人でも重い責任を負う立場に立てるのだということをその目で見て欲しかった。そうすれば、彼女たちもまた自分でそのような責任を自信をもって引き受けられるかもしれません。彼女たちに、別なハワイ人の成功を彼ら自身でも感じて欲しかったのです。そうすれば、彼女たちには、成功することは自分たちの権利であり、そして自分たちにはその能力があるのだということがわかるからです。

　カメハメハに愛をこめて。

おわりに

ジャン・ハノハノ・ディル

　私の中では2つの強い感情がせめぎあっている。一方では、ハワイ人たちが自分の国の中で疎外され、のけ者にされてきた長い歴史の記述には、〈カウマハ〉——深い悲しみと重苦しさの感情——が掻き立てられる。

　〈カウマハ〉は、人びとに自らの存在価値と心の安定を与えていた社会的、文化的、倫理的な心の拠りどころが奪われた時に生まれるものである。キングとロスは本書で、いかにカメハメハ学園のハワイ人たちが、彼らを侮蔑する社会と学校とによってハワイの豊かな文化から組織的に切り離されてきたかを、まざまざと見せつけている。王女パウアヒがハワイの人びとのために掲げた「善良かつ勤勉な男女」であれという目標は、カメハメハの白人指導者たちによって、当時ハワイ諸島を牛耳っていた権力者たちに都合のよい従順な労働者を生み出すという目標にすり替えられてしまったのである。

　他方、王女バーニス・パウアヒ・ビショップの遺産への冒瀆に対して正義を取り戻そうとする近年の闘いの記録は、私の中に強い誇りと希望の感情を掻き立てる。それは、圧倒的に力の差がある相手に立ち向かった大いなる勇気と洞察力と不撓不屈の物語である。ビショップ遺産信託受託者たちとその支援者たちのもつ巨大な政治的・経済的権力にもかかわらず、1997年、ハワイ人の血を引く善男善女、この社会に生きる他の多くの人々がついに立ち上がって声を上げる決断をしたのだ。「もう、たくさんだ！」と。ビショップ遺産信託の権力者たちによる信託濫用があまりにも酷く、あまりにもハワイの価値観に反し、あまりにも王女バーニス・パウアヒ・ビショップの理想に反し、かつ彼女が心に掛けた子どもたちにとってあまりにも破壊的であっ

たため、お金も力もない人びとが、あきらめと沈黙という、いつもの楽な道を選ばずに、運動靴に履き替え、正義を求める行進に加わったのである。〈ナプア・ア・ケ・アリ・パウアヒ〉（王女パウアヒの子どもたち）の初期の揃いのTシャツには、一言ですべてを語るメッセージが書かれている。「正しいことをしよう（Do The Right Thing）」。

　順を追って本書に詳しく述べられたビショップ遺産信託とカメハメハ〈オハナ〉との闘いは、ますます多くのハワイ人の心に希望の光と自尊心を芽生えさせることとなった。ハワイ人は州民として、個人の利益や小さな集団の利益を超越した目標をもたなければならないという認識が育ち始めてきている。近い将来には、1世紀以上にわたって存在した〈カウマハ〉は消えてなくなるだろう、という思いも出てきている。

　伝統的なハワイの文化では、王と庶民との関係は、王は庶民の幸せを守るという暗黙の合意に拠って立つものであった。族長たちは自ら奉仕の心をもって積極的に地域社会の人びとの世話に関わってきたからこそ、族長として権限を振るえたのである。今回の闘いにおいてハワイ人たちが見せた激しい怒りは、部分的には、現代のハワイの王ともいえるビショップ遺産信託受託者たちが、この関係を壊したことに発している。今回の一連のことからハワイ社会が学んだことは、ハワイ人という人びとは、そのご先祖と同様に、自分たちの指導者層を、この伝統的な関係性において受け入れる準備があるということであった。すべてのハワイ人にとっては、ここから素晴らしい希望と励ましと誇りが生まれるのであり、この関係性を社会として維持する責任がある。

　王女は自分の民を深く愛し、自身の遺言を通じて彼らを育み、教育し、有能な人間になってくれることを望んだ。ハワイ人たちはようやく彼女の深い思いを真の意味で理解し始めたのだ。それがどんなに素晴らしい特権なのか、そして同時に、どんなに大きな責任を伴うものなのかを。

　本書は先住民の血を引くハワイ人だけの物語ではなく、ハワイに住む人びとだけの物語でもない。これは人間の物語なのである。本書は、われわれすべてに、自分たちの住む社会の問題から目を逸らさず、権力の濫用には絶えず警戒し、脅しや脅迫に負けずに、正しいこと〈ポノ〉のために立ち上がる

意思をもつことを要求している。そのために賢く行動するには、常に正しい情報を知る必要がある。本書がわれわれに提起している諸問題を、今後とも議論し続けなければいけない。意見は割れて当然なのであるが、話し合いを続けることが重要なのである。

　パウアヒの遺産よ、永遠なれ！

王女パウアヒの遺言と 2 点の補足書の
公益信託部分（抜粋）

　私は、私の今ある財産をすべて、それが何処にあるものであれ、不動産であれ、動産であれ、すべて、以下に指定する信託のために、本文下に載せた受託者たち、その後継者たちおよび彼らが指名する者たちに、永遠に遺贈するものとします。信託の内容は、ハワイ諸島に 2 つの学校を建設し、維持していくことです。学校はカメハメハ学園と呼ばれ、ひとつは男子校、もうひとつは女子校とし、それぞれに寄宿生と通学生を受け入れます。

　私は、受託者たちに、彼らが最良と考える金額を、しかしこれは彼らが手にする金額の半分を超えない範囲で、学校にふさわしい土地の購入と、校舎の建設費、その内装、および必要かつ適切な設備と家具調度品の購入の為に支出することを指示します。

　私は、受託者たちに、遺産の残りを、彼らが最良と考える方法で投資し、そこから上がる毎年の収益から、上述の学校の維持のために支出することを指示します。すなわち、教師たちの給与、学校の修繕費、および突発的に発生する費用。さらに、毎年の収益の一部を、孤児、および経済的に恵まれない環境にある子どもたちへの支援と教育のために使用することを指示します。後者については、純粋な先住民のハワイ人、あるいは、先住民の血を一部引くハワイ人たちを優先することとします。毎年の収益から、上述の目的のためにどのように配分するかは、私の受託者たちのみが決定できます。彼らには全面的に裁量権があります。

私は、受託者たちが、まず何よりも標準英語を用いて良い教育を施し、そして道徳指導と、善良かつ勤勉な男女を作るために有用な知識を提供することを望みます。さらに、私は、この目的を補うために、より高度な科目指導を行うことも希望します。

　私は、受託者たちに、私の土地または遺産の一部の売却・処分・交換、および土地の購入について、そして適切と考える時は何時でも土地を賃貸し、さらに一般的に彼等が最良と考える投資を行う、十分な権限を与えます。ただし、私の遺言によって入手した土地の中に、学校建設にふさわしい土地があると彼らが考える場合には、土地の購入は禁じます。さらに、彼らが、学校設立とその維持のために売却が必須となるか、あるいは売却が遺産にとって最良となると考えるのでなければ、不動産、牛の牧場、あるいはその他の財産を、売却せずにもち続けて管理することを指示します。

　私は、受託者たちに、学校運営に必要と考えるあらゆる決まりと生徒の入学規則を作る全権を与えます。また、それについての受託者達多数派の判断に基づく変更、修正および公表についても同様とします。

　私は、受託者たちが毎年、あらゆる収入と支出、および学校の状況に関する完全な報告書を、最高裁長官もしくはこの国の最高位の司法官に向けて作成し提出すること、加えてその人物に、現在所有する財産の目録と投資結果を毎年提出することを指示します。そしてその同じものを、ホノルルにある新聞で公表することを指示します。更に私は、受託者たちが信頼できる保険会社と契約して校舎に保険を掛け、損失が生じた場合には保険金を建物を立て直す費用あるいは建物を修繕する費用に充てることを指示します。

　私は、この学校の教師たちは永遠にプロテスタント教徒であることを要求しますが、プロテスタントであれば、どの宗派に属するかまでは問いません。

　私は、男子校の運営が軌道に乗り、安定するまでは、女子校への出費、あ

るいは女子校設立に向けたどのような行動も禁じます。

　受託者たちが２つの学校に全力を尽くしてくれることが私の望みです。しかしながら、私は、もしも受託者たちが、私の遺産の状況からみて、そうすることが適当と考えるのであれば、私の遺言による現物の財産がすべてなくなり、遺産の土地を売却した後に、その売却益が一般資産の中に入るまで、女子校の設立に関する行動を控えることを認めます。

　私は、また、当該学校がどのような形態の商業学校、工業学校、あるいは農業学校であるべきかについて、および授業料を徴収するかどうかについても、その決定権を受託者たちに与えます。

　私は、ホノルル在住の、夫チャールズ・R・ビショップ、サミュエル・M・デイモン、チャールズ・M・ハイド、チャールズ・M・クック、およびウィリアム・O・スミスを、上述の信託を実行させるために、私の受託者たちとして指名します。

　私の受託者たちの多数によってあらゆる場合に行動し、不動産を譲渡し、かつここに述べたあらゆる権利と義務を遂行することを指示します。多数とは少なくとも３名以上を指します。

　さらに、私は、受託者の数は５名とすることを指示します。受託者に空きが出た場合は、候補者はプロテスタント信者から選び、最高裁判事たちの多数決によって空席を埋めることを指示します。

監訳者あとがき

　監訳者は民法と信託法を専攻している一介の研究者であるが、信託法研究において本書ほど衝撃的な書物に遭遇したことはなかった。しかも、その衝撃の源がフィクションではなく、理論でもなく、紛れもない「事実」であったからである。

　原著との出会いは、Lawrence Friedman, *DEAD HANDS: A Social History of Wills, Trusts, and Inheritance Law* の邦訳（新井誠監訳／紺野包子訳『信託と相続の社会史——米国死手法の展開』日本評論社、2016 年）に遡る。邦訳 186 頁に本書がテーマとした事実が簡潔に記述されており、そこに本書が引用されていたのである。早速本書を入手して一読したときの衝撃は今でも鮮明に記憶している。監訳者が理解していた信託法からは想像すらできない巨大な不正が長年にわたり、かつ組織的に実行されていたからである。ただ驚愕するばかりであった。

　監訳者にとりわけ印象的であったのは、次の 4 点である。

　第一に、信託は信頼の制度であるが、その信頼はきわめて脆いものである。著者のロス教授も日本語版への序文で指摘しているように「信託はとりわけ濫用に弱い」のである。わが国では近時信託法の規制緩和が声高に主張されており、信託法自体の規制も大幅に緩和された。一部の規制緩和論者は信託の濫用はごく例外的な事象であるので、信託法の活用を論ずるには濫用を前提とすべきではないと説いている。しかし、本書における事例のような長期間にわたる組織的な濫用の防止こそが信託法の要諦であるのではないか。わが国ではそのような認識が決定的に不足しているように思われる。本書は近

時のわが国のとりわけ民事信託分野における濫用に対する警世の書である。

　第二に、本書にはアメリカにおける信託法の碩学が登場している。監訳者がその謦咳に接した人物もいる。しかし、彼らの言動は総じて信託濫用の解決には無力であった。というよりも積極的な関与を意識的に回避したとも思えるのである。信託法研究をなりわいとするのであれば、単に信託法理を振りかざすだけではなく、当該信託の置かれている状況を踏まえた理論を構築すべきではなかったのか。信託理論、信託実務に携わる者はすべて傍観者ではなく信託濫用を食い止め、信託目的に即した信託活用を図るためにいささかでも積極的な寄与をすべきではなかったのか。本書は近時のわが国の信託法に関与している研究者、弁護士、司法書士、税理士等に対する警世の書でもある。

　第三に、本書の冒頭部分、とりわけ第1章はハワイの文化史、社会史である。ハワイといえばワイキキに象徴されるイメージが強いが、本書はそれとは異なるハワイ社会の成立の歴史について語っており、固有の文化と外来の文化との融合のありようが興味深い。

　第四に、「信託の崩壊」は最終的には食い止められたが、そこには本書の原著者であるロス教授等の献身的な活躍、メディアの役割が重要であったことを強調しておきたい。ロス教授は著名な信託法研究者でもあるが、彼の対応こそが信託法研究者のあるべき姿を示唆しているように思われるのである。その意味でも「執筆陣の唯一の生き残りとして」本書に寄せられたロス教授の序文は貴重である。

　本訳業は多くの方々との連携によって完成に至ったものである。まず、訳者である紺野包子氏には正確でわかりやすい翻訳を旨として細心の注意を払いつつ、訳業を完成していただいた。次に、日本評論社の高橋耕氏には本書の刊行を積極的に推進していただいた。最後に、原著者のおひとりであるロス教授には貴重な序文をご寄稿いただいた。これら3人の方々に衷心からの謝意を表したい。また、本書の出版に際して、三菱UFJ信託奨学財団の支援を受けた。同財団にも感謝したい。

　本訳業がわが国における健全で安定した信託制度の発展にいささかでも資

することができるならば望外の幸いである。

　信託制度の信頼性は制度そのものに由来するのではなく、受益者の利益の
みを図ろうとする受託者の不断の、そして決然とした実践によってはじめて
成り立つのである。本書はそのことを改めてハワイから世界に向けて訴えて
いるのである。

　令和元年５月１日

寓居の書斎にて

新井　誠

［監訳者］

新井 誠（あらい まこと）

1973 年、慶應義塾大学法学部卒業。1979 年、法学博士（ミュンヘン大学）。2006 年、フンボルト賞受賞。現在、中央大学法学部教授・筑波大学名誉教授・日本成年後見法学会理事長。

主要著書・訳書に『信託法〔第 4 版〕』（有斐閣、2014 年）、『高齢社会の成年後見法〔改訂版〕』（有斐閣、1999 年）、『民法講義録』（共編著、日本評論社、2015 年）、『民法総則』（共著、日本評論社、2015 年）、『信託制度のグローバルな展開』（編訳、日本評論社、2014 年）、『信託法制の展望』（共編著、日本評論社、2011 年）、『成年後見法制の展望』（共編著、日本評論社、2011 年）、L. M. フリードマン『信託と相続の社会史──米国死手法の展開』（監訳、日本評論社、2016 年）、M. A. グレンドン『変容する家族と新たな財産』（監訳、日本評論社、2018 年）ほか多数がある。

［訳者］

紺野 包子（こんの ほうこ）

1979 年、東京大学法学部卒業。主要訳書に英国医師協会『イギリス成年後見ハンドブック──能力判定の手引き』（勁草書房、2005 年）、『イギリス 2005 年意思能力法・行動指針』（民事法研究会、2009 年）、2010 年成年後見法世界会議組織委員会編『成年後見法における自律と保護──成年後見法世界会議講演録』（日本評論社、2012 年）、L. M. フリードマン『信託と相続の社会史──米国死手法の展開』（日本評論社、2016 年）、M. A. グレンドン『変容する家族と新たな財産』（日本評論社、2018 年）などがある。

［著者］

サミュエル・P・キング（Samuel P. King）

元・米国地区裁判所上席判事（故人）

ランダル・W・ロス（Randall W. Roth）

ハワイ大学名誉教授（信託法）

しんたくほうかい
信託崩壊
うらぎ　　　　　　　しんらい
裏切られた信頼

2019 年 7 月 15 日　　第 1 版第 1 刷発行

著　者──S. P. キング、R. W. ロス

監訳者──新井誠

訳　者──紺野包子

発行所──株式会社 日本評論社

　　　　　〒 170-8474 東京都豊島区南大塚 3-12-4

　　　　　電話 03-3987-8621（販売）-8601（編集）

　　　　　https://www.nippyo.co.jp/

　　　　　振替 00100-3-16

印刷所──株式会社 平文社

製本所──株式会社 松岳社

装　幀──レフ・デザイン工房

検印省略　　© Makoto Arai / Hoko Konno 2019

ISBN978-4-535-52356-2　　　　　　　　　　　Printed in Japan